가루베 지온의 백제연구

| 윤용혁 尹龍爀 |

1952년 목포에서 출생하여 광주고등학교와 공주사대 역사교육과를 졸업하였다. 고려대학교 대학원에서 석사와 박사학위를 받았고, 쓰쿠바(筑波) 대학과 국립해양유물전시관에서 각 1년 간 연구교수를 하였다. 1980년부터 공주대학교 역사교육과 교수로 재직하고 있으며, 공주대 박물관장, 백제문화연구원장, 대학원장 및 충남발전연구원의 역사문화센터장, 호서사학회장, 한국중세사학회장 등을 역임하였다. 국사편찬위원, 충청남도 문화재위원, 문화재청 문화재전문위원, 충청문화재연구원의 이사를 겸하고 있으며, 2007년도 충청남도문화상을 수상 하였다. 역사를 통한 지역시민 활동에 대한 관심으로, 공주향토문화연구회, 무령왕국제네트워크협의회 등의 창립에 참여하여 20여 년 이상 지속적인 지역사회 활동을 하고 있다. 저서로서는 『고려 대몽항쟁사 연구』(1991), 『고려 삼별초의 대몽항쟁』(2000) 및 『공주, 역사문화론집』(2005), 『충남 역사문화 연구』(2009) 등이 있다.

공주대학교 백제문화연구소 백제문화연구총서 제6집

## 가루베 지온의 백제연구

**초판인쇄일**  2010년 10월 28일
**초판발행일**  2010년 10월 29일
**지 은 이**  윤용혁
**발 행 인**  김선경
**책 임 편 집**  김윤희, 김소라
**발 행 처**  도서출판 서경문화사
　　　　　주소 : 서울 종로구 동숭동 199 - 15(105호)
　　　　　전화 : 743 - 8203, 8205 / 팩스 : 743 - 8210
　　　　　메일 : sk8203@chollian.net
**등 록 번 호**  제 1 - 1664호

ISBN  978-89-6062-066-7　　94900

정가  18,000원

공주대학교 백제문화연구소 백제문화연구총서 제6집

# 가루베 지온의 백제연구

## 輕部慈恩

윤 용 혁 지음

서경문화사

가루베 지온[輕部慈恩, 1897~1970]은 백제사의 연구자나 공주 사람들에게는 참으로 널리 알려진 인물이다. 공주에서 지역의 역사나 백제를 공부한다는 것은, 어떤 점에서는 가루베 지온이 닦아 놓은 터를 지나는 것을 의미하기도 한다. 그러나 학자로서 그이만큼 욕을 얻어들은 사람도 별로 많지 않을 것이다.

대학 3학년이었던 1972년 여름, 필자는 무령왕릉과 송산리 6호분의 실측작업에 참여하였다. 1천 5백년 역사를 담은 눅눅한 습기가 몸에 번지는 묘실 안에서의 한 달동안의 작업은 지금까지 잊혀지지 않은 특별한 경험이 되었다. 이 송산리 6호분은 80년 전 가루베 지온[輕部慈恩]의 영욕榮辱이 교차한 현장이다. 1927년 백제역사 탐구의 '야심'을 품고 공주에 입성한 그가 이 능묘에 진입한 것이 1933년 여름, 이 사건은 그를 역사적 사건의 중심으로 끌어올렸지만 동시에 그로부터 지금까지 그의 발목을 붙잡아 매고 있는 치욕의 굴레이기도 하다.

사장私藏과 증발蒸發이라는 유물의 문제를 논외로 한다면, 가루베 지온은 공주라는 공간을 학문적 토대로 한 최초의 근대 학자이다. 시간적 격차가 있지만 1970년대를 전후하여 역시 공주를 근거로 백제문화의 활발한 학문적 활동을 하였던 안승주, 박용진 선생도 고고학, 혹은 미술사 분야에서 일정 부분 가루베 지온의 학문적 영향을 받았다.

　　가루베 지온은 근대 학문의 초기 단계에 있어서 백제문화 연구의 대표적 전문가라고 할 수 있겠지만, 다른 한편으로는 향토사가의 면모를 강하게 가지고 있다. 역사 혹은 고고학의 전문적 훈련이 충분하지 않았던 점, 문헌사로부터 언어, 풍속, 구전에서 고고학, 미술사 등 다양한 자료를 넘나들며, 자유롭게 드나드는 그의 풍모는 지역을 토대로 이들 제반 자료를 총합적으로 접근하는 향토사가의 면모였다. 학생들과 함께 충남 지역의 향토사 자료를 모아 처음으로 공간公刊한 이도 가루베 지온이었다.

　　마침 금년은 가루베 지온의 40주기가 되는 해이다. 필자가 역사교육과에 입학하여 '공주고보' 담장 건너에서의 하숙생활을 막 시작한 1970년, 그해 가을에 가루베 지온은 "백제 성시盛時를 옛기와[古瓦]와 말한다"는 한 구절 시를 남기고 작고한 것이다. 그가 공주에서 활동한지도 80여 년이 넘는 세월이 흘렀다. 필자는 가루베 지온이 범한 과오와 그가 남긴 공적을 이제는 좀 더 객관적으로 정리할 수 있는 충분한 시점이 되었다고 생각한다. 그리고 이러한 작업은 향후의 백제문화 연구를 진전시키는 데도 반드시 필요한 과정이 아닌가 하는 생각을 가지고 있다.

　　본서는 필자가 기왕에 발표한 가루베 지온과 송산리 6호분 관련의 3편 논문을 보완하고, 근년 공주에서의 백제문화 활용과 관련한 1편 논문을 더한 것이다. 바로 다음달 9월에는 백제문화제를 발전시킨 한 달 일정의 '세계대백제전'이 개최될 예정인데, 이 축제가 공주 지역 백제문화의 학문적 발전을 토대로 한 것이라는 점에서 가루베 지온의 백제연구와도 무관하지 않다는 생각이다. 본서의 출간을 계기로 백제사 혹은 고고학의 입장에서 그의 학문에 대한 보다 심층적인 분석이 활발하게 논의 되었으면 하는 것이 필자의 바람이다.

　　가루베 지온에 대한 책을 내면서, 역시 이 문제에 대하여 관심을 가지고 있는 주변의 지인들에게 글을 청탁하였다. 서정석 교수는 백제 성지城址 전공자로서, 최석영 박사는 식민지시대 근대문화사 전공의 입장에서 각각 가루베 지온에 대한 학문적 관심이 많은 이들이다. 야마모토[山本孝文] 교수는 일본인으로서 백제 현지에 유학하여 백제 고고학으로 학위를 받은 경우이고, 대전 KBS의 유진환 기자는 가루베 지온을 추적한 다큐 프로그램의 제작자로서 또 다른 의미의 전문가적 견해와 경험을 축적하고 있다. 이분들의 글은 간략하지만 저자의 논문 못지않게 가루베 지온의 이해에 많은 도움이 될 것으로 생각한다. 필자의 무리한 청탁을 이분들이 차마 거절하지 못한 것은, 무엇보다 가루베 지온에 대한 객관적 사실 추구라는 본서의 의도에 일정 부분 공감하는 바가 있기 때문일 것이다.

2010년 8월 15일
공주 신관동 연구실에서
윤 용 혁

• 책 머리에

O1 가루베 지온[輕部慈恩]의 백제문화 연구 _ 9
  1. 머리말 ······························································ 9
  2. 출생에서 공주 정착까지 ································ 12
  3. 가루베 지온의 연구 편력 ······························· 19
  4. 향토사 교육과 문화재 관련 활동················· 31
  5. 백제문화의 고고미술사적 연구 ···················· 41
  6. 맺는말 ····························································· 55


O2 가루베 지온[輕部慈恩]의 백제고분 조사와 유물의 문제 _ 59
  1. 머리말 ······························································ 59
  2. 백제고분의 조사와 연구 ······························· 61
  3. 송산리 6호분의 조사 경위 ····························· 65
  4. 송산리 6호분을 둘러싼 문제 ························· 73
  5. 가루베 지온의 수집 유물 ······························· 87
  6. 맺는말―가루베, 그 평가의 명과 암 ············ 100


O3 공주 송산리 6호 벽화전축분의 사신도 _ 105
  1. 머리말 ······························································ 105
  2. 송산리 6호분의 발견과 벽화 ························· 109
  3. 송산리 6호분의 사신도 ································· 116
  4. 송산리 6호분 벽화의 특징과 기원················· 124

5. 송산리 6호분 벽화의 조성 시기 ·················· 137
6. 맺는말 ································· 140


04 백제문화를 통한 21세기의 국제교류 _ 145
1. 서론－백제문화의 국제성 ······················ 145
2. 백제 도시 결연에 의한 국제교류 ················· 147
3. 백제문화제와 국제교류 ······················· 161
4. 백제 문화재의 세계유산 등재 추진 ············· 167
5. 무령왕을 통한 국제교류 사례 ·················· 172
6. 결론－백제문화를 활용한 국제교류 활성화 방안 ·········· 186


05 논평, 가루베 지온 _ 191
1. 가루베지온의 백제유적 연구 _ 서정석·············· 192
2. 가루베 지온에 대한 역사적 평가에 관해 _ 최석영·········· 209
3. 가루베의 진실을 찾아서 _ 유진환················ 213
4. 가루베 지온 단상(斷想) _ 야마모토 타카후미[山本孝文] ········· 220


• 〈참고자료〉 가루베 지온, 「공주의 백제 유적」 _ 235
• 가루베 지온 연보 _ 255
• 가루베 지온 저작 목록 _ 258
• 참고문헌 _ 261
• 찾아보기 _ 267

# 01 가루베 지온[輕部慈恩]의 백제문화 연구

## 1. 머리말

가루베 지온[輕部慈恩, 1897~1970]은 일제 하 공주고보 교사로 재직하면서 공주의 백제문화 탐구에 진력하며 특히 송산리 6호분을 처음 확인한 인물로 잘 알려져 있다. 역사 연구의 인력이 희소하였던 시기에, 그것도 중앙의 관학자가 아닌, 지역에 거주하며 지역사 연구자로서 자신의 기반을 구축하여 갔다는 점에서 그의 역할은 독특한 점이 있다. 그는 1927년부터 해방이 되는 1945년까지 거의 20년 세월을 공주와 그 인근에서 거주하며 백제의 왕도로서의 공주의 역사적 배경에 착안하여 백제 연구를 진행하였던, 근대 백제문화 연구 초기 전문 연구자의 1인이었다고 할 수 있다. 혈기 넘치는 젊은 시절, 30대와 40대의 20년을 '백제'에서 지내며 교육자로서 혹은 역사 연구자로서 자기 나름의 삶을 구축하였다는 점에서 백제사의 초기 연구사적 측면에서 주목할만한 점이 적지 않다.

가루베 지온(이하 대체로 '가루베'로 칭함)은 자신의 연구 조사 결과를 전문 학술지인 『고고학잡지考古學雜誌』에 여러 차례 게재하였으며, 이를 바탕으로 『백제미술百濟美術』과 『백제유적의 연구百濟遺跡の硏究』라는 연구서를 간행하기도 하였다. 적어도 학자로서 상당한 업적을 남긴 셈이다. 그러나 그에 대한 평가는 긍정적이지 않다. '연구'라는 명분으로 유적을 파괴하거나, 불법적으로 유물을 사취한 부정적 인물로 인식되고 있는 것이다.[1] 이같은 가루베에 대한 평가를 잘 요약하고 있는 것이 유홍준 교수의 다음과 같은 글이다.

> 이 무덤(송산리 6호분을 말함)을 가루베는 출토유물을 고스란히 자기가 챙기고 무덤 바닥을 빗자루로 쓸어 말끔히 치운 다음 총독부에는 이미 도굴된 것으로 보고하였다. 그리고 해방이 되자 가루베는 강경에 있던 이 훔친 유물을 트럭에 싣고 대구에 가서 대구 남선전기 사장으로 골동품 수집에 열을 올렸던 오꾸라[小倉]와 함께 무슨 수를 썼는지 귀신같이 일본으로 가져갔다. 가루베는 이렇게 도둑질, 약탈한 유물을 가지고 『백제유적의 연구』라는 저서를 펴냈다.[2]

이에 의하면 가루베는 전문적 지식을 갖춘 도굴꾼 정도였다. 그리고 그가 수집한 유물은 해방 후 교묘한 방법으로 일본에 반출되었다.[3] 또 다른 필자의 글에서 가루베 지온은 '문화재도둑'이

---

1) 가령 "가루베[輕部慈恩] : 공주 교육계에 있으면서 그 근처의 백제고분을 사적으로 많이 발굴해서 유물을 산일시킨 위선자"(최순우, 「어처구니 없는 일」, 『한국미 산책』(최순우전집 5), 학고재, 1992, p.371(〈중앙일보〉 1971.7.26)라 한 것도 그러한 예이다.
2) 유홍준, 『나의 문화유산답사기』 3, 창작과비평사, 1997, p.314.

라는 지칭을 받기도 하였다.[4] 가루베
에 대한 다소 극단적 평가는 일정 부
분 부정하기 어려운 것이 사실이지만,
동시에 그에 대한 객관적 평가를 가로
막는 요인이 되어왔다는 점도 부정할
수 없다.

　본고에서는 가루베가 실제 공주
에서 어떤 활동을 하였고, 유적조사와
관련한 유물의 사장私藏 문제와 더불
어 근대 학문 초기에 이루어졌던 그의
일련의 학문적 활동을 어떻게 평가하

01　만년의 가루베 지온
（駿豆考古學會 사진）

---

3) 유홍준의 서술은 이구열의 『한국문화재 수난사』(돌베게, 1996)를 참고한 것으
　로 보인다. 이구열의 책에서는 〈백제유적 약탈로 악명 높은 가루베〉라는 제목
　으로 가루베의 도굴 및 유물 반출에 대하여 차마 옮기기 어려울 정도의 신랄한
　표현의 비판을 가하고 있다. 이 글에 의하면 가루베는 해방 직후 대구로 들어가
　일인 골동품 업자와 합류하여 트럭 1대 분량의 컬렉션을 일본으로 반출하는데
　성공하였다는 것이다. 해방 후 국립공주분관장에 취임한 유시종 관장이 미군
　정청을 통해 일본의 가루베에게 컬렉션의 행방을 문의하자 "공주박물관에 모
　두 놓고 왔다"고 거짓으로 회신하였으며, 유관장은 공주지구 미군정장관과 함
　께 강경의 가루베의 집을 뒤지기까지 하였으나 아무것도 찾지 못하였다고 한다
　(pp.197~200). 해방 후 유시종 관장의 가루베 소장 유물 탐색에 대해서는 공주
　박물관장을 지낸 김영배의 다음과 같은 증언이 있다. "1946년 1월 10일 해방 전
　공주고보 선생으로 송산리 고분을 불법 발굴하여 많은 유물을 훔쳐 간 가루베
　에 대하여 유물 환수 조치를 해줄 것을 카터 중령을 통해 맥아더 사령부에 요구
　하는 한편 6월 20일에는 카터 중령을 앞세우고 가루베가 최종 근무했던 강경여
　중으로 갔습니다. 그리고는 학교를 뒤졌는데 아무 것도 없었어요. 교직원들에
　의하면 8 · 15 해방이 되자 가루베가 트럭을 대절, 부산으로 도망쳤다는 거예
　요." (변평섭, 『실록 충남 반세기』, 창학사, 1983, p.168)
4) 변평섭, 「문화재 도둑 '가루베' 교사」, 『실록 충남 반세기』, 창학사, 1983,
　p.160.

여야 할 것인지 등의 문제에 대하여 검토하고자 한다. 다만 충분한 자료적 검토가 아직 부족한 단계에서의 논의라는 점에서 원래 의도와는 달리, 마찬가지의 오류를 피하지 못할 가능성이 있는 것이 사실이다. 그러나 본고를 계기로 앞으로 그에 대한 학문적, 객관적 논의와 접근이 좀더 활발하게 이루어지기를 기대한다.[5)

## 2. 출생에서 공주 정착까지

가루베 지온은 1897년(明治 30) 야마가타현[山形縣] 니시무라산군[西村山郡] 다이고촌[醍醐村]의 지온지[慈恩寺] 구가[舊家]에서 10남매 집안의 4남으로 출생하였다. 그의 본명은 가루베 케시로[輕部啓四郎], 절에서 태어날 만큼 특별한 불교적 배경을 가지고 있다. 부친은 초등학교 교사였다고 하며, 집안이 어려워 절의 사미승으로 들어간 것이라 한다.[6) 젊었을 때는 시즈오카현[靜岡縣] 다가타군[田方郡] 소재의 사원인 슈젠지[修禪寺]에서 한동안 수업[修業]을 쌓았다.[7)

---

5) 본고를 작성하는데 있어서 최석영 박사의 도움으로 국립민속박물관 소장의 문헌『駿豆地方の古代文化』를 참조할 수 있었다. 이 책은 가루베씨의 사거 직후인 1970년 11월 지역사학회인 駿豆考古學會(靜岡縣 沼津市)에 의하여 '가루베 박사 유고추도문집'으로 발간된 것이어서 본고의 작성에 많은 도움이 되었다. 駿豆考古學會는 1940년대 말 後藤守一을 중심으로 설립되어, 1970년 경에 회원 130여 명으로 연구발표회, 유적견학회, 발굴조사, 회지 발행 등의 활동을 전개하였다(『駿豆地方の古代文化』의 서문 참조).
6) 가루베의 부친이 쿄토의 유명한 골동품상이었다는 이야기가 많이 퍼져 있으나 이는 사실과는 다른 것으로 보인다.

O2 야마가타현 다이고촌의 고향 절, 지온지(慈恩寺)
(戶田有二 사진)

이때 출생한 고향집의 절 이름을 따 '지온(慈恩)'이라는 이름을 사용한 것이 그 후까지 사용하게 되었다는 것이다.

　성년 이후 가루베는 각별히 건강에 신경을 써 다른 이로부터 '건강의 전형'이라는 말까지 들을 정도였지만, 어린 시절 그는 특별히 병치레를 많이 하며 성장한 병력을 가지고 있다. 4, 5세의 어린 시절에 감기가 폐렴으로 돌아 아예 살지 못한다는 판정까지 받았다고 한다. 그는 이러한 어린 시절 자신의 건강문제를 모친의 전언을 통하여 다음과 같이 회고한 적이 있다.

---

7) 해방 후 귀국하여 三島市에 거주하면서 修禪寺와의 인연이 계속되었고, 그의 무덤도 이곳에 소재하고 있다.

그런데 어느날 무슨 제사(마쯔리)가 있었는지, 이웃집에서 떡을 보내왔다. 그것을 안 나는 "떡 먹고 싶어"하고 졸라댔다는 것이다. 쇠약의 극에 달한 유아에게 떡을 주는 것이 좋지 않다는 것을 알면서도 "어차피 죽을 것이라면 하고 싶은 것이나 해보라"고 생각해서 떡 한 쪽을 주어 보았다. 그런데 그로부터 조금씩 원기가 돌더니 어찌어찌 하여 목숨이 부지되었다는 것이다. 그러나 유년기로부터 소년기까지 나의 건강은 보통사람과 같지 않았다. 가족 사이에서는, 야위었다는 뜻의 '야세(瘦)'라는 이름으로 통할 정도였다. 10살 때의 가을에 또 감기에 걸려, 폐결핵이 된 것 같았다. 당시는 아직 의학이 오늘처럼 발달하지 않은 시대라 결핵이라면 가문에 오점을 남긴다고 생각해서 늑막에 걸렸다고 하고 소학교에도 다니지 않고 집에서 빈둥빈둥 지냈다. 당시 숙부가 두 사람이나 의사였기 때문에 그 수당을 받아 간신히 살아갔다. 그것이 언제 치유가 되었는지는 잘 알지 못하겠다.[8]

그는 와세다 대학(문학부)에서 국어·한학과國語·漢學科를 전공하였으며, 이때 니시무라 신지[西村眞次]의 지도를 받아 인류학과 한국역사에 깊은 관심을 갖게 되었다고 한다.[9] 한편 도다[戶田有二] 교수에 의하면 가루베는 와세다 입학 전에 불교대학인 고마자와 대학[駒澤大學]에 입학한 적이 있었는데 재학 중 신병으로 인하여 학업이 중단되고 고향의 지온지[慈恩寺]의 자택에서 요양하였다고 한다.[10] 그가 어린 시절 죽음의 문턱에서 학교에도 다니지 못하

---

8) 輕部慈恩,「私の健康」,『駿豆地方の古代文化』, 1970, p.142. 이글은 원래 1964년(소화 39) 日本大學 短期大學 商經科學友會誌『三島路』12호에 실린 것을 재수록 한 것이다.
9) 小野眞一,「恩師輕部先生の思い出」,『駿豆地方の古代文化』, 駿豆考古學會, 1970, p.249.

고 지온지[慈恩寺]의 구가舊家에 처박혀 지냈던 것은 위에서 언급하였지만, 그러나 와세다 이전 고마자와 대학 입학 사실이나 병으로 인한 학업중단에 대해서는 잘 알 수 없다. 그는 17세 이후의 성년이 된 이후로는 거의 병치레 없이 건강하게 지냈다고 말하고 있기 때문이다.

> 17세 때, 호흡기 전문의로서 동경 아오야마[青山]에서 개업하고 있던 숙부 댁에 붙어살았는데, 중학 3년에 편입시험을 보고 통학을 시작했다. 학교에 다니는 기쁨에 흥분을 느꼈음일까. 그 이후로 60대의 중반에 이르기까지 의사에게 신세를 질 정도의 병에 걸린 적은 없다. 간혹 가벼운 감기를 앓은 적은 있지만 그냥 그대로 놔두어도 낫곤 하였다.11)

이에 의하면 그는 중학교 3학년 때 동경으로 편입학하여 학교를 다니게 되었고, 이후 건강에 불편을 느끼지 않고 생활한 것으로 되어 있는 것이다.

가루베 지온이 공주고보 교사로 부임한 것은 1927년 1월, 그의 나이 만 30세 때의 일이었다.12) 그의 교직 생활은 1925년 3월

---

10) 國士館大學 戸田有二 교수가 醍醐村에 대한 현지조사에서 사촌동생 輕部光雄을 통하여 얻은 정보라 함.
11) 輕部慈恩,「私の健康」,『駿豆地方の古代文化』, 1970, p.142.
12) 1922년 4월에 설립된 공주고등보통학교는 대전 충남지역 최초의 인문계의 관립 중등교육기관으로서, 홍성과의 치열한 경쟁 끝에 유치가 이루어진 것이었다. 충남지역 고보 설치의 입지 결정을 위한 각 군 대표의 투표에서는 홍성에 유리한 결과가 나왔다고 한다(지수걸,『한국의 근대와 공주사람들』, 공주문화원, 1999, pp.227~231). 공주고보의 설치에 따른 후속조치로서 공주에 있던 농업학교(1910년 개교)가 예산으로 이전하였으며, 이것이 현재의 공주대 예산캠

O3  1920년대의 평양숭실학교 교사 건물
『숭실대학교 기독교박물관』, 2004)

평양의 숭실전문학교에서의 교편으로부터 시작되었는데 그의 평
양행은 낙랑 및 고구려에 대한 관심 때문이었다고 한다.[13] 평양
으로부터 2년 만에 공주로 직장을 옮긴 배경에 대하여 가루베는
다음과 같이 언급하고 있다.

　　내가 처음 조선에 건너간 것은 대정(大正) 14년(1925)의 3월이었
　다. 지금은 북한의 서울이 된 평양의 숭실전문학교(뒤의 숭실대학교)
　에서 고대사 강좌를 담당하면서 낙랑과 고구려 유적을 탐사하고 싶

---

　　퍼스(산업과학대학)에 해당한다. 1927년 공주고보 교사로 부임한 가루베는 1월
　　20일 부임인사를 하였다(공주고등학교, 『공주고 60년사』, 1982, p.130).
13) 輕部慈恩, 『百濟遺跡の研究』, 吉川弘文館, 1971, p.249의 후기.

어서 조선에 건너간 것이다. 그런데 그 당시 이들 유적은 너무 유명
하게 되어 있어서 젊은 우리들로서는 도저히 접근할 수 없는 형편이
었다. 그런데 우연한 기회에 남한 쪽에 오지 않겠느냐는 이야기가
있었다. 충청남도 공주라는 곳의 중학교에 와서 근무하였으면 하는
것이었다. 전문학교의 교직을 포기하고 중학교로 옮기는 것은 좀 아
쉬웠지만 그곳은 백제 당시의 구도(舊都)이기도하고 거기에 무언가
마음이 끌려 드디어 그곳으로 옮기기로 뜻을 정하였다.[14)]

　　가루베 지온이 한국에 건너온 것은 한국 고대 역사에 대한 관
심 때문이었으나, 이미 일제의 관학자들에 의하여 연구가 진척되

O4　공주의 출입관문이 되었던 1920년대의 금강교
(雨宮宏輔 제공 엽서사진, 충남역사박물관 소장)

---

14) 輕部慈恩, 「百濟と私」, 『駿豆地方の古代文化』, p.144.

고 있었던 평양에서는 그가 끼어들만한 여지가 없었다. 이러한 상황이 그가 공주로 직장을 옮기는 계기가 되었다는 것이다. 공주는 부여와 함께 백제의 고도로 꼽히고 있지만, 당시로서는 별로 주목받지 못한 '고도'였던 것 같다. 일제 강점기에 도굴된 송산리 고분군과 학봉리 분청사기 도요지를 제외하면 거의 발굴이라 할만한 사업이 시행된 적이 없었고, 총독부 등록문화재 현황도 매우 빈약한 실정이었다.[15]

1927년 1월 영하 20도를 기록하는 엄동의 날씨에 그는 가족을 대동하고 열차편을 이용하여 조치원을 경유, 공주로 거처를 옮겼다.[16] 그리고 바로 다음 달 2월 말에 송산리의 고분군을 발견하

---

15) 가루베 지온이 공주에 정착하기 수년 전인 1924년도 조선총독부의 등록 유적·유물 목록에 의하면 전국 총 192점 중 충남이 25점(13%)을 점유하고 있으나, 그 중 공주는 1건도 포함되어 있지 않다. 부여 6건, 보령 4건, 서산 8건, 천안 2건, 논산과 서천 각 1건 등이다(이순자, 「일제강점기 고적조사위원회와 고적조사사업(1916~1930년)」, 『일제강점기 고적조사 사업연구』, 경인문화사, 2009, pp.76~89 참조). 공주가 1점도 포함되지 않은 이유는 당시 등록 문화재가 주로 비석, 불상, 석탑, 당간지주 등 일정 구조물에 한정된 탓이기는 하지만 그러나 문화유적의 측면에서 공주가 관심의 범위에 들어 있지 않았던 사실을 반영하는 것이다.

16) 공주로 거처를 옮기던 당시의 경위를 후일 그는 다음과 같이 회고하였다. "소화 2년 1월, 엄동의 무렵이었다. 妻는 막 태어난 장녀를 등에 업고 영하 20여 도의 혹한 가운데 京釜本線에 흔들리며 20시간이나 남행하여 다음날 저녁, 조치원이라는 한산한 역에 내렸다. 역전에서 단 한 칸 방 밖에 없는 폐가 같은 여관을 찾아 거기서 하룻밤을 지냈다. 화로에는 반딧불만큼의 숯불을 넣었는데 금방 꺼져버려 火氣라고는 없고 찬바람만 사정없이 창 틈으로 불어닥치는 방에서 煎餠처럼 얄팍한 이불을 뒤집어쓰고 잠을 청해보았지만, 좀처럼 잠이 들지 못한 채 밤을 지냈다. 다음날 너덜너덜한 버스, 그것은 버스라고해도 대형의 자동차에 지붕만 포장을 덮어 그대로 바람을 받는 것이었다. 이 버스에 흔들리며 깊고 깊은 산길로 접어 들어갔다. 조선의 대도시 평양에서 쫓겨나 섬으로 유배되는 것 같은 느낌이었다. 비참한 마음이 들었다. 2시간 후에 드디어 목적지인 공주라는 곳에 도착하였다. 이곳이 백제의 구도 웅진성인가 낙담되었다. 산간을

였다고 한다.


## 3. 가루베 지온[輕部慈恩]의 연구 편력


　가루베 지온이 공주고보에서 교사로서 담당하였던 과목은
역사가 아니었다. 당시의 '국어', 즉 일본어였고, 보직으로 도서
부장 등의 업무를 맡기도 하였다.[17] 해방 이후 일본으로 귀국하
여 1948년부터 1970년 사망할 때까지 니혼대학[日本大學]에 복무하
였지만[18] 공주 등지에서의 백제사 연구 20년은 그의 교육과 연구
의 가장 중심적 시기였음에 틀림없다. 이때 그는 백제의 산야를
직접 누비며, 자료를 수집하고 이를『고고학잡지』등 학계의 중앙
전문잡지를 통하여 정리 발표하였던 것이다.

　가루베가 공주에서의 유적 조사 이후 전문 학술잡지에 처음
발표한 논고는 공주정착 2년이 지난 1929년, 서혈사 · 남혈사를
백제의 초기 불교사원으로 주목한 것이었다.[19] 이것은 공주 백제
의 불교미술 문화에 대한 관심으로 이어져서 석불광배, 혹은 백제

---

가로 흐르는 금강의 남안에 지름 3km 정도의 작은 분지가 있어 사방은 전부 高
岳에 둘러싸여 거기에 작은 읍이 만들어져 있었다. 역시 이러한 곳이라 要害 견
고한 도성을 만들었구나하고 생각하곤 하였다(輕部慈恩, 「百濟と私」, 『駿豆地
方の古代文化』, 1970, pp.144~145)."
17) 공주고등학교, 『공주고 60년사』, pp.54 · 88.
18) 사망한 날짜는 1970년 10월 16일이다.
19) 輕部慈恩, 「百濟舊都熊津に於ける西穴寺及よび南穴寺」, 『考古學雜誌』19-14,
　　19-15, 日本考古學會, 1929.

05 1920년대의 공주 시내 원경

06 가루베 지온의 근무지, 공주고등보통학교 본관건물
(지금의 공주고등학교)

기와에 대한 자료 보고가 이어졌다.[20] 백제 불교문화에 대한 관심은 일본 고대의 아스카 문화가 백제로부터의 불교 전수와 깊은 관련이 있다는 나름의 문제의식 때문이었는데, 절(慈恩寺)에서 나고 자랐다고 할만한 그의 불교적 성장환경이 자연스럽게 불교사에 대한 관심으로 이어졌다고 할 수 있을 것이다.

백제사원지에 대한 조사보고 이후 그가 『고고학잡지』에 백제고분에 대한 글을 발표한 것은 이듬해 1930년의 일이었다. 「낙랑의 영향을 받은 백제의 고분과 전塼」이 그것이다.[21] 이후 백제고분에 대한 장편의 조사 논문을 1933년부터 1936년까지 8회에 걸쳐 『고고학잡지』에 연재하였다.[22] 가루베 자신의 회고에 의하면 그는 공주에 근무하던 기간 "1천 기에 달하는 백제고분 등 다수의 새로운 사실을 발견"하였다고 한다.[23] 따라서 이들 많은 수량의 고분과 유적의 조사과정에서 상당량의 유물을 수습하게 되었던 것은 의심의 여지가 없다. 이 고분 조사 작업은 특히 공주 근무 초기인 1927년부터 1932년의 5년간에 집중되어 있는데 이 사이 738기라는 어마어마한 분량을 조사한 것으로 말하고 있다.[24] 그 중 가장 대표적인 것이 1933년에 조사한 송산리 6호 전축 벽화고분 및 1932년의 5호분이라 할 수 있다. 그가 조사한 고분 가운

---

20) 輕部慈恩,「百濟舊都熊津發見の百濟式石佛光背に 就いて」,『考古學雜誌』20-3, 1930 ; 輕部慈恩,「公州出土の百濟系古瓦に就いて」,『考古學雜誌』22-6, 1932.

21) 輕部慈恩,「樂浪の影響を受けた百濟の古墳と塼」,『考古學雜誌』20-5, 1930.

22) 輕部慈恩,「公州に於ける百濟古墳」1-8,『考古學雜誌』23-7~9, 24-3~5, 26-3,4, 1933, 1934.

23) 輕部慈恩,『百濟遺跡の研究』, 吉川弘文館, 1971, p.20.

24) 輕部慈恩, 위의 책, p.6.

데 조사시기가 명시된 148건의 고분을 연도별로 파악하면 1931년 한 해에 82건, 1932년 28건 등으로, 특히 1931년, 1932년에 작업이 집중되어 있다.[25] 이같은 가루베의 고분 조사에 대해서는 총독부의 전문 고고학자들에 있어서도 '연구목적이라는 미명하에 이루어진' 유례가 없는 유적의 '사굴私掘' 행위로 비판된 바 있다.[26] 당시에도 전문 연구자의 입장에서 보면 가루베는 어디까지나 아마추어 '향토사학자'에 불과 하였던 것이다.

1936년 가루베는 총독부에서 간행되는 『조선朝鮮』이라는 잡지에 공산성의 출토유물과 송산리 6호분에 대한 소개의 글을 게재하였다.[27] 그는 10년간의 공주고보 근무 이후에 대전의 대동여고(대전여고의 전신)의 교감으로 승진하여 근무처를 옮겼는데 아마 1940년의 일이었던 것 같다. 그리고 다시 1943년 승진하여 강경여중의 교장으로 옮겨 근무하던 중 해방을 맞이하였다.[28]

---

25) 조사 시기는 그가 논문에서 '발견시기'를 밝히고 있는데, 발견 시기는 거의 실제 조사 시기와 일치한다고 생각된다.

26) 가루베는 '738기' 혹은 '1천여 기'라는 숫자를 들어, 자신의 고분 연구의 신뢰성을 강조하려고 하였던 것 같다. 그러나 학술적인 관점에서라면 이같은 수치는 오히려 학술적 신뢰성을 떨어뜨리는 것이기도 하다. 근년 有光敎一이 가루베의 조사를 비판하면서, "5년 간에 738기라는 것은 한 해에 150기 가까운 고분을 조사한 셈이 되어 고분의 학술적 조사로서는 상상조차 할 수 없는 숫자이다. 얼마나 정력적으로 조사에 임하였는가 알 수 있다(有光敎一, 『朝鮮古蹟硏究會遺稿』 II, 유네스코 동아시아연구센터, 2002, p.14)"고 비판한 것이 그 예이다.

27) 輕部慈恩, 「公州に於ける百濟遺蹟」, 『朝鮮』 234, 1936. 이 글은 본서 말미에 〈참고자료〉로서 번역 게재하였다.

28) '강경공립실과여학교'라는 이름으로 1936년 개교한 강경여중의 자료에 의하면 가루베는 1943년 3월 4일부터 1945년 9월 30일까지 이 학교의 제4대 교장이었다. 부임 직후인 4월에 '강경공립고등여학교'로 개편되고, 1950년 '강경여중'이 되었다.

해방 이후 본국에 귀환한 가루베는 이미 원고 작업이 완료되
어 있던 『백제미술百濟美術』을 출간하였다. 이 책은 해방 직후인
1946년 10월, 동경의 보운사寶雲舍에서 간행되었지만, 이미 1943
년 말에는 인쇄가 가능한 형태로 원고가 마무리 되어 있었다. 그
러나 인쇄 작업이 끝나지 않은 1945년 3월 10일, 동경에 대한 연
합군의 공습에 의하여 넘겨진 원고가 모두 불타고 말았다. 그리하
여 실제 책이 간행된 것은 가루베의 귀국 1년 쯤 뒤인 1946년 10
월이었다.[29] 이로써 생각하면 그가 공주를 떠나 대전, 강경 등지
에 전전하는 동안 그는 현장의 조사보다, 기왕의 논문과 자료를

---

29) 輕部慈恩, 『百濟美術』의 例言 및 再言 참고.

바탕으로 한 백제 미술사의 정리에 많은 시간을 보냈음을 알 수 있다.

　1945년 본국에 귀환한 가루베는 시즈오카현[静岡縣] 미시마시[三島市]에 자리를 잡았다. 그 연고는 처가와의 관련이었다. 미시마 정착은 젊은 시절 활동기의 20년을 한국에서 보낸 그로서, 돌연한 귀국 상태에서 이렇다할 특별한 연고지가 없었기 때문이라고 생각된다. 그는 이곳에 자신이 직접 나무를 자르고 깎아서 가옥을 증개축하여 '제2의 인생'을 시작하였다고 한다.[30] 1947년 때마침 집 가까운 곳에 니혼대학[日本大學]의 미시마[三島] 분교分校가 설립되었고, 그는 교원으로 취임하여 이 대학(豫科)에 근무하였다.[31]

　식민지 한국에서의 교사 경력과 백제에 대한 저서가 있기는 하지만, 일본에서 대학에의 취업이 간단한 일은 아니었을 것이다. 그는 원래 적극적인 성격의 소유자였고, 고고학자 사이토[齊藤 忠]의 회고에 의하면 "활달하고 명랑하고 붙임성이 좋은 사람"이었다.[32] 이같은 그의 적극적 성품이 그의 취직에 도움이 되었는지 모르겠다. 1947년 전임강사에 취임한 가루베는 1951년 교양학부 조교수, 1956년 교수로 승진하고, 이후 문리학부로 소속이 옮겨졌다.[33] 니혼대학에 자리를 잡자 지역은 달라졌지만, 그는 예의 공주에서의 향토사적 고고학적 활동을 학생들과 함께 다시 시작하였다.

---

30) 齊藤 宏,「嶽嶺競硏」,『駿豆地方の古代文化』, p.247.
31) 小野眞一,「恩師輕部先生の思い出」,『駿豆地方の古代文化』, 1970, pp.249~250.
32) 齊藤 忠,「輕部さんを追憶する」,『駿豆地方の古代文化』, 1970, p.7.
33) 輕部慈恩,「忘れ得ぬ人々」,『日本大學三島學園二十年の歩み』, 1967 ; 駿豆考古學會,『駿豆地方の古代文化』, p.153에서 재인용.

08 니혼대학 미시마 캠퍼스의 현재 모습
(山本孝文 사진)

　　니혼대학은 메이지[明治] 22년 창립한 일본법률학교를 모체로
하여 동경에서 설립된 4년제 사립대학이다. 가루베가 담당한 과
목은 동양사였는데, 실제 강의 내용은 거의 한국역사였다고 한다.
그리고 니혼대학[日本大學] 근무 시에도 여전히 학생들을 데리고 방
학 등을 이용, 동경에서 조금 떨어진 치바[千葉], 이바라기[茨城] 등지
에서 직접 유적조사를 하였으며, 학생들을 중심으로 '니혼(일본)대
학 고고학협회'를 결성하기도 하였다.[34] 일종의 고고학 학술동아
리의 성격을 갖는 것이라 하겠는데, 이것이 계기가 되어 실제 고
고학을 전문으로 하게 된 제자들도 여러 명이 배출되었다.
　　니혼대학 교원 취직 이후인 1953년에는 미시마[三島]시의 시

---

34) 輕部慈恩, 『百濟遺跡の硏究』, 吉川弘文館, 1971, pp.1~2, 石田幹之助의 서문.

지편찬위원장이 되어 1958~1959년에 상중하 전 3권 분량의 『미시마시지[三島市誌]』를 완간하였다.[35] 이 시기 그는 백제에 대한 연구논고를 종종 발표하였고, 그 후 『백제의 역사지리연구』라는 논문으로 자신이 근무하고 있던 니혼대학에서 문학박사 학위를 취득하게 된다. 사망 몇 년을 앞둔 1967년 가을, 명지대학교 초청으로 그는 1945년 해방으로 일본에 돌아간 후, 처음으로 한국을 방문하였다. 백제사에 대한 특강과 공주고보 제자들과의 만남, 백제 유적의 답사 등이 이때 이루어졌다.[36]

니혼대학 근무 시절 그는 '쿠사오카[草丘]'라는 필명을 가지고 있었다. 그리하여 '가루베 쿠사오카[輕部草丘]'라는 이름으로 종종 시를 지어 발표하였다.[37] '쿠사오카'라는 이름을 자호自號한 뜻을

---

35) 齊藤・小野, 「戰後に於ける輕部慈恩博士業績一覽」, 『駿豆地方の古代文化』, pp.165~169.

36) 가루베의 한국방문은 당시 주일한국공보관장 李星澈의 주선으로 이루어졌으며, 백제 유적 답사는 부여 충화면 소재 '추정 주류성'에 대한 답사가 주로 이루어졌다. 방한시 그는 자신의 학문적 영향으로 고고학을 전공하게 된 日本大學의 제자 小野眞一(沼津 考古學硏究所 소장)과 山內昭二(三島高校 교사) 등 2인을 대동하였다. 이에 대해서는 輕部慈恩, 「百濟文化とその遺蹟の再檢討」, 『韓國時事』31, 1967(『駿豆地方の古代文化』, 1971, pp.154~159에서 인용) 및 小野眞一, 「恩師輕部先生の思い出」, 『駿豆地方の古代文化』, 1971, p.252 참조.

37) 그가 취미로 종종 지었던 시중의 하나를 『駿豆地方の古代文化』(p.141)에 수록된 자료에 의거하여 다음에 소개한다. 제목은 〈산기슭 음영(ふもと吟詠)〉. "해야 할 일 많이 남긴 채 한 해가 저문다/ 젊은 날에는 기쁨이었던 除夜의 鐘/ 시집보내고 해마다 쓸쓸해지는 떡국이런가/늙었구나 봄 눈에도 몸까지 스며드는 추위/ 화로 있는 茶室에서 가는 봄 아쉬워하는/누군가 내 책상 위에 매화를 꺾어 놓았네/연붉은 수국 꽃이 오늘은 푸르스름해지고/夜學에서 나와서야 추석 달을 비로소 알았네/ 꽁치 값이 싼 날에는 매일 저녁 도시락에/ 초겨울에는 미꾸라지 요리에 온 힘을 다 한다" ("なすことをあまた殘して年の暮れ/若き日はまだ嬉しかり除夜の鐘/嫁ぎゆき年每に淋し雜煮かな/吾老えり春降る雪の

정확히 알기는 어렵지만, 평생을 향토의 구석구석을 누비며 향토
역사의 발굴에 진력한 자신의 삶을 '초구草丘'에 비유한 것일지
모른다.

　　1971년에 저서 『백제유적의 연구』(吉川弘文館)가 출판되었다.
이 책은 1962년 가루베 지온 선생 고희기념회(輕部慈恩先生古稀記念
會)가 조직되어 출판을 추진한 것이었는데, 공교롭게 가루베 지온
은 출판 전년인 1970
년 10월 16일 병으로
사망하고 말았다. 대
학 분규로 갑자기 병
을 얻게 되고, 결국
'불귀의 객'이 되었
다고 한다.[38] 향년
만 73세를 기록한 셈
인데, 평상시 그가
사람들로부터 '건강
의 전형'이라는 말
을 들을 정도로 건강

09 1947년 쫄묘 발굴 현장에서의 가루베 지온(중앙)
(駿豆考古學會 사진)

---

　　身にしみて/風爐釜を据えて茶房に惜しむ春/誰ぞわが机上に梅のかざしあり/
　　ほの赤き紫陽花今日は靑ざめて/夜學より出でて月見の夜と知りぬ/秋刀魚安
　　し日每夕餉に弁当に/寒鰍に料理の通をぶちまけて")
38) 輕部慈恩, 『百濟遺跡の硏究』, 吉川弘文館, 1971, 고희기념회의 후기. 修禪寺의
　　그의 무덤에는 "永德院大有慈恩居士/ 文學博士 輕部慈恩/ 昭和 45年 10月 16日
　　沒 향년 73세/ 백제유적의 연구와 자제의 교육에 바친 생애를 마치다"라는 문
　　구가 적혀 있다.

하였던 것을 생각하면,[39] 갑작스러운 죽음이었다고 할 수 있다. 고희기념회는 대개 니혼[日本]대학에서의 제자들로 구성된 것이었다고 한다.[40]

가루베의 연구 활동에서 잘 알려져 있지 않은 것은 특히 해방 이후 일본에서의 활동과 연구이다. 이와 관련하여 그의 사후인 1970년 추도논문집으로 출간된 『순즈[駿豆] 지방의 고대문화』가 매우 유용한 지식들을 정리하여 제공하여 주고 있다.[41] 이 책은 가루베가 작성한 논문, 혹은 조사보고가 큰 비중을 차지하고 있는데 이 책에 수록된 가루베 저술 보고문의 분량은 도합 12편에 이르고 있다. 이들은 모두 지역의 역사 고고자료의 조사보고로서 고분·사지·와요지 등에 대한 것이다.[42] 공간과 시기는 달라졌지만, 공주에서의 활동과 유사한 학술적 작업을 그는 일본에서 꾸준히 재

---

39) 輕部慈恩,「私の健康」,『駿豆地方の古代文化』, pp.142~143.

40) 위의 책, p.5 가루베의 例言.

41) 『駿豆地方の古代文化』는 駿豆考古學會 발행으로, 駿豆考古學會는 靜岡縣 沼津市 加藤學園 考古學研究所에 소재하는 것으로 되어 있다. 이들 학회와 연구소는 日本大學 三島分校 재임시 가루베의 활동의 결과로 조직, 배출된 사람들, 즉 가루베 그룹이라고 할 수 있는 단체이다.

42) 보고문의 목록은 다음과 같다.
「伊豆柏谷百穴古墳群の發掘に就いて」(『日本考古學論誌』 2, 1948) ;「駿河澤田遺蹟の發掘調査」;「靜岡縣三島市市ケ原廢寺址」(『日本考古學年報』 6, 1953) ;「田方郡伊豆長岡町花坂瓦窯址」(『日本考古學年報』 7, 1954) ;「田方郡大仁町宗光寺廢寺址」(『日本考古學年報』 8, 1955) ;「三島市夏梅木古墳群」(『三島市誌』 上, 1958) ;「三島市樂壽園西口古墳」(『三島市誌』 上, 1958) ;「三島市伊豆國分寺址」;「三島市推定伊豆國廳址」(『日本考古學年報』 16, 1963) ;「彌生期の農耕遺跡より出土する 梯子形木製器具の使用法について」(『日本大學(三島)研究年報』 10, 1962) ;「伊豆大仁町富士見夫婦塚古墳の發掘調査」(『日本大學(三島)研究年報』 13, 1965) ;「駿河國日吉廢寺址發掘調査の綜合結果」(『古代』 49·50合병호, 1966).

개하였던 것이다. 그러나 일본에서의 그의 고고학적 작업은 일견하여 전문성의 측면에서는 다소 미흡한 수준이었던 것으로 판단된다. 즉 학계의 주류에 속한 학문적 활동이라기보다는 지역에 토대하며 전문가와 일정한 유대를 형성한 가운데 이루어지는 비주류의 향토사적 고고학 활동의 성격이었다고 생각된다.

가루베 지온의 해방이후 연구 경력과 관련하여 무엇보다 주목되는 것은 그가 일본 귀국 후에도 여전히 백제사 연구를 포기하지 않았을 뿐만 아니라 사망할 때까지 지속적으로 백제를 주제로 한 논문을 발표하였다는 사실이다. 한국에 대한 학술적 방문이 거의 이루어지지 않았던 사정을 생각하면, 해방이후 그의 백제사 연구는 공주 거주시의 것과 다른 의미를 갖는다. 일본에서의 활동기에도 공주와 백제는 여전히 가루베 지온의 학문적 요람이었던 것이다. 가루베가 본국 귀국 후 저술하여 발표한 백제 관련 논고는 다음과 같다.[43]

「百濟古墳 築造의 地理的 條件과 그 構築順序」,『研究年報』1, 日本大學 三島敎養部, 1953.

「百濟論考(1)－百濟國號考 百濟王姓考」,『研究年報』5, 日本大學 三島敎養部, 1957.

「百濟論考(2)－百濟熊津 · 白江 · 百濟地名考」,『研究年報』7, 日本大學 三島敎養部, 1959.

---

43) 해방이후 일본에서의 그의 활동에 대해서는『駿豆地方の古代文化』에 실린「輕部慈恩博士文獻目錄抄」(pp.170~176)에 상세히 정리되어 있다. 백제 관련 논고에 대한 사항은 여기에서 발췌한 것이다.

「百濟 周留城考」, 『日本大學70年記念論文集』, 1960.

「百濟論考(3)—炭峴考, 周留城考, 就利山考」, 『研究年報』 9, 日本大學 三島敎養部, 1961.

「百濟의 合掌形 天井古墳에 關한 再檢討」, 日本 考古學協會 研究發表要旨, 1961.

「百濟 瓦塼 文樣의 二系統에 대하여」, 『日本歷史考古學論叢』, 1966.

「在銘의 百濟 古塼瓦에 대하여」, 『兼田博士 還曆記念 歷史學論叢』, 1969.

軽部慈恩著
百済遺跡の研究

吉川弘文館

**10** 가루베 지온의 유저
『백제유적의 연구』(1971) 속표지

이같은 작업의 결과에 의하여 그의 유저遺著라 할 『백제유적의 연구』가 가능했던 것이다. 특히 사망 이후 1971년에 출판된 이 저서는 그의 삶에서 차지하고 있었던 백제에 대한 비중을 확인하게 한다. 어떤 이는 "이렇게 도둑질, 약탈한 유물을 가지고 (가루베가) 『백제유적의 연구』라는 저서를 펴냈다"고 말하였지만, 이 책은 전체적으로 유물을 토대로 한 고고학적 저서라기보다는 사료와 향토자료를 근거로 한 역사적 연구의 성격을 많이 가지고 있다. 논문의 내용이

제1편 「백제의 역사지리적 연구」이고, 제2편은 「백제 국호고國號考」「백제 왕성고王姓考」로 되어 있는 것에서도 이 책의 성격을 짐작할 수 있다. 백제연구의 경향이 문헌에의 의존도가 높은 역사학적 연구로 기울어진 것은, 해방 이후 귀국하여 '백제의 현장' 으로부터 격리되어 있었던 사정과도 깊은 관계가 있다고 할 수 있을 것이다. 『백제유적의 연구』에 사용된 삽도 자료는 『백제미술』에서 이미 사용되었던 자료와 1967년 방한시 촬영한 사진 등의 자료 이외의 새로운 자료는 보이지 않는다.[44]

## 4. 향토사 교육과 문화재 관련 활동

공주고보에서 5년 간 담임을 맡았을 때 반의 생도였던 류제경(전 공주대 교수)에 의하면 교사 가루베는 국어 즉 일본어를 담당하였고, 학생들에 대해서 매우 엄격하면서도 한편으로 관용적인 면이 있어서 교육자로서 신망이 있었다고 한다.[45] 공주고보 4회

---

44) 『백제유적의 연구』에서 사용된 삽도 자료와 관련, 가루베는 그 대부분이 "내가 그쪽에 거주하고 있던 당시에 촬영한 것을 복사한 것" 이고, "(1967년) 방한시에 촬영한 것도 추가하였다" 고 밝히고 있다. 輕部慈恩, 『百濟遺跡の研究』, 吉川弘文館, 1971의 例言, p.5.

45) 류제경 교수는 공주고보 9회 졸업생으로 졸업 후 부여 은산국민학교와 공주 장기국민학교에 근무하였으며, 학생들에 대한 민족교육의 혐의로 구속되어 대전교도소에서 3년을 복역하고 해방을 맞이하였다. 재학중 졸업할 때까지 5년 내내 가루베 씨가 담임을 맡았다. 류제경은 졸업시 단군 및 무궁화에 대한 졸업논문을 작성한 건으로 경찰에 체포되었으나, 담임교사 가루베의 도움으로 풀려난

졸업생 김영택은 가루베에 대하여 다음과 같이 회고하고 있다.

우리 2학년 때 부임해온 가루베 선생은 담당은 일본어였으나 공
주를 중심으로 한 백제사에 관심을 갖고 우리가 3학년 때부터 백제
역사를 읽어가며 역사를 답사하기 시작하였다. 처음에는 백제기와
로 시작하더니 운동장 서쪽 자그마한 산에서 문헌에 있는 옛날 절터
를 찾아내었고 급기야는 고마나루[熊津] 근처에서 왕릉까지 찾아내
었다.46)

다음은 공주군수를 지냈다는 제자 심춘택沈春澤의 회고이다.

공주고보를 다닌 사람이면 가루베 선생을 모르는 사람이 없습니
다. 그만큼 화제를 남긴 선생이었어요. 또 학생들 사이에 평판이 좋
았습니다. 학생들을 열심히 가르쳤고 수단도 좋았죠.47)

1932년의 통계에 의하면 당시 공주고보는 5년제 10학급, 교
사 21명(일본인 19, 한국인 2인), 학생수 324명 규모였다.48) 또 교사 가
루베는 '극장 출입 적발의 명수'였다는 회고담도 있어 학생들의
생활지도에 엄격하였음을 짐작케 한다.49) 1938년에 설치된 밴드

---

적이 있다고 한다. 류제경 교수에 의하면, 공주 생활시 가루베의 거처는 공주시
반죽동 공주대 부속고 앞, 金甲淳 씨 舊宅 부근이었다 한다. 가루베가 관심을
보였던 대통사지의 금당 혹은 강당 부근에 해당한다.

46) 공주고등학교, 『공주고 60년사』, 1982, p.70.
47) 변평섭, 『실록 충남 반세기』, 1983, p.160. 심춘택의 이 인용문에서는 가루베 지
온의 아버지가 골동품상이었다는 것을 알게 되었고, 결국 그의 문화재 활동이
골동품 수집을 위한 것이라는 것을 알고 배신감을 갖게 되었다고 하였다. 그러
나 가루베의 부친이 골동품상이었다는 것은 사실적 근거가 없는 것으로 보인다.
48) 공주고등학교, 『공주고 60년사』, p.149.

부도 담당하였다고 한다.[50]

공주고보 재직 기간 중 가루베
는 학생들을 통하여 충남 도내의 여
러 자료를 수집하였으며, 수집된 향
토자료를 분류 정리하여 하나의 책
으로 출판하였다. 공주고보 교우회
명의로 1935년에 일문으로 간행된
『충남향토지』가 그것이다. 당시 교
육계에서는 향토교육이 매우 강조
되고 있었고, 이같은 여건에서 가루
베 지온은 역사, 유적, 구비전승, 민
속 등 충남지역의 향토자료를 학생
들로 하여금 수집케 하고 이를 자료
집으로 간행하는 작업을 주도하였

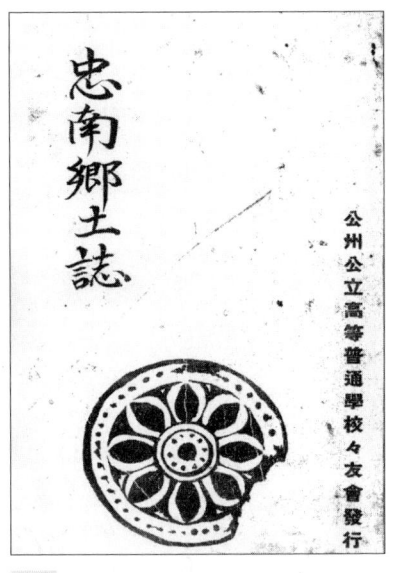

11  가루베가 주도하여 제작한
『충남향토지』(1935)의 책 표지

던 것이다. 『충남향토지』의 구성은 전설편, 향토사편, 토속자료편
등 3편으로 나누어져 있는데, 군별로 학생들이 수집한 자료를 정
리하여 수록한 것이다. 가루베 자신은 향토사 편을, 그리고 다른
교사가 전설 및 토속자료 편을 각각 맡아 감수하였다. 이 책의 예
언例言을 통하여 가루베는 향토연구와 향토자료의 중요성, 향토교
육의 목적을 다음과 같이 강조하였다.[51]

---

49) 공주고등학교, 『공주고 60년사』, p.311.
50) 공주고등학교, 『공주고 60년사』, pp.317~318.
51) 『忠南鄕土誌』는 공주향토문화연구회 윤여헌 전 회장 소장본을 참고하였다.

12 공주고보 향토관에서의 가루베 지온의 학생 지도
(탁본 실습 중이다)

　　 - 자기 향토의 연구에 의하여 보다 깊게 향토의 내용을 알고
　　 - 가까운 향토 연구로부터 시작하여 장래 다른 연구로 들어가는
동기를 만드려는 것
　　 - 향토를 앎으로써 자부심을 갖게 하고 향토연구에 의하여 장래
개선해야할 일을 착안하려는 것
　　 - 연구에 의하여 항상 세심한 주의를 사물에 기울이는 습관성을
기르고 한편 글을 만듦으로써 자기 의지 발표의 자유나 국어 학습을
꾀하려는 것


　　이 책은 300면에 가까운(294면) 일종의 충남지역 향토자료집
으로서, 서울의 조선인쇄주식회사에서 정식 활판 인쇄로 출판한

것이다. 자료 수집에서 뿐만 아니라 학생 26명이 편집위원으로 활동한 것으로 되어 있는데, 이들은 가루베 교사의 지도 아래 아마 수집된 자료의 기초적 정리를 분담하였던 듯하다.

가루베 지온은 1930년 3월 교내에 향토관을 설치하였다. 그는 이 향토관의 주임교사가 되었고, 이후 "거교적으로 공주를 중심으로 한 백제시대의 토기·와당·탁본·사진·기타 향토의 훈풍을 담은 여러 가지 유물의 수집에 힘썼다"고 한다.[52] 가루베는 향토사 학습을 위하여 1930년 교내에 향토관의 설치를 주도하였으며, 이 자료실에는 공주에서 수습된 토기·와당 등 고고학적 자료와 탁본·사진 등 교육자료들이 전시되고 있었다. 당시 졸업앨범에 게재된 사진 속에서 향토실의 전시자료는 철화분청사기도 눈에 뜨이지만, 백제토기(병류, 장군, 기대, 삼족기 등), 기와류(암, 수막새)가 대부분을 차지하고 탁본 자료는 벽에 걸려 있는 것을 볼 수 있다. 원래 일제하에서 강조되었던 향토사교육은 지역에 대한 총합교육總合敎育의 성격을 갖는 것이어서 지역의 전통문화, 혹은 역사고고학적 자료에 대한 비중은 극히 낮다. 그럼에도 불구하고 공주고보에서 향토교육이 지역의 역사고고학적 자료가 중심이 된 것은, 공주의 지역적 특수성과 함께 교사 가루베의 역할 때문이었다고 할 수 있다.[53]

그러나 가루베에 의하여 조성된 공주고보의 향토관 소장 자

---

52) 공주고등학교, 『공주고 60년사』, p.163.
53) 1960년대 학교교육에 있어서 향토교육이 강조되면서 많은 학교에 향토자료실이 설치되었다. 충남의 경우 이 향토실(향토관)이 대부분 지역의 역사 유물을 수집 전시하는 기능이었는데, 이는 공주고보에서의 가루베의 향토실 운영의 예가 일정 부분 영향을 미치지 않았나 추측한다.

료는 6 · 25전쟁의 와중에 멸실되고 말았다. 1951년 1월 20일 교내에 주둔하고 있던 미군 공병대의 실화失火로 교사校舍가 소실되면서 향토관이 함께 잿더미가 되었기 때문이다. 향토관의 자료만이 아니라 개교 이후 보관중인 학교의 각종 문서와 자료가 함께 소실되었음은 물론이다.

　　과학관과 함께 전국적으로 자랑하던 향토실이 소실되었으니 향토실에는 향토자료를 비롯한 문화재의 자료가 한 교실에 가득히 진열되어 있었으며 그중에는 값진 자료가 많이 있었다고 한다.54)

13　1930년대 공주고보 원경

54) 공주고등학교, 『공주고 60년사』, 1982, p.374.

가루베 지온의 향토사 교육활동은 학생들에게 일정한 영향을 미쳤다고 한다. 교사가 된 그의 제자들이 뒷날 학교 현장에서 향토실을 만들고 지역문화에 대한 관심을 수업에 반영하였다는 것이며, 이후 지역문화에 관심을 갖고 연구하는 향토사 연구자의 배출이 있었던 것도 그 영향이었다고 한다.[55]

가루베 지온의 활동 중 앞으로 더욱 검토가 필요한 것 중의 하나는 공주고보 교사 재임시 지역 문화재관련 단체에서의 역할이다. 공주박물관의 전신으로 1933년 공주사적현창회가 조직되어 지역에 흩어진 문화재의 보존과 전시 등에 관심을 기울이게 된다. 공주사적현창회 이전에는 '공주군보존회'가 있었고, 이들은 공주지역 출토 유물의 보존과 관리에 관심을 가지고 있었다. 공주박물관의 전사前史에 해당하는 일제하 공주군보존회, 혹은 공주사적현창회의 활동에 대한 구체적 내용은 잘 알려져 있지 않지만, 가루베는 얼마간의 유물을 여기에 대여하고 있었고, 이 단체의 활동에 참여 하였던 것으로 추측된다.[56] 일본 귀국 후의 가루베는 공주에서의 박물관 설립에 자신이 직접 간여하였다는 다음과 같은 기록을 남긴 바 있다.

다만 지금 내가 만족하는 바는 그 땅(공주를 말함 : 필자)에서 내 손으로 남기고 온 왕릉의 유적이나 왕성지(王城址)의 유람도로, 특히

---

55) 예산군 덕산 거주 향토사학자 박성흥(작고)은 그 대표적인 예이다. 그는 자신의 연구 경과를 정리하여 『내포지방의 고대사와 홍주 주류성과 당진 백촌강 연구』 (2004)를 간행하였다.
56) 최석영, 『한국 박물관의 근대적 유산』(증보판), 서경문화사, 2004, p.177.

내 설계와 수집품으로 가능했던 백제박물관 등이 지금도 그대로 보존되고 있다고 들은 것이다.[57]

　　이 글은 원래 1965년에 발표된 것으로, 공주박물관이 성립하는 데는 자신의 공헌이 깔려 있었다는 의미를 글에서 담고 있다. 공주박물관 설립의 전사前史에 대해서는 자세한 전말이 아직 잘 알려져 있지 않다. 해방 후 공주박물관은 무령왕릉이 발견되는 1970년대 초까지 약 30년 간 선화당(충청감영 동헌)을 전시실로 사용하였거니와, 원래 공주사적현창회가 선화당을 이축하여 전시실로 사용한 것은 1940년부터였다.[58] 따라서 해방이후 공주박물관의 성립은 일제하 공주사적현창회의 수집 전시품이 그 바탕이 되었다고 할 수 있다. 가루베 지온은 이 '백제박물관' 이 "내 설계와 수집품으로 가능하였다"고 적고 있어서, 공주박물관 전신의 전시실이 만들어지는 데 자신의 일정한 기여가 있었음을 주장하고 있는 것이다. 가루베가 당시 지역에 거주하는 거의 유일한 관련 '전문가' 였다는 점에서, 전시실의 구상과 개설에 그의 참여가 있었으리라는 것은 충분히 가능한 일이다. 다만 전시실이 개관하는 1940년 경 가루베는 공주에서 대전으로 전근하여 거주지를 옮기게 되었고, 이로 인하여 공주사적현창회의 활동에 이후 적극 참여하는 기회를 갖지는 못했을 것으로 보인다.

　　이상의 사실과 관련, 최근의 연구 결과에 의하면 공주에서

---

57) 輕部慈恩, 「百濟と私」, p.146. 이글은 원래 그가 재직하던 三島分校에서 간행한 『三島路』13, 1965에 게재하였던 글이다.
58) 오윤환, 『백제고도 공주의 명승고적』, 1955, pp.96~97.

14  선화당을 이건한 공주박물관 전시실
(국립공주박물관 사진)

'고적보존회' 가 창립된 것은 1933년 경으로서, 도청 이전 이듬해
인 1933년에 '백제박물관 건설 기성회' 가 조직되어 그 활동이 가
시화 되었다.[59] 아마 이 시기의 박물관 건립 운동은 도청의 대전
이관 이외에도 왕릉급 백제유적인 송산리 6호분의 발견이 계기가
되었다고 생각된다.[60] '백제박물관' 의 개관은 충청감영의 동헌

---

59) 이순자, 「지방고적보존회 활동의 다양화」, 『일제강점기 고적조사사업 연구』,
　　경인문화사, 2009, pp.477~480.
60) "충남 공주는 백제의 구도로 연전에 발굴된 왕릉 내의 보물 등 고적이 많으므로
　　공주보존회에서 연전부터 백제박물관 창설 운동을 하여 오든 바, 총독부에서도

인 선화당을 앵산공원에 옮겨 1939년(1938년 착공)에 완공함으로써
이루어졌다.[61]

　　박물관 건립 이후 공주고적보존회의 역할을 '공주사적현창
회'가 담당하였으며, 현재 공주박물관의 소장품 중에는 '가루베
[輕部] 소장품'이라는 라벨이 있는 유물, 혹은 가루베의 필적으로
생각되는 '공주사적현창회' 명의의 라벨이 확인되어 가루베 유
물 중의 일부가 공주사적현창회(공주고적보존회)를 통하여 박물관에
유입된 사실을 알 수 있게 되었다. 그러나 그 수량은 많지 않으며
유물의 중요도도 낮은 것이어서 가루베 소장 유물의 유입은 매우
작은 비중이었던 것으로 추측되고 있다.[62]

　　박물관의 전시관으로 활용된 선화당의 이전은 개관에 앞서
1938년 6월 24일 이루어졌는데, 이 사실은 공주박물관 수장고에
서 선화당 이건시移建時의 상량문이 발견됨으로써 확인되었다.[63]

---

　　이에 찬성하야 금년도에 3천 원을 보조 하겠다 하였고 도에서 지방비 2천 원을
　　보조한다 하므로 전 도청 선화당 건물을 이용하야 시내 적당한 곳에 건설하기
　　로 하고 기부금 모금에 착수하였다(〈동아일보〉 1933.11.14. 이순자, 위의 책,
　　p.479에서 재인용)."

61) 〈동아일보〉 보도에 의하면 박물관 낙성식은 1939년 5월 5일에 쌍수산성공원
　　(공산성) 광장(추정 왕궁지 일대)에서 거행되었다. 그러나 실제 박물관의 개관
　　은 여러 자료의 검토 결과 1940년 10월 1일로 판단된다고 한다. 이에 대해서는
　　최석영, 「지방분관의 건립과 사회교화」, 『한국박물관 100년 역사』, 민속원,
　　2008, pp.157~159 및 박방룡, 「공주와 박물관 이야기」, 『공주와 박물관』, 국립
　　공주박물관, 2009, pp.184~187 참조.
62) 박방룡, 「공주와 박물관 이야기」, 『공주와 박물관』, 국립공주박물관, 2009, pp.
　　180~183.
63) 상량문은 "公州博物館 大工棟梁 大島雪市/ 昭和十三年 六月二十四日 戊寅年上
　　棟祭 執行/ 公州神社社掌 北本憲造"라는 기문과 함께 별도의 기원문이 적혀 있
　　다. 박방룡, 「공주와 박물관 이야기」, pp.184~185 참조.

1940년 박물관의 개관에 의하여 공주에서는 문화재 관련의 공식적 기관이 성립한 셈이다. 여기에는 가루베의 일정한 역할이 있었을 것으로 생각되지만, 이같은 공식기구의 성립은 가루베의 사적인 '문화재 활동'에 제한 조건이 되었다고 생각된다. 가루베는 이 무렵 대전으로 근무지를 옮겼고, '공주의 산야'를 누비며 이루어졌던 그의 '왕성한' 활동도 이제는 예전과 같지 않은 환경이 된 것도 사실이다.

## 5. 백제문화의 고고미술사적 연구

공주지역의 상징이라 할 '금강錦江'의 어원이 '곰강[熊川, 熊江]'이며, 곰강을 한자의 '유음미자類音美字'로 표현한 것이 '금강'이라는 것은 이미 1935년 가루베의 주장이었다. 고려 초부터 쓰인 '공주' 역시 그 어원은 '熊州[곰주]'에서부터라고 그는 주장한다.[64] 사실의 진위 여부를 떠나서, 7, 8년 공주생활 경력의 '외국인'으로서, '금강'과 '공주'의 어원을 1935년에 이렇게 명쾌하게 정리하였던 가루베의 학문적 식견은 70년 세월이 지난 지금으로서도 놀랄만한 점이 있다. 그는 백제를 지칭하는 '쿠다라'의 어원에 대해서도 그 뜻이 '큰 나라'에서 비롯된 것이라는 의견을 제안

---

64) 輕部慈恩, 「公州に於ける百濟の遺蹟」, 『忠南鄕土誌』, 公州高普校友會, 1935, pp.3~4.

한 바 있다.[65)]

가루베의 관심은 무엇보다 공주에 흩어진 고분이나 성터 · 절터와 같은 백제시대의 유적이었다. 그는 공주에 재직하고 있는 동안 많은 분량의 고분을 확인하였고, 아울러 처음으로 공주의 불교유적에 대해서도 깊은 관심을 기울였다. 공주에서의 그의 학문적 작업을 분류한다면, 첫째 백제 불교 사원에 대한 연구, 둘째 공산성에 대한 연구, 셋째 백제고분의 연구, 넷째 백제 와전에 대한 연구 등을 들 수 있다. 이같은 주제는 모두 백제문화 연구의 중요한 주제이며, 그가 이같은 문제를 공주 거주 직후부터 집중하여 검토한 것을 보면, 연구의 전체적 방향에서 그 목표 설정이 상당한 정확성을 가진다는 생각이다. 고고학적인 면에서 그를 '아마추어'로 분류할 수는 있겠지만, 그를 '아마추어 학자'로 간단히 단정할 수 없는 이유는 이처럼 그의 학문적 면목에 범상하지 않은 점이 있기 때문이다.


## 1) 백제 불교사원의 연구

가루베가 공주의 불교유적에 관심을 가졌던 것은 공주의 백제불교가 바로 일본 고대문화 개화의 연원이라는 역사적 의미의 착안, 그리고 백제에 있어서도 불교가 문화적 발전에 중요한 계기가 되었다는 것에서 비롯된 것이었다. 백제문화는 처음 중국의 것

---

65) 輕部慈恩,『百濟美術』, 寶雲舍, 1946, pp.15~20.

이 이전되었지만 시간이 지나면서 백제화하여 백제 독특의 내용을 갖게 되는 것으로 그는 파악하였다. 백제에 영향을 미친 중국문화는 주로 남조의 것이었지만, 북조의 문화도 일정한 영향을 미쳤다고 보았다. 백제문화의 원류를 남조 중심의 중국문화로 설정하고 계통을 파악한 것은 정당한 것이라 할 수 있으나, 중국문화의 영향력을 지나치게 강조하는 점은 오류라 할 수 있을 것이다.

공주의 백제시대 절을 그는 평지 사찰과 산지사원으로 구분하면서 특히 서혈사·남혈사 등 석굴사원의 존재를 주목하고 이를 탐색하였다.[66] 공주 거주가 시작된 1926년의 2월 그는 봉황산 뒤의 망월산 기슭에서 서혈사 터를 확인하였다. 그리하여 파손된 석불 3구, 석재 등과 함께 '서혈사西穴寺'의 이름이 들어 있는 기와를 수습하였고 산 기슭에 계단식으로 조성된 절터와 석굴을 확인하였다. 그 후 파손된 석불의 두부頭部를 민가에서 수습하여 이를 제 위치에 올려놓기도 하였다. 역시 석굴이 있는 남혈사와 함께 이들 절을 웅진시대 초기 창건의 것으로 그는 확신하였고, 그 연원은 북위의 영향에서 비롯되어 그 후 남조에서 연원한 평지가람 대통사로 옮겨져 백제사원의 발전에 토대가 된 것으

**15** 서혈사지 통일신라기 불상
(국립공주박물관 소장)

---

66) 輕部慈恩, 「百濟の舊都熊津に於ける西穴寺及び南穴寺址」, 『考古學雜誌』 19-14, 1929.

16 남혈사지 동굴 입구

로 보았다.[67] 1970년대 초 공주에서 사실상 최초의 학술적 발굴이라 할 수 있는 서혈사지 발굴이 가능하였던 것은[68] 바로 가루베의 선구적 조사와 연구에 기초한 것이었다. 다만 근년에 이르기까지 그동안의 조사 결과는 서혈사, 남혈사 등을 웅진시대 초기의 가람으로 보는 가루베의 가설이 입증되지 않았다. 발굴 조사 결과 백제의 유구를 확인하지 못했기 때문이다.

기록상 평지가람의 백제 최초 예라 할 공주시내 소재 대통사

67) 輕部慈恩, 『百濟美術』, 寶雲舍, 1946, pp.80~93.
68) 김영배·박용진, 「공주 서혈사지에 관한 조사연구(Ⅰ) −서혈사지 제1차 발굴 조사 보고」, 『백제문화』 4, 1970 ; 안승주, 「공주 서혈사지에 관한 조사연구(Ⅱ) −서혈사지 제2차 발굴조사 보고」, 1971.

지의 구명에 주력한 것은 가루베의 또 하나의 업적이었다. 공주시 반죽동에 소재한 대통사지는 조선조 공주목 관아와 충청감영터 사이에 위치하여 있다. 즉 공주의 중심부에 위치하여 주택가로 변한 관계로 절터의 상황을 파악하기는 어려운 여건이었다. 류제경의 증언에 의하면 가루베는 공주고 근무시절 바로 이 절터 부근에서 거주하였다고 하며, 근무처인 공주고도 이곳에서 가까운 곳이었다. 그는 주택이 밀집되어 있는 이곳 구석구석을 확인하고, 특히 건축 혹은 상수도공사 등이 이루어지는 기회를 통하여 제반 상황을 관찰하였다. 그리고 여기에서 발견되는 기와와 초석과 기단석 등 유물의 단편적 자료를 토대로 하여 백제시대 대통사의 터

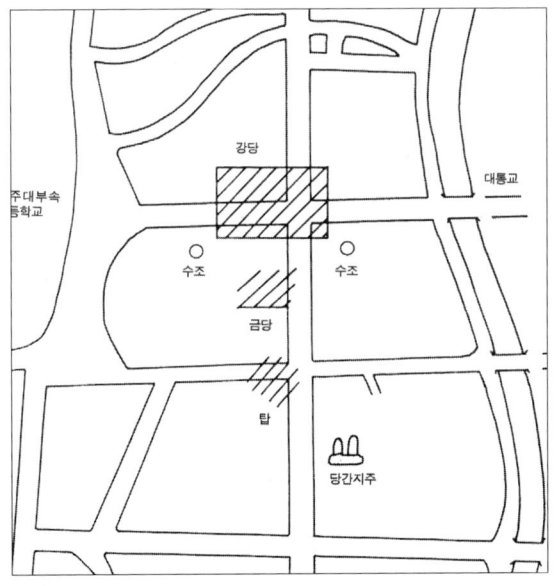

17　가루베가 작성한 대통사 가람 배치 추정도

를 확정하고 아울러 가람배치의 개략을 복원하고자 하였다.[69] 수도 공사 등의 기회를 통하여 현지의 상황을 확인하고 강당과 금당과 탑지 등의 위치를 추정하여 지도에 표시해 놓은 대통사지의 가람배치도는 소략하기는 하지만 지금까지 대통사에 대한 가장 중요한 기본 설명자료로서 전사傳寫 활용되고 있다. 그리고 2기의 백제 석연지石蓮池 등 당시 그가 확인한 절터에 대한 관찰 자료는 고고학적 조사가 불가능한 현재의 여건에서 중요한 증언으로 활용되고 있다.[70]

## 2) 공산성과 성내 유적에 대한 연구

가루베는 공산성이 백제 도읍기의 중심 거점이며 왕성이었다는 결론을 가지고 이에 대한 내용을 구체적으로 추구한 최초의 인물이다. 구한말까지 공산성은 군사적 거점으로 구별되는 지역이었지만, 일제하에서 군사적 기능이 상실됨으로써 읍민들의 공원으로 이용되고 있었다.[71] 이에 따라 1932년 유람도로의 개설과

---

69) 輕部慈恩, 「公州出土の百濟系古瓦に就いて」, 『考古學雜誌』 22-6, 1932, pp.521 ~522 및 『百濟美術』, 寶雲舍, 1946, pp.93~98.
70) 대통사지는 유적의 중요성에도 불구하고 주택이 밀집한 현지 여건상 예나 지금이나 조사가 거의 불가능한 상황이다. 당간지주 주변지역 약간이 연차적으로 매입되어 공주대박물관에서 이에 대한 최초의 조사를 실시한 바 있으나 조사결과 여기에서 백제와 유관한 내용을 확인하지는 못하였다(이남석 외, 『대통사지』, 공주대학교박물관, 2000). 충청감영이 현재의 공주대 부설고교에 자리 잡기 이전 초기의 충청감영이 자리 잡은 곳이 대통사지였다. 윤용혁, 「충청감영시대의 공주유적」, 『공주역사문화론집』, 2005, pp.248~250 참조.

같은 편의 시설공사가 실시되었고 이같은 기회에 중요한 몇 유적
이 노출되었다. 가루베는 공산성의 유적 노출에 유의하여 유물을
수습하거나 일부지역에 대한 시굴 혹은 백제시대의 건물 배치 등
에 대한 연구를 진행하면서 왕궁이 공산성 동쪽에 있었다는 전제
하에 공산성의 연구를 진전시켰다.

공주에 있는 동안 가루베는 공산성에 대한 조사 내용을 논문
으로 발표하지는 않았다.[72] 그러나 1935, 1936년 『충남향토지』,

18 1930년대의 공산성 원경
(공주시, 『공주의 옛모습』)

---

71) 1923년에 간행된 『重刊 公山誌』에 의하면 "大正二年 設公園 于城內"라 하여,
 1913년에 '공원'으로 공식 전환 되었음을 밝히고 있다.
72) 그의 연구목록에 의하면 「百濟熊津城に就いて」라는 글을 발표한 적이 있는 것
 으로 되어 있는데, 발표 시기 및 발표논문집은 미상이다. 駿豆考古學會, 「輕部
 慈恩博士文獻目錄抄」 앞의 『駿豆地方の古代文化』, p.174.

혹은 조선총독부 간행 잡지『조선朝鮮』에 간략하나마 중요한 요점을 소개하는 등 이에 대하여 지속적 관심을 가지고 자료를 정리하였고, 왕궁지 등 주요 건물의 배치에 대한 견해는 후에 그의 저서 『백제미술』혹은『백제유적의 연구』에 반영되었다. 그의 연구는 1970년대 말 백제문화권 조사 이전까지는 유일한 공산성에 대한 조사와 연구 자료였다.

가루베의 공산성에 대한 자료중 흥미 있는 것은 성내 주요 유물 출토지로서 웅심각(광복루)·삼장비로부터 쌍수교 동상東上의 지대, 쌍수정 앞 광장 및 쌍수교 서쪽의 금강에 면한 경사지, 그리고 공북루 일대를 지목하고 있는 점이다. 공북루 일대는 현재 공주대박물관 팀에 의한 발굴조사가 진행 중이지만, 여타의 두 지역은 모두 기왕에 발굴조사가 이루어져 주요 건물지가 확인된 바 있다. 그 가운데 쌍수교로부터 서쪽 50m 일대에서 직경 1m, 깊이 1m 내외의 구덩이 십 수 개소가 확인되고 그 안에서 다량의 유물이 출토된 점에 대해서는 비교적 자세히 언급하고 있다.

그중의 하나는 지름이 불과 90cm의 구덩이로부터 어로용 토기 42점, 8엽연꽃무늬의 기와 1매, 백제 도기 2점, 토기 1개, 완형(碗形)의 석기, 석봉(石棒) 1개 등이 출토하고 있다. 이것은 아마 주거(住居) 내에서 창고와 같은 역할을 하는 구덩이였다고 생각된다.[73]

한편 공산성 출토의 유물로서 삼장비각 서측 50m 지점에서 출토하였다는 금동제 봉황형 금구金具, 쌍수교 동쪽 약 40m 북쪽

---

73) 公州高普 校友會,『忠南鄕土誌』, 1935, pp.5~6.

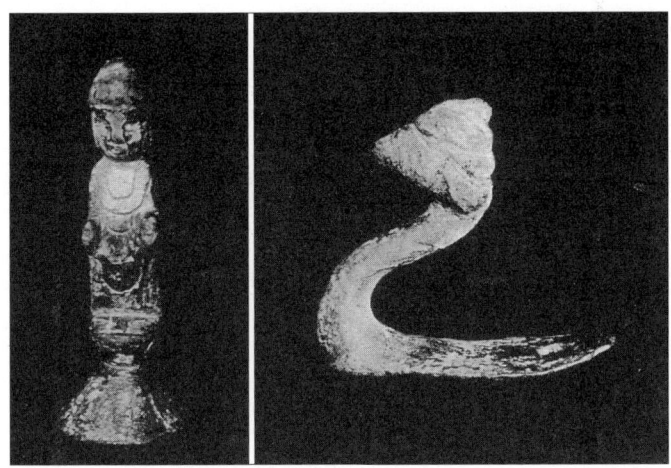

19 공산성 출토유물 (보살입상과 봉황형 파수)
(가루베 지온)

의 경사면에서 출토한 금동제 환상금구環狀金具 2점 등을 소개하고
있는데,[74] 공주대 박물관의 발굴 결과에 의하면 이 지역 일대는
백제 혹은 통일신라기의 건물이 다양하게 들어서 있었던 지점이
다. 건물지의 성격과 관련하여 유의되는 자료라 할 수 있다.[75]

　가루베의 주장 가운데 하나가 금강에 면한 공산성과 옥녀봉
사이의 곡간지谷間地 일대가 백제시대의 궁원宮苑 등 주요 시설이
있었다는 것이다. 80년대 이후 공산성에 대한 조사를 통하여 상
당히 많은 지식을 얻게 되었음에도 이 지점에 대해서는 조사가 미
진하여 그 주장의 진위 여부를 아직 가리지 못한 상태이다. 한편

---

74) 위와 같음.
75) 안승주 · 이남석, 『공산성 건물지』, 공주대학교박물관, 1992.

그의 주요 주장 가운데 하나였던 공주의 백제 나성설은 사실과 다르다는 것으로 수정 되었다.[76)]

### 3) 백제 와전의 연구

가루베의 한국행은 낙랑의 평양에서부터 시작되었다. 이때 낙랑의 전돌 유구가 깊이 인상에 남겨졌고, 원래 백제불교에 대한 관련 자료라는 점에서 가루베는 백제의 와전에 대하여 처음부터 많은 관심을 기울였다. 1932년의 백제 와당에 대한 논문은 후대 백제 와전 연구에 많은 영향을 미쳤고,[77)] 그가 공산성을 비롯하여 서혈사·대통사·신원사 등 절터에서 수습한 자료들은 공주에서의 백제문화, 특히 불교문화 이해에 있어서 퍽 중요한 자료가 되었다. 근년 공주박물관에 반환된 가루베 소장 4점의 백제와당 역시 학술적으로 매우 의미 있는 것으로 논의된 바 있다.[78)]

송산리 6호분의 조사에서 중요한 것은 '梁官瓦爲師矣[양관와위사의]' 라는 글자가 새겨진 명문전의 발견이었다. 고이즈미[小泉顯夫] 등에 의하여 6호분이 조사될 당시에는 미처 확인하지 못했던 것인데, 조사 종료 이후 조사를 견학하였던 부여진열관장 오사카[大坂金太郎]가 폐쇄용 전 더미에서 이를 찾았다고 한다.[79)] 가루베 지

---

76) 서정석, 「백제 웅진도성의 구조에 대한 일고찰」, 『백제문화』 29, 2000, pp.88 ~90.

77) 輕部慈恩, 「公州出土の百濟系古瓦に就いて」, 『考古學雜誌』 22-6, 1932.

78) 戶田 有二, 「百濟の鐙瓦製作技法について ―輕部慈恩氏寄贈瓦に見る西穴寺技法の再考と新元寺技法」, 『百濟文化』, 2007.

온은 처음 이 명문을 '梁官品爲
師矣'라고 판독하였으나, 뒤에
한자 연구가 토미모리[富森茂彭]
의 도움으로 '品'을 '瓦'로 정
정하여 '梁官瓦爲師矣'로 판독
한다고 밝히는 등 이 벽돌에 대
해서 각별한 관심을 표명하였
다. 1968년 가을 방한시에도 이
유물의 소재를 확인하고자 하
였으며, 공주와 부여박물관에
서 이 유물이 보이지 않자 퍽
'실망했다'는 것이다.[80] 무령
왕릉 혹은 6호분에서 사용된 여
러 벽돌들이 시내 여러 곳에서

20  '양관와위사의' 명문와 탁본
(가루베 지온)

수습되고 6호분의 폐쇄용 벽 내부에서 무령왕릉 사용의 벽돌이
여러 점 확인된 점 등, 와전에 대한 가루베의 조사 자료는 여전히
학문적으로 흥미 있는 내용을 많이 담고 있다.[81] 이 명문와는 최
근 명문의 판독에 있어서 의견이 일치하고 있지는 않다.[82]

79) 大坂金太郎, 「百濟壁畵塼室墳出の在銘塼について」, 『朝鮮學報』 51, 1969,
    p.150.
80) 輕部慈恩, 앞의 『百濟遺跡の硏究』, pp.61~62.
81) 戶田有二, 「백제와전의 계보」, 『동아시아 불교문화와 백제』(국제학술대회 발표
    자료집), 한얼문화유산연구원, 2009 참조. 한편 필자의 글이 처음 발표된 이후
    서정석에 의하여 작성된 「輕部慈恩의 백제유적 연구」(『웅진문화』 19, 2006,
    pp.26~38)도 본고와 관련하여 참고가 될 것이다. 이 글은 서교수의 양해를 얻
    어 본서의 말미에 전재하였다.

## 4) 백제고분에 대한 연구

고분 연구는 가루베가 공주고보 근무 시절 가장 집중적으로 힘들여 조사와 연구를 진행하였던 분야이다. 처음 불교사원, 기와 등에 대한 관심이 점차 고분으로 옮겨가게 된 것은 무차별적 도굴이 진행되고 있던 당시 상황에 의하여 계기가 만들어졌다고 할 수 있다.[83)]

일제하에서 민간인에 의한 공주에서의 백제고분의 도굴 행위는 극성하여 있어서, "수년 혹은 십 수년을 지나는 사이에 공주 지방으로부터 백제고분의 모습이 사라지는 것은 아닌가", 가루베가 염려할 정도였다.[84)] 이러한 상황에서 도굴 당한 약 1천 여기의 무덤을 돌며 그 가운데 주요한 것은 실측 촬영을 하였다는데, "백제고분을 실견實見한 실수實數는 1천 기를 넘고, 그 주요한 것은 백여 기를 실측조사"하였다고 하였다.[85)] 그가 실측 조사하였다는 고분 100여 기의 내용은 다음과 같다.

---

82) 정재훈 등은 '官'을 '良'으로, 조윤재는 '官'을 '宣'이라는 인명으로, '官'을 '以'로 보아 '梁宣以爲師矣'라 읽고 있다. "梁人 宣이 塚師로서 분묘의 축조를 監制하였다"는 내용으로 해석하여 6호분의 축조가 양나라 사람 宣의 감독하에 이루어졌다는 것이다(조윤재, 「공주 송산리6호분 명문전 판독에 대한 관견」, 『호서고고학』 19, 2008, pp.62~67). '官瓦'에 의심이 가는 것은 수긍되지만 '宣 以'라는 판독 역시 납득하기 어려운 점이 있다.

83) 백제고분에 대한 첫 논문이 1930년 5월에 발표된 「樂浪の影響を受けた百濟の 古墳と塼」(『考古學雜誌』 20-5)이었다. 그리고 1933년 이후 백제고분에 대하여 8회에 걸친 논문이 연재되었다.

84) 輕部慈恩, 「公州に於ける百濟古墳」 1, 『考古學雜誌』 23-7, 1933.7, pp.39~40.

85) 輕部慈恩, 위의 논문, p.40.

| | |
|---|---|
| 송산리고분 1-20호 | 교촌리고분 1-5호 |
| 우금리고분 1-15호 | 보통리고분 1-27호 |
| 금학리고분 1-6호 | 남산록고분 1-42호 |
| 주미리고분 1-22호 | 능치고분 1-20호 |
| 월성산록 1-9호 | 주미산록 1-16호 |

이상을 합산하면 그 수치는 182기인데, 그중 측정불능 혹은 불명 등으로 실측치를 기재하지 않은 것이 71기이고, 자신이 처음 조사한 것이 아니거나 공적인 조사를 거친 것도 약간 포함되어 있다.[86] 한편 그가 분류한 백제고분의 유형(1-6유형)에 의하여 그가 확인한 수치는 1유형 6, 2유형 91, 3유형 35, 4유형 590, 5유형 4, 6유형 2 등, 도합 738기였다.[87] 이들 조사의 대부분이 그가 확인한 것이며, 조사의 수준은 잔류한 유물을 수습하고 고분의 기본 구조를 파악하는 지표조사 수준의 것이었던 것 같다. 이같은 가루베의 고분 조사는 총독부의 전문 고고학자들에 있어서 '연구목적이라는 미명하에 이루어진' 유례가 없는 유적의 '사굴私掘' 행위로 비판되었다.[88] 그러나 가루베 자신은 이 고분들 대부분이 이미 도

---

86) 輕部慈恩, 「公州に於ける百濟古墳」 2-3, 1933, 1934의 자료.

87) 輕部慈恩, 「公州に於ける百濟古墳」 3, 1934, pp.34~35의 표.

88) 가루베는 '738기' 혹은 '1천여 기'라는 숫자를 들어, 자신의 고분 연구의 신뢰성을 강조하려고 하였던 것 같다. 그러나 학술적인 관점에서라면 이같은 수치는 오히려 학술적 신뢰성을 떨어뜨리는 수치이기도 하다. 근년 有光教一이 가루베의 조사를 비판하면서, "5년 간에 738기라는 것은 한 해에 150기 가까운 고분을 조사한 셈이 되어 고분의 학술적 조사로서는 상상조차 할 수 없는 숫자이다. 얼마나 정력적으로 조사에 임하였는가 알 수 있다"고 지적한 것이 그 예이다. 有光教一, 『朝鮮古蹟研究會遺稿』 II, 유네스코 동아시아연구센터, 2002, p.14.

굴된 유구였고, 그러한 상태에서 조사하였음을 밝히고 있다.

　가루베가 1931, 1932년 백제고분의 집중조사를 감행한 것은 백제고분 논문의 집필을 위한 것이었으며, 그 결과 앞에 언급한 바와 같이 6개 유형의 분류를 제안한 것이다. 가루베의 분류는 공주의 횡혈식 고분을 중심으로 한 제한된 자료 분류였다는 점에서 한계가 있지만, 근대 고고학 초기의 당시 여건에서 재지在地의 학자로서는 퍽 수준 높은 제안이었으며, 이후 백제고분의 연구가 구조 유형의 분류로부터 연구가 본격화되는 데 크게 영향을 미쳤다고 할 수 있다.[89]

21　송산리 고분군(1-4호분)

가루베의 백제고분 조사의 종착점이 1933년 송산리 6호분이
다. 송산리 6호분의 조사는 그가 성취한 '백제유적 조사'의 '하이
라이트'였으며, 동시에 그가 고분의 연구와 조사를 더 이상 진행
할 수 없게 된 막다른 지점이기도 하였다. 송산리 6호분의 '성공'
으로 그는 현장을 중심으로 한 학문의 세계에서 도리어 유리되는
길을 걷게 된 것이다.


# 6. 맺는말


시즈오카현[靜岡縣] 후지산에서 멀지 않은 슈젠지[修禪寺] 뒷산
가루베 지온[輕部慈恩]의 묘비에는 "백제유적의 연구와 자제의 교육
에 바친 생애를 마치다"라는 문구가 적혀 있고, 아울러 그의 베게
밑에서 발견되었다는 간단한 다음의 시구가 새겨져 있다. "백제
성시盛時를 옛기와[古瓦]와 말한다."[90] 본국 귀국 후 25년을 더 활동
하였지만 가루베 지온에게 있어서 공주와 백제는 자신의 삶이 핵
심적으로 농축된 현장이었던 셈이다.

본고에서는 일제 하 1927년부터 1945년까지 공주 혹은 인근
지역에서 교원으로 근무하며 백제문화의 조사와 연구, 교육에 몰

---

89) 안승주, 「백제 분묘의 구조」, 『백제문화』 6, 1973 ; 「백제 고분의 연구」, 『백제문
화』 7 · 8 합집, 1976.
90) "百濟盛時を古瓦と語る", 그가 취미로 짓곤 하였던 하이쿠[俳句] 스타일의 단
문이다.

修禪寺 소재 가루베 지온의 묘
(山本孝文 사진)

두하였던 가루베 지온[輕部慈恩, 1897~1970]에 대하여 그 연구 편력과
공주에서의 활동 및 백제 문화 연구의 내용에 대하여 정리하였다.
가루베 지온은 백제사 연구자로서 특히 현지에 거주하며 전문적
인 학술적 작업을 하였다는 점에서 중요하고, 또 이후 백제문화
연구에 미친 영향도 적지 않았던 인물이다.

그러나 가루베 지온은 백제문화에 대한 초기 연구자로서 축
적한 공에 못지않게 조사 방법의 문제점, 수집한 자료의 처분 등
과 관련하여 비난의 초점이 되어 왔던 것도 사실이다. 그리고 바
로 이 점 때문에 지금까지 가루베 지온의 학문적 작업에 대해서는
객관적인 검토가 이루어지지 못하였다. 기본적으로 그는 주류 학

계에 뿌리를 가지고 있지 않았기 때문에 사실상 독학 수준으로 고군분투하며 나름의 연구를 진척시킨 인물이다. 그리고 이 때문에 그가 활동하던 당시에 그는 이미 전문 일인 학자들로부터도 무언가 경원시敬遠視 되는 입장이었다.

고고학 등의 분야에서 전문적 훈련을 받은 적이 없다는 연구자로서의 결정적 문제점에도 불구하고 한편 그의 연구가 이후의 학계에 미친 영향을 고려할 때, 그 연구 작업에 대한 객관적 검토는 더욱 중요하다 하지 않을 수 없다. 이같은 문제의식에서 본고는 먼저 가루베 지온의 신상身上, 연구의 역정과 함께 공주에서의 활동, 그리고 그가 추구하였던 백제문화 연구의 대강을 전체적으로 검토하여 보았다.

가루베의 삶의 족적과 연구 편력은 바로 식민지시대라는 이 시기의 역사적 특수성에서 가능하였던 독특한 면을 가지고 있다. 그가 가지고 있는 여러 문제점에도 불구하고, 필자는 기본적으로 20세기 전반, 당시의 특수한 연구 환경에서 독자적으로 이루어낸 그의 연구 업적을 우리가 인정해야 한다는 생각을 가지고 있다. 그리고 당시 그의 연구 활동의 면면을 학문적 환경이 크게 달라진 6, 70년 후 오늘의 척도만으로, 그것도 주류학계의 입장에서만 판단하고 비판하는 것은 반드시 공정한 평가법은 아니지 않는가하는 의견을 솔직히 필자는 가지고 있다. 본 연구는 이러한 점에서 가루베 지온의 연구 역정을 선입견을 배제하고 사실 그 자체로서 정리한다는 입장을 가능한 견지하려고 한 것이다.

백제사의 초기 연구자로서 가루베 지온의 학문적 업적을 일정 부분 평가한다고 하여, 그가 취하였던 무리한 조사 방법, 혹은 수집 자료에 대한 무책임한 처리 등의 과실을 간과할 수는 없을 것이다. 이러한 점에서 그의 공과 과를 구별하여 검토하고, 여기에서 교훈을 얻어야 한다는 것이 가루베 지온에 대한 필자의 의견이다. 특히 송산리 6호분에 대해서는 조사 과정 혹은 수집된 유물의 행방 등과 관련하여 여전히 풀리지 않은 의문과 지적되어야 할 과오 등의 문제가 있다. 이에 대해서는 제목을 달리하여 문제를 정리하고자 한다.＊

＊ 본 논문은 공주대학교 백제문화연구소 『백제문화』 34, 2005에 실린 「경부자은의 공주 백제문화 연구」를 수정 보완한 것이다. 논문을 보완하면서 특히 유진환 기자 제작의 KBS 다큐 〈가루베 유물의 진실―두 얼굴의 가루베〉(2005.12~16, 2회 연속 방영)의 인터뷰 기사를 많이 참고하였음을 밝힌다.

# 02 | 가루베 지온[輕部慈恩]의 백제고분 조사와 유물의 문제

## 1. 머리말

　가루베 지온[輕部慈恩, 1897~1970]은 일제 하 공주고보 교사로 재직하면서 공주의 백제문화 탐구에 진력하며 특히 벽화전축분인 송산리 6호분을 처음 확인한 인물이다. 그는 1927년부터 해방이 되는 1945년까지 거의 20년 세월을 공주와 그 인근에서 거주하며 현지에서 백제 연구를 진행하였던, 근대 백제문화 연구 초기 '전문 연구자' 의 1인이었다. 그러나 그에 대한 평가는 '연구' 라는 명분으로 유적을 파괴하거나, 불법적으로 유물을 개인적으로 모아들인 인물, 그리고 수집한 유물은 해방 후 교묘한 방법으로 일본에 반출하여 처분한 것으로 알려져 있다. 그러나 이에 대한 객관적 경위와 사실이 명확히 확인된 것은 아니다. 이 때문에 가루베에 대한 논의는 '사실' 과 '전설' 의 구분이 불분명한 채 세인들의 입에 회자되어 온 것이 사실이다.[1] 그의 소장 유물의 행방에 대해서는 해방 이후 곧바로 문제로 대두되어 이를 확인하려는 노력이 기울여졌지만 지금까지 진실은 밝혀지고 있지 않다.

필자는 기왕에 가루베의 백제 유적 조사 계기와 경위, 해방 이후의 활동, 백제문화 연구의 내용, 초기 백제문화 연구에 있어서 그가 미친 영향에 이르기까지의 전반적 사실을 정리하여 발표한 바 있다. 그러나 문제가 되는 송산리 6호분의 조사 혹은 유물의 행방 등에 대한 문제에 대해서는 논의를 미루어 놓았다. 그리하여 본고에서는 가루베 지온의 공주 송산리 6호분 조사 경위를 중심으로 이와 관련한 의문을 가능한 여러 자료를 통하여 검토하고, 아울러 유적조사와 관련한 유물의 사장私藏 문제에 대하여 논의하고자 한다.[2]

가루베 지온의 고고학적 행적은 식민지시대라는 특정시대, 특정의 상황에서 가능한 것이기는 하였으나 후대에 미친 영향과 논란이 적지 않은 것이어서, 이러한 사정을 정리하는 것만으로도 한국 고대문화사 연구에 일정한 의미를 갖는 것으로 생각한다.

---

1) 2004년(1월 6일 방영)과 2005년(12월 15, 16일 방영), KBS 대전방송국에서 두 번에 걸친 가루베 관련 다큐프로그램(PD 유진환)을 제작한 것은 이점에서 많은 관심을 끌었다. 그러나 실제 가루베에 대한 기초 자료가 거의 정리되어 있지 않았기 때문에 방송 제작자들은 사실 확인을 위한 많은 작업을 직접 시도하지 않을 수 없었다. 초기 백제 연구자로서 반드시 학문적으로 검토되었어야 할 객관적 사실 확인이 그동안 간과되었음을, 이 프로그램은 보여주었다.
2) 가루베 지온에 대하여 비판적인 것이기는 하지만 송산리 6호분의 조사, 소장 유물 처분 등 그의 공주에서의 활동에 대하여 가장 깊이 있게 자료를 검토한 글로서는 정규홍, 「공주·부여 일대 백제고분 및 유적지의 수난」, 『우리 문화재 수난사—일제기 문화재 약탈과 유린』, 학연문화사, 2005를 들 수 있다.

## 2. 백제고분의 조사와 연구

가루베 지온은 20년 현지 연구를 통하여 공주를 중심으로 절터·와전·성지·민속 등 여러 분야에 걸친 다양한 연구를 수행하였다. 그 가운데 백제고분 연구는 가루베 지온이 공주고보 근무 시절 가장 집중적으로 힘들여 조사와 연구를 진행하였던 분야이다. 처음 그의 관심은 불교였으나, 고분의 도굴이 일상화되어 있던 당시 공주의 사정이 고분 조사에 본격적으로 매달리는 동기가 된 것으로 생각된다.

백제사 연구라는 분명한 목적을 가지고 평양의 숭실전문학교에서 공주로 직장을 옮긴 것이 1927년 1월, 그리고 바로 3월에 그는 송산리의 백제고분 1-4호분을 발견하였다고 한다.[3] 송산리 지역은 원래 왕릉의 존재 가능성을 가진 지역이었기 때문에[4] 가루베가 특별히 이 지역에 주목한 것은 당연한 것이었다. 그러나 아마 이들 고분의 일부는 도굴로 인하여 노출되어 많은 사람에게 이미 알려져 있었던 것으로 보인다.

때마침 '공주군 보승회'의 발굴의뢰에 의하여 공주군 장기면 무릉리(현재 공주시 무릉동)의 추정 백제고분에 대한 조사 건으로 총독부 박물관 당국의 조사단이 공주에 파견되어 있었다. 총독부 촉탁 노모리[野守 健]와 간다[神田惣藏] 등은 1927년 10월 무릉리 현장 조사 결과, 추정 고분은 유적이 아니라는 것을 확인하였다. 이에

---

3) 公州高普 校友會, 『忠南鄕土誌』, 1935, p.8 ; 輕部慈恩, 「公州に於ける百濟古墳(1)」, 『考古學雜誌』23-7, 1933.
4) 『新增東國輿地勝覽』, 公州牧 鄕校條.

따라 그 대신 최근(3월 경)에 도굴된 것으로 알려진 송산리 고분군에 대한 발굴 작업을 시행하였다. 10월 15일부터 23일까지 9일동안의 작업에 의하여 '송산리 1호분과 5호분'에 대한 조사가 시행되었다.[5] 송산리 고분군에 대한 총독부 파견 조사단의 공식적 조사 작업은 이후 가루베의 공주 백제고분 조사에 큰 영향을 미쳤을 것으로 생각된다.

1927년부터 시작된 가루베의 백제고분 조사는 웅진동·교동·금학동의 공주시내와 주미산·월성산 등 시내 주변지역에 샅샅이 미쳤으며, 대략 1932년까지 진행한 그간의 결과를 정리하여 논문으로 공표하기에 이르렀다. 공주에서의 백제고분의 도굴 행위가 극성한 시기에 가루베는 자신이 실견實見한 백제고분은 1천 여 기에 이르며, 그 가운데 송산리 고분을 비롯한 주요한 자료 100여 기는 이를 실측조사 하였다고 밝히고 있다.[6] 한편 천정의 구조에 주목하여 분류한 백제고분의 유형(1-6유형)에 의하여 그가 확인한 수치는 도합 738기였으며 이를 유형별로 집계하면, 1유형 6기, 2유형 91기, 3유형 35기, 4유형 590기, 5유형 4기, 6유형 2기

---

5) 朝鮮總督府, 『昭和2年度古蹟調査報告』 第二冊, 公州宋山里古墳調査報告, 1935. 여기에서의 송산리 5호분은 현재 '5호분'으로 통용되고 있는 것이 아니고, 1호분의 위치에 있었던 고분을 의미한다.

6) 그가 밝힌 100여 기의 조사 내용은 송산리고분(1-20호), 교촌리고분(1-5호), 우금리고분(1-15호), 보통리고분(1-27호), 금학리고분(1-6호), 남산록고분(1-42호), 주미리고분(1-22호), 능치고분(1-20호), 월성산록고분(1-9호), 주미산록고분(1-16호) 등 도합 182기에 이르는데, 182기 가운데 측정불능 혹은 불명 등으로 실측치를 기재하지 않은 것이 71기이고, 자신이 처음 조사한 것이 아니거나 공적인 조사를 거친 것도 약간 포함되어 있다(輕部慈恩, 「公州に於ける百濟古墳」 2, 3, 1933, 1934의 표 A-R).

1930년대 송산리 고분군의 원경 (국립중앙박물관 사진)

등이었다.[7] 이 고분 조사 작업은 공주 근무 초기인 1927년부터 1932년의 5년 기간에 집중되어 있는데, 조사 시기별로 그 개략을 파악하면 다음과 같다.[8]

〈표〉 가루베에 의한 백제고분 조사의 연도별 추이

| 연도 | 1927 | 1928 | 1929 | 1930 | 1931 | 1932 | 1933 | (합) |
|------|------|------|------|------|------|------|------|------|
| 건수 | 5 | 11 | 2 | 18 | 97 | 34 | 15 | 182 |

7) 輕部慈恩, 「公州に於ける百濟古墳(3)」, 1934, pp.34~35의 표.
8) 조사 시기는 그가 논문에서 '발견시기'를 밝히고 있는데, 발견 시기는 거의 실제 조사 시기와 일치한다고 생각된다. 일부 고분은 자신의 발견 혹은 조사라기 보다는 공식적 조사결과의 확인이었다.

이에 의하면 백제고분 조사는 거의 1931, 1932년 경에 조사한 작업의 결과임을 알 수 있다. 이같은 가루베의 조사는 총독부의 전문 고고학자들에 있어서 '연구목적이라는 미명하에 이루어진' 유례가 없는 유적의 '사굴행위私掘行爲'로 비판되었다.[9] 그러나 가루베 자신은 이 고분들이 거의 도굴된 유구를 조사한 것이라 주장하고 있다.

가루베가 1931, 1932년 백제고분의 집중조사를 감행한 것은 백제고분 논문의 집필을 위한 것이었으며,[10] 그 결과 앞에 언급한 바와 같이 주로 천정의 구조에 초점을 둔 6개 유형의 분류를 제안한 것이다. 가루베의 분류는 공주의 횡혈식 고분을 중심으로 한 매우 제한된 자료 분류였다는 점에서 한계가 있지만, 근대 고고학 초기의 당시 여건에서 재지在地의 학자로서는 퍽 수준 높은 제안이었으며, 이후 백제 고분에 대한 연구가 그 유형분류로부터 본격화되는 데 크게 영향을 미쳤다고 할 수 있다.[11] 그는 연구를 통하여 백제고분의 입지에는 풍수지리적 관점이 반영되어 있으며, 공주의 경우는 시내의 북측과 동측에 왕실과 귀족의 묘지가 많고 남측에는 일반서민과 호족의 무덤이 많다는 의견을 제시하기도 하였는데,[12] 이같은 제안은 그의 고분 연구의 관점이 고분 자체에만

---

9) 有光敎一, 『朝鮮古蹟硏究會遺稿』 II, 유네스코 동아시아연구센터, 2002, p.14.
10) 가루베의 백제고분 조사 연구의 결과는 1933~1936년 「公州に於ける百濟古墳」이라는 제목으로 『考古學雜誌』에 8회에 걸쳐 연재되었다.
11) 가령 안승주 교수가 횡혈식석실분의 유형을 궁륭상석실분, 맞배식석실분, 맞조림식석실분, 괴임식석실분, 4벽수직석실분 등으로 분류한 것은 명확히 가루베의 유형 분류를 참고한 것이다(안승주, 「백제고분의 연구」, 『백제문화』 7·8합집, 1975).
12) 輕部慈恩, 「公州に於ける百濟古墳」 8, 『考古學雜誌』 26-4, 1936, p.24.

국한되지 않고, 나름대로의 역사적 안목에서 접근된 것이었음을 보여준다.


# 3. 송산리 6호분의 조사 경위


잘 알려진 바와 같이 가루베가 확인한 대표적인 유적이 1933년의 공주 송산리 6호분이다. 백제왕릉으로 추정된 이 송산리의 벽화전축분 명칭을 '6호분'이라는 이름으로 일반화시킨 장본인이 가루베이기도 하다.[13] 송산리 고분군에 대한 공식적인 조사가 1927년에 시행되었고, 그 후 왕릉급에 해당하는 6호분의 발견은 1932년 고분군에 대한 '유람도로遊覽道路'의 개설 공사에서 비롯된 것으로 알려져 있다. 1932년(10월)은 충청남도 도청이 공주에서 대전으로 옮겨간 해인데, 도청 이전은 공주의 도시적 특성을 행정으

---

13) 송산리고분군의 고분 명칭은 혼선이 아직 정리되어 있지 않다. 1927년도 총독부 조사단에 의하여 1-5호분이 조사되었는데, 보고서가 나오기 전 가루베는 기왕의 것을 1-4호분으로, 그리고 1932년에 새로 확인된 것을 5호분, 6호분 등으로 독자적 명명하였던 것이다. 따라서 현재 통용되는 송산리고분군의 고분 명칭은 가루베에 의하여 정리된 것이며, 총독부의 조사단 보고와의 명칭 혼선, 실재한 고분의 내용을 일부 누락한 것이라는 점에서 문제점이 없지 않다. 이에 대해서는 有光敎一, 『朝鮮古蹟硏究會遺稿』II, 유네스코 동아시아연구센터, 2002, pp.2~3에 자세히 언급되어 있다. 송산리고분군의 명칭 혼선 문제와는 별도로, 필자는 6호분을 '송산리 벽화전축분'으로 부르는 것이 좋겠다는 생각을 가지고 있다. 6호분은 벽화를 수반하고 벽돌로 제작한 왕릉급의 무덤이라는 점에서 여타의 고분과는 확연한 차별성을 가지고 있음에도 '6호분'이라는 명칭이 그같은 가치를 반영하고 있지 못하고 있기 때문이다.

로부터 교육과 문화유산이라는 요소로 대체하게 되는 하나의 계기가 된 시점이라 할 수 있다.

1932년 송산리 고분군의 진입로를 만드는 공사과정에서 5호분을 비롯한 수 기의 백제고분(7호, 8호분)이 노출되었고[14] 드디어 10월 26일 벽돌로 조성한 6호분의 배수구 일단이 발견되었다는 것이다. 노출된 배수구가 고분 구조물의 일부이며, 전축 고분의 존재를 암시하고 있다는 점에서 가루베의 특별한 관심 대상이었음은 물론이다.

그런데 가루베에 의하면 문제의 6호 벽화분은 1932년의 송산리고분군 내의 도로 공사 이전에, 이미 도굴꾼에 의하여 연도 부근이 파헤쳐져 전축고분의 존재가 예상되고 있었다고 한다. 이같은 사정을 가루베는 다음과 같이 소개하고 있다.

공주의 백제 고분 중에 전곽(塼槨)의 것이 있었을 것이라는 것은 내가 수년 전부터 고고학잡지 등에 의견을 기술한 바가 있었지만 지금까지 하나도 그 실례(實例)를 볼 수는 없었다. 그런데 소화7년 (1932년을 말함 : 필자) 10월 26일에 이르러 공주군 주외면 송산리에서 백제 전축 배수구의 일부를 발견하고 이것이 전곽으로 통하는 배수구일 것이라는 예상 하에, 송산리 제6호분으로서 나는 학계 각 방면에 보고해 두었던 것이다. (중략) 이에 앞서 나는 여러 차례 조사를 위하여 이 부근을 배회하고 부근에 많은 백제 문양전이 산재함을 발

---

14) 輕部慈恩에 의하면 송산리 5호분은 1932년의 10월 20일, 7호분과 8호분은 11월 14일, 10월 27일에 각각 발견되었다. 「公州に於ける百濟古墳(2)」, 『考古學雜誌』 23-9, 1933, p.574. 한편 6호분 배수구와 같은 시기에 조사된 송산리 5호분에 대한 조사내용 및 출토유물에 대해서는 「公州に於ける百濟古墳(4)」, 『考古學雜誌』 24-5, 1934, pp.185~195에 상세히 기술되어 있는데 여기에서는 5호분의 발견 시점을 10월 30일이라 하였다.

견하고 다시 소화 6년(1931) 부근의 조선인 농부 등 수인이 모여 이
번 발견의 연도 부근을 발굴하고 있음을 발견하고 바로 공주경찰서
에 보고하여 이것을 중지시키고 그 때의 전(塼)은 뒤에 조선총독부
박물관에 송부하였다. 다시 동년 가을에 조선총독부박물관 촉탁 고
이즈미[小泉顯夫] 씨가 와서 나와 함께 조선인 농부들에 의하여 도굴
된 장소를 다시 발굴했는데 도중에 호우를 만나 중지하지 않을 수 없
었다.15)

　　즉 가루베의 증언에 의하면 1931년 6호분에 대한 일단의 도
굴이 시도되어 전축분의 존재가 이미 예상되어 있었다. 이 같은
사실은 경찰서를 통하여 상부에 보고 되었던 듯하고 이 때문에 총
독부박물관의 고이즈미[小泉顯夫]가 파견되어 유적의 확인이 시도
되었으나 호우로 인하여 작업이 이루어지지는 못했다는 요지이
다.16) 그 후 1932년 10월 전술한 바와 같이 송산리 고분군에 대한
정비과정에서 5호분과 7, 8호분이 확인됨과 동시에 6호분과 연결
되는 것으로 보이는 전축의 배수구가 확인된 것이다. 이 전축의
배수구가 6호 전축분과 연결되는 구조물임을 가루베는 이미 확신
하고 있었다. 이 배수구와 6호분의 연결 문제에 대해서 가루베는
그의 논문을 통하여 다음과 같이 언급하였다.

　　처음에는 무엇 때문에 만든 것인지 판단할 수 없었는데 6, 7미터
　　를 연속하여 파내도 끝이 나지 않고 처음과 마찬가지로 규칙적으로

---

15) 公州高普 校友會,『忠南鄕土誌』, 1935, pp.9~10.
16) 6호분의 발견에 대한 가루베의 언급은 처음 발견과 총독부 박물관 직원 小泉顯
　　夫의 파견조사와의 사이에 약간의 혼동이 있는 것으로 보인다. 다만 여기에서
　　중요한 것은 6호분의 조사 1년 전인 1931년 농부들의 도굴에 의하여 전축고분
　　의 존재가 확인되었다는 점이다.

**02** 6호분 발굴의 단서가 된 배수구 시설
(국립중앙박물관 사진)

쌓은 것을 발견하였다. (중략) 약 12도 각도 기울기의 끝은 현실의 밑바닥에 이르는 것으로 생각된다. (중략) 이 현실은 미발굴 때문에 잘 알 수 없지만 아마 전곽분일 것이 틀림없다고 생각된다. 부근에 전이 극히 많이 산재하여 있고 또 5호분 현무에 해당하는 산의 정남에 위치하고 지형상으로 보아 이 배수구의 종점이라 생각되는 곳에는 묘로 아주 좋은 곳이다. (중략) 이것에 연결된 현실이 현재 완전하게 존재하는 것인지 또는 이미 붕괴한 것인지는 알기 어렵지만 이 전축배수구가 끝나는 지점까지를 파들어 가는 것은 대단히 흥미 있는 일일 것이다.[17]

공주에도 이러한 완전한 전곽분이 발견될 것으로 믿는다. 그리고 그 가장 유망하고 확실성이 있는 것은 송산리 제5호분 서쪽에 있는 제6호분, 즉 전축구의 종점일 것이다.[18]

이 문면文面으로 보면 6호분에 대한 시굴 이전에 이미 그는 이것이 전축분임을 알고 있었음이 분명하다. 가루베는 배수구만을

---

17) 輕部慈恩,「公州に於ける百濟古墳(4)」,『考古學雜誌』24-5, 1934, pp.15~16.
18) 輕部慈恩, 위 논문, p.26.

드러낸 이 6호분의 실체를 확인하고 싶어 견디지 못하였던 것 같다. 그리하여 이듬해 1933년 그는 6호분에 대한 무단 시굴을 자행하게 된다.

여기에서 가루베가 송산리 6호분에 진입하기까지의 과정을 다시 정리해 보면, 1931년 6호분에 대한 민간인의 도굴 시도가 있었고, 이것이 계기가 되어 그 해(1931) 가을 총독부박물관에서 직원(고이즈미)이 파견되어 현지조사가 시도되었다. 그러나 기상관계로 조사가 중단된 상태에서 1년 뒤인 이듬해 1932년 10월, 송산리 고분군 지구의 정비 과정에서 6호분의 배수구가 노출됨으로써 백제 전축분의 존재가 더욱 확실하게 되었다. 가루베 지온이 6호분의 배수구로부터 작업을 시작하여 전축분의 내부에 진입한 것은 그로부터 다시 거의 1년이 지난 1933년 여름이었던 것이다. 이렇게 본다면 6호분은 총독부박물관의 인지상태에서 최초의 발견 이후 2년간을 방치상태에 있었던 셈이 된다.[19]

1933년 7월 29일부터 개시한[20] 6호분의 작업 결과 배수구로부터 현실에 도달한 것은 8월 1일(1933년)이었다고 한다. 이에 의하여 노출된 배수구의 고분이 벽화가 있는 전축분이라는 사실을 확인하였는데, 이에 대하여 총독부박물관에서는 후지다[藤田亮策]를 책임자로 고이즈미[小泉顯夫]와 사와[澤 俊一] 등이 현지에 특파됨으로

---

19) 2년간이나 방치된 송산리 6호분의 조사 과정을 검토하면, 여기에는 당시 당국의 공주유적에 대한 무관심도 책임의 일단이 있었다고 생각된다.

20) 작업 개시일에 대해서 1969년 가루베 지온이 제자 이성철에게 우송한 사진자료(No.3)의 설명에서는 7월 21일이라 하였다. 정재훈, 「공주 송산리 제6호분에 대하여」, 『문화재』 20, 1987, p.67 참고.

써 무덤에 대한 공식 조사에 이르게 된다. 이러한 송산리 6호분의
조사 경위에 대하여 가루베 지온은 다음과 같이 적고 있다.

　　소화 8년(1933년을 말함) 7월 29일 나는 공주군 보승회의 의뢰를
받아 송산리 제6호분의 시굴을 개시하게 되었다. 소화 7년 10월 도
로 공사중에 노출한 최남단의 배수구로부터 순서대로 북으로 지산(地
山)을 남기고 성토만을 제하고 행하였다. 그리고 8월 1일 오후에 이
르러 약 21미터를 거의 북으로 파들어 가 점점 연도 앞 벽상부의 일
단인 회반죽에 이르렀다. 여기에서 용기를 내어 연도 앞 벽 내면 즉
연도 최남단의 천정에 해당하는 부분을 아래로 파내려가자 지름
30cm 내외의 할석과 섞여 많은 문양전이 출토하였다. 다시 파내려
가 약 1미터 정도에 이르러 전과 섞인 이조말기의 백색유의 발형(鉢
形) 도기 파편이 나왔는데 이미 근자에 도굴되었음이 확실해져 약간
실망 속에 다시 1.3미터 정도 파내려갔을 때 연도 천정의 일부가 파
괴되어 있음이 명료해지고 이조 말기에 속하는 수키와가 나타났다.
다시 연도 안으로 침입한 토사를 제거하여 가는데 연도 상면(床面)에
가깝게 계룡산록 반포면 사기소 도요지에서 출토하는 종류의 소위
귀얄문[刷毛目] 계통의 도기 파편이 1개 출토하였다. 이러한 사실, 즉
연도 전면(前面)의 천정 남북 66cm, 동서 약 55cm, 너비로 전이 어
긋나게 지름 3cm 내외의 할석재와 섞여 축곽용의 전이 어질러져 연
도 내의 일부에 채워져 있는 점, 그리고 흙덩이 중에 이상과 같이 근
대의 기와, 도기 파편 등이 섞여 있는 것들은 그리 멀지 않은 과거에
도굴되었음을 말해주고 있다고 할 수 있다.[21]

　　이제 지금까지의 가루베의 언급을 토대로 송산리 6호분의 조
사 경위를 알기 쉽게 간략히 정리하면 다음과 같다.

21) 公州高普 校友會, 『忠南鄕土誌』, 1935, pp.10~11.

**1931년** : 현지의 농민들 수 명이 6호분의 연도 부근을 파헤침으로써 전축분의 존재가 인지됨.

동년 가을: 총독부박물관에서 파견된 고이즈미가 유적의 확인을 시도하였으나 호우로 중단함.

**1932년 10월 26일** : 송산리 고분군에 대한 도로 개설 과정에서 5호분을 비롯한 백제고분 수 기가 발견되었으며, 그 과정에서 6호분의 배수구가 확인됨.

**1933년 7월 29일** : 가루베, 송산리 6호분에 대하여 배수구로부터 시굴 개시.

**동년 8월 1일** : 가루베, 배수로에서 시작한 시굴 작업이 6호분의 현실 내부에까지 이름.

즉 6호분의 최초 발견은 1931년이었고, 1932년 10월 공사과정에서 배수구가 확인되었으며, 1933년 7월 29일부터 수일간 배수구를 따라 굴착하여 8월 1일 6호분의 현실에 도달하였다는 것이다. 그러나 벽화전축분의 확인 신고에 의하여 총독부로부터 파견된 후지다[藤田亮策], 고이즈미[小泉顯夫] 등이 8월 2일 공주에 도착한 점에 비추어 생각하면 실제 가루베[輕部]가 송산리 6호분에 진입한 것은 7월 말의 시점이었을 것으로 생각된다.

당시는 그동안의 공주 백제고분 조사를 정리한 가루베의 논문이 『고고학잡지』에 연재되고 있는 때였다. 『고고학잡지』의 4회째 연재 부분(1934)에서 그는 공주 출토의 각종 전 18종에 대하여 집중적으로 논의하였다. 여기에서 그는 특히 전축분의 현실 천정 구조에 대하여 관심을 가지고 벽돌의 형태에 근거하여 이를 추정하기도 하였다. 이 논문은 1933년부터 게재가 시작된 것이어서, 특별히 송산리 전축분의 존재에 대해서 그 내용을 확인하고자 하

03  6호분의 위쪽에 뚫려 있었다는 '도굴공'

04  6호분 발견 이전, 공주 시내에서
    발견된 전들 (가루베 지온 사진)

는 강박관념이 작용하였던 것으로 보인다. 백제 전에 대한 논의 가운데 가루베는 다음과 같은 말로 백제고분에 대한 제4부 연재를 마무리하고 있다.

이상은 전곽의 구조를 전(塼)의 형상으로부터 추정한 것인데, 가깝게 웅진 즉 지금의 공주에도 이같은 완전한 전곽분이 발견될 것으로 믿고 있다. 그리고 그 가장 유망하고 확실성 있는 것은 송산리 제5호분의 서측에 인접한 제6호분, 즉 전축구(塼築溝)의 종점일 것이라고 생각한다.22)

---

22) 輕部慈恩, 「公州に於ける百濟古墳(4)」, 『考古學雜誌』 24-5, 1934, p.26.

문면으로 보아 이 원고가 만들어진 시점은 6호분의 배수구가 확인된 1932년 10월 이후에서 6호분 시굴이 이루어진 1933년 7월 이전의 일이다. '완전한 전곽분'이라는 송산리 6호분에 대한 그의 확신은 1933년 7월 여름방학을 이용한 시굴로 이어졌던 것이다. 어쩌면 그는 배수구로부터 위치를 어림잡아, 전축으로 조성된 6호 분의 존재를 이미 확인한 상태에서 이상과 같은 전축고분의 출현을 자신 있게 언급한 것인지도 모른다. 더 뒤의 일이지만, 송산리 전축분에 대하여 가루베 지온은 이것이 무령왕의 무덤일지 모른다는 생각을 가지고 있었다.[23]

## 4. 송산리 6호분을 둘러싼 문제

이상 가루베 지온의 송산리 6호 전축분 조사 경위를 중심으로 논의하였거니와, 이제 조사 당시 6호분의 내부 상황과 유물에 대한 문제를 검토하고자 한다.

앞에서 인용한 가루베의 보고와 의견을 참고한다면 6호분은 가루베의 조사 이전에 이미 도굴된 상태였던 것 같다. 다른 글에서 가루베는 처음 이 무덤의 내부에 진입하던 상황을 다음과 같이 언급하였다.

---

23) 輕部慈恩, 『百濟美術』, 寶雲舍, 1946, p.125.

내부에 들어가는 것을 고심했는데 흙을 제거한 결과 낡은 도굴공을 발견하고 조금씩 발을 디디며 현실 안으로 뛰어 들었다. 그런데 촛불이 금방 꺼지고 머리가 아찔해졌다. 가스가 충만해 있었기 때문이다. 그러나 현실(玄室)은 벽돌로 쌓아지고 4벽에는 벽화가 있는 것처럼 생각되었다. 여기에서 가스 제거 작업을 하는 한편 경성(京城)의 후지다[藤田] 선생에게 타전(打電)했다. 다음날 공주에 온 후지다 선생은 버스에서 내리면서 "아무래도 자네 전보는 이상하다고 생각되었네. 전축(塼築) 위에 벽화를 그렸다는 것도 이상하다고 생각했지만 어쨌든 오게 되었네." 현장에 도착하자 가스 작업은 쉽지 않았지만 여하튼 촛불을 켤 수 있게 되었기 때문에 선생의 커다란 몸집도 현실 안으로 빠져 들어갈 수 있었다. 폭 2.24m, 길이 3.70m, 문양이 들어 간 전축으로, 천정도 아치형으로 구축되고 4벽은 엷게 점토를 발라 청룡·백호·주작·현무의 사신이 백도료(白塗料)로 그려져 있었다.[24]


　　그러나 6호분 내부에 대한 최초 진입자 가루베는 당시 현장을 그대로 보존하지 않았다. 6호분의 조사를 위하여 총독부박물관의 조사단이 도착하였을 때 고분의 내부는 이미 깨끗이 치워져 있었다는 것이다. 이러한 당시 사정을 고이즈미[小泉顯夫]의 회고담에서 읽을 수 있다. 회고담은 〈송산리 벽화전축고분−참담한 도굴분〉이라는 제목이었다.

　　마지막으로, 우리들이 현장에 도착하였을 때 현실내의 상황이다. 도굴분이라고는 하지만 현실 내부는 깨끗이 치워져서 유물이라고는 토기조각 하나 남아 있지 않았고, 얇은 진흙을 건조한 것 같은 마른

---

24) 輕部慈恩, 「百濟宋山里古墳發掘調査當時の思い出」, 『大和文化研究』6-3, 大和文化研究會, 1961, p.64.

05  송산리 6호분 현실의 남벽(좌)과 북벽(우)
(윤건혁 사진)

흙먼지(細土) 위에 발자국만 어지러이 남아 있을 뿐이었다. 관대 위
의 부전(敷塼)도 거의 벗겨지고 관대 주변이나 연문(羨門) 서쪽의 전
상(塼床)이 뜯겨진 것은 도굴자가 유물을 찾기 위한 것이 아니라 오
히려 관대나 현실상(玄室床)의 구조를 조사하기 위해 행하였을 공산
이 크다고 … 직감되었다.[25]

　　이상과 같은 상황에서 조사자(小泉)는 현실에 처음 들어갔다
는 가루베 지온에게 유물이 어떻게 되었는지 물었다. 이에 대한

25) 小泉顯夫, 『朝鮮古代遺跡の遍歷』, 六興出版, 1986, p.205.

가루베의 답변은 "당초부터 이 상태였고 아무 것도 없었다"는 것이었다. 이들 조사자는 내부에 대한 정밀한 조사에서 순금제 귀걸이, 작은 유리구슬과 진주구슬 다수(도합 수백 알)를 수습하였다고 한다.[26] 고이즈미[小泉顯夫]는 후지다[藤田亮策], 사와[澤 俊一] 등 3인이 함께 현장에 도착한 것처럼 말하였지만, 가루베에 의하면 처음 후지다에게 타전하여 다음날 후지다[藤田]가 공주에 도착하였고, 현장을 확인한 후지다[藤田]는 "이것은 대단히 중요한 것"이라 하고 조사를 위하여 고이즈미[小泉顯夫]를 급히 불러 내렸다는 것이다.[27] 후지다는 당시 경성제대 교수로서 총독부박물관장, 고적조사위원을 겸하고 있었다.[28] 그 이후 세키노[關野 貞], 고바[小場恒吉], 야마모토[山本 博] 등이 공주 현지에 내려왔다고 하며[29] 다른 한편 후지다의 연락으로 부여박물관에 근무 중이던 오사카[大坂金太郎]가 공주에서의 조사를 '견학'하였다고 한다.[30] 유적의 중요성 때문에 전

---

26) 小泉는 위의 책에서 당시 송산리 6호분 내에서 마지막으로 채취하였던 유물의 내용에 대하여 다음과 같이 기술하고 있다. "지금 정확한 개수는 불명이지만, 쌍방(유리소옥과 진주옥을 말함−필자) 합하여 수 백 알에 미치고 유리옥은 碧, 황, 적갈색의 3색이 있다. 전량의 3분의 1을 점하는 진주는 천연진주 특유의 부정형으로, 크기는 쌀 알 크기의 몇 개 외에는 모두 그 절반, 혹은 3분의 1정도의 작은 것이 많다. 그중에는 어떤 방법으로 실 구멍을 뚫었을까 생각할 정도의 작은 것도 있는데, 지금 여전히 아름다운 진주색의 빛을 가지고 있지만 海産의 것인지, 淡水産의 것인지의 판정은 되지 않았다. 유일의 장신구인 순금제 이식 1개는 길이 5.6cm, 직경 약 1.5cm의 細鐶과, 小金鐶을 4개 연결한 花形 장식을 단 청색 유리소옥과 心葉形 凸面의 장식을 소금환으로 연결한 영락의 3부 이것을 2조의 금선으로 연결한 것으로 이식으로서는 신라 것에 비하여 粗製의 감이 있다."(小泉顯夫, 위의 책, pp.205~206)
27) 輕部慈恩, 「百濟宋山里古墳 發掘調査當時의 思い出」, 『大和文化研究』 6-3, 1961, p.64.
28) 藤田亮策, 「私の履歷書」 및 「年譜」, 『朝鮮學論考』, 笠井出版, 1963.
29) 輕部慈恩, 앞의 「百濟宋山里古墳 發掘調査當時의 思い出」, p.64.

문가들의 관심이 각별한 것이었음을 짐작하게 한다. 총독부박물관의 관계자들에게 유물의 잔존을 부정하였다고 하지만, 정작 송산리 6호분의 최초 확인자인 가루베는, 이 무덤이 도굴되기는 하였지만 여러 가지 유물이 남아 있었던 것으로 보고하고 있다.

> (1933년) 8월 1일 오후 4시 경에 이르러 겨우 곽내에 들어가는 것이 가능해졌다. 그리고 상상 이상으로 내부는 완전히 보존되어 벽화, 불감, 관대 등이 있고 유물도 도굴된 데 비하여 비교적 많이 잔존하여 그 기쁨 속에 서울의 조선총독부박물관에 타전하고 후지다[藤田亮策] 씨, 고이즈미[小泉顯夫] 씨의 출장을 요구하여 여기에서 공동으로 조사가 개시된 것이다.[31]

유물의 구체적 내용으로는 장식용 구슬류와 금제 귀걸이 · 대도 · 대금구 · 금동 영락 및 도자기의 파편이라 하였다.

> 유물은 중요한 것은 대부분 없어졌지만 그러나 호박의 구옥(句玉) 1개, 진주 환자옥(丸子玉) 80여 개, 순금제 이식, 대금구, 대도, 도자(刀子)의 파편, 금동제 영락 등 많은 것이 나와서 지금까지 극히 빈약하였던 웅진성시대의 확실한 유물 중에 단연 빛나고 있다.[32]

가루베는 6호분의 중요성을 분명히 인지하였음에도 불구하고 유물의 대체적 내용을 열거하였을 뿐, 이에 대한 상세한 보고

---

30) 총독부박물관 팀의 조사 종료이후 부여전시관 大坂가 폐쇄용 전 가운데서 발견한 것이 '梁官瓦爲師矣'의 명문전이다. 이에 대해서는 大坂金太郎, 「百濟壁畵塼室墳出土の在銘塼について」, 『朝鮮學報』 51, 1969, p.150 참조.
31) 輕部慈恩, 「公州に於ける百濟遺跡」, 『朝鮮』 234, 서울, p.129.
32) 公州高普 校友會, 『忠南鄕土誌』, 1935, p.13.

를 남기지 않고 있다.[33] 다만 수습하였다는 유물은 대도大刀를 제외하면 아주 작은 크기의 유물들이라는 공통점을 가지고 있다. 그런데 고이즈미는 뒤에 6호분으로부터의 유물 출토 상황을 다음과 같이 언급한 적이 있다.

> 우리가 현실 관대 위를 어지럽게 짓밟은 흙먼지[細土]를 정밀히 조사한 결과, 관대 위 벗겨진 전 사이에서 순금제 이식의 한쪽과 관대 및 그 사방에 흩어진 미립(微粒)의 유리소옥(琉璃小玉)과 역시 미립의 진주옥(珍珠玉) 다수가 발견되었다. 지금 정확한 수량은 잘 알 수 없으나 양쪽 합하여 수백 알에 이르고 유리옥(琉璃玉)은 벽(碧)·황·적갈색의 3색이다.[34]

총독부 박물관팀이 6호분의 관대 조사과정에서 수습하였다는 순금제 이식, 유리옥, 진주옥은 부분적으로 가루베 수습의 유물과 종류가 겹치기는 하지만, 동일 유물로 보이지 않는다. 대금구, 대도, 도자刀子의 파편, 금동제 영락 등의 여러 유물에 대하여 언급이 없기 때문이다. 총독부박물관 팀이 수습한 순금제 이식은 한쪽이었고,[35] 그렇다면 가루베가 수습하였다는 순금제 이식이 나머

---

33) 박보현교수는 잔존한 유물상으로 보아 6호분의 피장자는 남성이었을 것으로 추정하였다. 朴普鉉, 「武寧王陵으로 본 百濟社會의 階層構造 試論」, 『武寧王陵과 東亞細亞文化』, 부여문화재연구소/공주박물관, 2001, p.150.
34) 小泉顯夫, 『朝鮮古代遺蹟の遍歷』, 六興出版, 1986, p.205.
35) 수습한 순금제 이식은 "유일의 장신구인 순금제 이식 1개는 길이가 5.6cm로서, 직경 약 1.5cm의 세환과 小金環 4개를 이은 꽃장식을 단 청색 유리소옥, 그리고 심엽형 凹面 장식을 붙여 소금환으로 이은 영락 등 3부로 되고, 이것을 2조의 金線으로 연결한 것"이라 하였다(小泉顯夫, 위의 『朝鮮古代遺蹟の遍歷』, pp.205~206).

조사 당시 송산리 6호분의 현실 바닥

지 한 쪽이었을 가능성이 있다.

　이상의 논의를 토대로 정리하면 6호분의 최초 진입자인 가루베는 무덤 안에서 일정한 분량의 유물을 수습하였음에도 불구하고 총독부의 조사요원이 도착하기 전 무덤 안을 깨끗이 청소하고 유물의 잔존이 전혀 없었다는 거짓 대답을 하였다는 것이 된다. 위에서 고이즈미가 지적한 "관대 위의 부전敷塼도 거의 벗겨지고 관대 주변이나 연문羨門 서쪽의 전상塼床이 뜯겨진 것은 도굴자가 유물을 찾기 위한 것이 아니라 오히려 관대나 현실상玄室床의 구조를 조사하기 위해 행하였을 공산이 크다"는 증언처럼, 관대에 깔려 있던 전을 훼손한 것도 가루베에 의한 것이었을 수 있다.[36]

고적을 비롯한 문화재에 대한 법률로서는 1916년에 조선총독부령으로 제정된 '보존규칙'이 당시 적용되고 있었으며, 그 제3조에 의하면 "고적 또는 유물을 발견한 사람은 그 현상에 변경을 가하지 말고 3일 이내에 구두 또는 서면으로 그 지역의 경찰서장에게 신고하도록" 되어 있었다. 그리고 그 제7조에서는 신고를 받은 경찰서장이 그 내용을 총독에게 보고하도록 되어 있었기 때문에 가루베 지온이 6호분 진입 이후 이 사실을 신고한 것은 바로 이 실정법을 의식한 사후 조치였다고 할 수 있다.[37] 그러나 가루베는 현장을 그대로 보존해야 한다는 규정에 대해서는 이를 완전히 무시한 셈이었다. 이 때문에 유적의 무단 발굴, 그리고 유적에 대한 자의적 처리와 거짓 등에 대해 조사를 담당한 총독부박물관 요원들은 매우 불편한 심기를 감추지 않았다고 한다. 6호분 조사과정에서 가루베를 겨냥한 발굴조사단의 경고는 후지다에 의하여 다음과 같이 표명되었다.

현장에서 우리들을 안내한 현지의 관계자에 대해서 저 온후한 후지다[藤田] 위원의 질책은 현지 관계 유력자에 대해서가 아니라 그들 중에 아무런 내색도 않고 설명진에 참가하고 있는 특정인물에 대한

---

36) 가루베 지온은 현실 내 관대 등의 전이 훼손된 문제에 대해서는 전혀 언급하고 있지 않다. 최초 진입시 이미 관대의 전이 훼손되어 있었다면 이것은 6호분의 도굴 사실을 입증하는 것이라는 점에서 중요한 사안이다. 이에 대한 일체의 언급이 없다는 것은 훼손의 당사자가 가루베라는 고이즈미의 단정을 뒷받침하는 것처럼 보인다.

37) 문화재 '보존규칙'(古蹟及遺物保存規則)에 대해서는, 이순자, 『일제강점기 고적조사위원회와 고적조사사업(1916~1930)』, 『일제강점기 고적조사사업 연구』, 경인문화사, 2009, pp.71~75 참조.

것이라는 것을 우리는 알 수 있었다.[38]

공주를 떠나면서 후지다[藤田] 위원은 경찰서장과 군 면의 수뇌자를 모아 모든 고분은 조선보물고적보존령에 의하여 엄중하게 보호하는 것이므로 만일 그것이 도굴분이라 하더라도 어떤 이유가 있더라도 개인이 함부로 발굴하도록 해서는 안 된다는 것을 역설, 앞으로는 법규에 의하여 엄중히 단속해줄 것을 요망하였다.[39]

간접적이기는 하였으나 총독부박물관 관계자의 가루베에 대한 경고가 매우 준열하였음을 짐작할 수 있다. "개인이 함부로 발굴해서는 안된다"는 것은 명백히 가루베 지온을 겨냥한 발언이었다. 아마 가루베 지온이 총독부의 문화재 관련 규정을 상습적으로 무시해온 행태에 대한 불편한 마음을 차제에 드러낸 것이었다고 해야 할 것이다. 실제 가루베 지온의 백제 고분에 대한 조사활동은 송산리 6호분 사건 이후로는 거의 확인되지 않고 있다.

당시 총독부의 전문학자들에 있어서 가루베의 존재는 학문적으로 불편한 인물로 인식되어 있었던 것 같다. 후지다[藤田]의 밑에서 송산리 29호분을 조사한 아리미츠[有光敎一]가 2002년에 이 고분에 대한 조사보고서를 내면서, 보고서의 많은 부분을 가루베의 학문적 과오를 바로 잡거나 그를 비판하는 데 할애하였던 것도 이러한 점을 반영하는 것으로 보인다. 그 가운데 아리미츠[有光敎一]는 6호분의 조사에 '공동 참여' 하였다는 가루베 자신의 논급에 대하여 신랄한 비판을 강조하여 기록하였다. 그가 '보조자'의 역할을 하였다고는 할 수 있지만, 6호분 '조사자'로서의 참가라는 표현은

---

38) 小泉顯夫, 『朝鮮古代遺跡の遍歷』, 六興出版, 1986, p.201.
39) 小泉顯夫, 위의 책, p.206.

O7 송산리 6호분 조사 당시 촬영된 기념사진
(앞줄 왼쪽이 가루베 지온, 후열 좌에서 두번째가 小泉, 네번째가 藤田)[40]

한마디로 어불성설이라는 것이다.[41]

　　1961년 후지다[藤田亮策] 추도특집의 논집에, 가루베는 송산리 6호분 발굴에 대한 1페이지 분량의 짤막한 회고담과 함께, 발굴 당시 후지다[藤田亮策], 고이즈미[小泉顯夫], 가루베[輕部慈恩] 등 도합 7인이 함께 촬영한 사진을 실었다. 그리고 그 가운데 후지다[藤田]와 관련한 일화 한 가지를 다음과 같이 전하고 있다.

---

40) 輕部慈恩, 「百濟宋山里古墳發掘調査當時の思い出」, 『大和文化研究』 6-3에서 옮김.
41) 有光敎一, 『조선고적연구회 유고』 II, 유네스코 동아시아문화연구센터, 2002, p.9.

    발굴 현장은 금강의 고마나루 도선장에 가까운, 장어의 산지였다. 어느 날 500몬메(匁, 1몬메는 3.75g : 필자)나 되는 큰 장어를 25전에 깎아 사서 후지다 선생 특유의 독설(毒舌)에 놀림 당하며 내 능력을 발휘하였을 때(장어를 구웠다는 것을 의미하는 듯 : 필자), "확실히 장어구이 냄새가 나기는 나누만" 하셔서 일동이 폭소하였다. 이후 매일 장어 굽는 일을 맡아 견학차 오시는 여러 선생들에게도, 후지다 선생 '추천'의 '백제 송산리고분 명물'의 장어구이를 맛 볼 수 있도록 했던 일도 그리운 추억이 되었다.[42]

6호분의 조사과정 내내 가루베 지온이 총독부 조사단과 함께 하였던 것은 사실이지만, 송산리에서 장어 굽는 일을 했다는 위의 회고담은 이들 조사단의 작업과정에서 보조역할을 담당한 가루베 지온의 '지위'를 보여주는 자료이기도 하다.

가루베 지온은 사망하기 1년 전인 1969년 2월, 6호분의 사진과 실측도사진 자료를 공주고보 재직시 자신의 제자였던 이성철에게 우송하였다. 자료의 대부분은 『백제유적의 연구』 등에 이미 실린 것이어서 자료적 가치는 특별하지 않았다. 그런데 이를 검토한 정재훈은 일련번호가 찍힌 자료 가운데 10번이 누락되어 있는 점에 주목, 이 문제의 10번 사진이 아마 "제6호분의 바닥, 즉 관대와 현실의 유물 노출 상태를 찍은 것"으로 추정하였다. 즉 6호분 출토유물에 대한 정보를 고의적으로 은폐한 것이 아닌가 하는 의심을 제기하였다.[43]

---

42) 輕部慈恩,「百濟宋山里古墳發掘調査當時の思い出」,『大和文化研究』 6-3, 大和文化研究會, 1961, p.64.
43) 鄭在勳,「公州 宋山里 제6호분에 대하여」,『文化財』 20, 1987, pp.58~60.

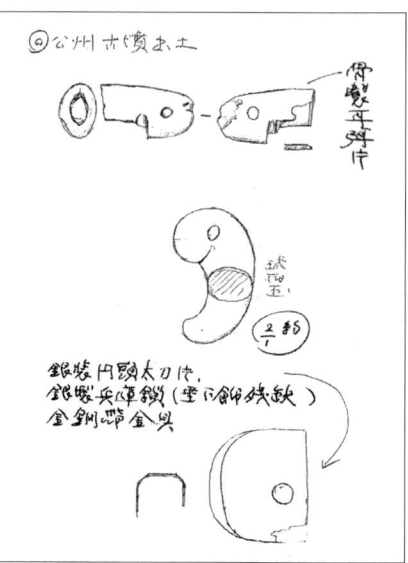

○8 송산리 6호분의 잔존 유물 스케치
　　(有光敎一)

　　송산리 6호분 조사와 관련하여 가루베의 행동에는 이해하기
어려운 점이 없지 않다. 6호분 조사에 대한 강한 욕구 때문에 무리
하게 자의적인 발굴을 추진한 것은 그렇다 하더라도, 왜 현장을
그대로 보존하지 않고 유물을 수습한 다음 현장을 깨끗이 치워버
렸을까 하는 점이 첫 번째 의문이다. 총독부조사단에게는 유물의
존재를 부인하였음에도 불구하고, 다른 저서를 통하여 그는 유물
의 일부가 남아 있었다는 사실을 구체적으로 언급하고 있다. 가루
베가 수습했다고 보고한 유물의 일부 실측도가 그 후 우메하라[梅
原末治]에 의하여 작도作圖되어 있는 경위도 알 수 없으며,[44] 총독부

박물관에 의한 6호분 조사 당시, 깨끗이 치워진 현실내부 사진과 함께 현실의 원래 상태로 생각되는 사진이 함께 남아 있는 것도 앞의 여러 증언들과는 부합하지 않는다.[45] 저간의 사정에 대하여 가장 잘 알고 있을 가루베는 이 문제에 대해 명확한 언급을 끝까지 하지 않았다. 또 6호분의 학술적 중요성을 누구보다도 잘 알고 있었을 것임에도 불구하고 그는 끝내 6호분에 대한 자신의 관찰을 세밀하게 정리하여 남기지 않았다. 이같은 모호한 행동이 6호분과 관련한 가루베의 행적에 대하여 끝없는 의문을 불러일으킨 것이 사실이다.[46]

---

44) 6호분에 잔존한 유물 가운데 금제 귀걸이, 곡옥, 뼈로 만든 耳弭(이미)片, 은제 환두대도 편, 은제 장식 편, 금동대금구 등에 대한 간략한 실측자료가 유네스코 동아시아문화연구센터, 「공주송산리고분군의 발굴조사」, 『조선고적연구회 유고』II, 2002, p.10에 게재되어 있다. 이 그림은 梅原末治의 작성이라 밝혀져 있는데(이 책의 例言), 「梅原考古資料」를 이용한 것으로 보인다.

45) 가루베가 이용한 6호분 사진의 여러 자료는 총독부박물관의 6호분 조사당시 사진을 담당하였던 澤 俊一의 사진이라 한다. 당시 사진이 중앙박물관에 보관되어 있다하며, 이 사진을 활용한 것으로 보이는 송산리 29호분 발굴보고서에는 3매의 현실 내부 사진중 1매는 청소된 상태, 2매는 청소되기 이전의 현실 내부 모습을 보여주고 있다(유네스코 동아시아문화연구센터, 「공주송산리고분군의 발굴조사」, 『조선고적연구회 유고』II, 2002, pp.24~27의 사진). 이는 총독부조사단이 도착하였을 때 내부가 깨끗이 치워져 있었다는 小泉顯夫의 증언과 어긋난다.

46) 정규홍은 가루베의 송산리 6호 전축분 조사와 관련한 여러 자료를 검토한 끝에 "輕部가 언제 현실에 들어갔는지는 전적으로 輕部의 말 외에는 증명할 수 있는 방법이 없다. 그가 7, 8년 전부터 이 일대를 집중적으로 조사한 전력을 본다면 그간에 그냥 두지 않았을 것이다. (중략) 1932년 10월에 6호분의 존재를 확인한 후에 도굴을 하고 그 무덤을 옛날에 이미 도굴된 것처럼 꾸미기 위해 다시 원상 복구한 것으로 추정된다. 아니면 1933년 7월에 시작된 발굴에서 유물을 빼돌리고 이미 도굴분인 것처럼 꾸몄을 것이다"라고 하여 6호분이 확인 당시 이미 도굴된 상태였다는 가루베의 증언을 믿을 수 없다고 보고, 6호분 도굴의 당사자가 바로 가루베였을 것으로 추정하였다. 정규홍, 「공주·부여 일대 백제고분 및

송산리 6호분이 가루베에 의하여 무단히 짓밟힌 것은 사실이나, 필자는 이미 도굴된 상태였다는 가루베의 주장이 사실이었을 것으로 생각한다. 가루베가 6호분 벽면의 등감燈龕에 대하여 이를 '불감佛龕'으로 확신하고, 도합 7개의 "이 불감 안에는 각각 약 7cm 정도의 청동여래입상이 안치되어 있었다고 생각된다"[47]고 상정한 것은, 당시 이 등감에 이미 등잔이 남아 있지 않았음을 말해준다. 등잔이 남아 있지 않은 것은 가루베 이전 6호분의 도굴 가능성을 암시하기 때문이다.

아마 6호분의 도굴은 가루베의 6호분의 진입 이전, 오래지 않은 시점이 아니었을까 생각된다. 앞에서 인용한 6호분에 대한 가루베의 설명에는 백자, 조선시대 수키와 등의 존재를 언급하여 도굴이 아주 오래 전이었을듯 한 암시를 깔고 있지만, 백자나 수키와 등의 유물은 도굴과 관련한 것이라고 보기 어렵다. 가루베의 발굴시 6호분은 이미 도굴된 것이었지만, 유물의 일부가 잔존하고 있었다. 가루베는 관련 유물을 수습하는 한편 '고고학자'로서 현실 내부에 대한 조사를 진행하였다. 그러나 이후 총독부의 조사단이 현지에 도착하여 자의적 사전 조사에 대한 책임 추궁을 당함으로써 송산리 6호분 조사과정에 대하여 상세한 논의를 할만한 의기를 상실한 셈이 되었다.

한편 가루베가 여러 책에 사용한 6호분의 실측도는 실제로는 고이즈미[小泉顯夫]가 작성한 것이라 한다.[48] 가루베 실측도는 고이

---

유적지의 수난」,『우리 문화재 수난사─일제기 문화재 약탈과 유린』, 학연문화사, 2005, pp.428~433 참조.
47) 輕部慈恩,『百濟美術』, p.124.
48) 유네스코 동아시아문화연구센터의 앞 책, p.5 및 例言.

즈미[小泉顯夫]의 실측도와 완전히 일치하는 것은 아니다. 2002년 간행된 보고서에서는 "고이즈미[小泉顯夫]가 연필로 트레이스한 도면을 우메하라[梅原末治]에게 보낸 것을 후지이[藤井和夫]가 정리하였다"고 밝히고 있다.[49] 이로써 추측한다면 가루베는 고이즈미의 원도를 구하여 이를 자신이 재정리한 것이 아니었나 생각된다.


# 5. 가루베 지온의 수집 유물


일제하 공주의 고분은 무방비상태에서 도굴을 당하였다. 문화재의 재화적 가치가 인식되면서 유물이 포함되어 있는 고분이 허술한 문화재 관리의 틈새에서 무차별적으로 도굴이 자행되었기 때문이다. 당시 이러한 상황에 대하여 가루베 지온은 다음과 같이 적고 있다.

이들 고분 내에서 출토하는 기물(器物)이 상당한 가격으로 팔렸기 때문에 지방의 토민(土民)은 빈번히 도굴을 자행했다. 특히 최근 농민의 곤박(困迫)과 함께 그들의 먹을거리를 얻기 위하여 더욱 이 도굴이 유행하고, 매일 이 귀중한 백제고분을 비롯하여 각 시대의 분묘가 파괴되어 가는 것은 전혀 유감이 아닐 수 없다. 이렇게 몇 년, 혹은 십 수년을 지나면 완전히 공주지방으로부터 고분의 모습이 사라지지 않을까 생각할 때에 우려를 금할 수 없다.[50]

---

49) 위 책의 例言.
50) 輕部慈恩, 「公州に於ける百濟古墳」 1, 『考古學雜誌』 23-7, 1933, pp.39~40.

가루베는 이러한 여건 때문에 도굴 당한 약 1천 여기의 고분을 확인하고 그 가운데 중요한 것을 조사하고 조사과정에 아직 잔류한 도기 파편, 장신구, 기타의 부장품을 채집하였다는 것이다. 그 결과 공주에서의 유적조사에서 그는 적지 않은 분량의 유물을 사장私藏할 수 있게 되었다. 이 유물들은 그가 대전·강경 등지로 전전할 때에도 거의 함께 이동되었다. 그가 어떤 유물을 어느 정도 가지고 있었는지는 잘 알 수 없다. 그러나 다양한 종류의 유물들을 수장하고 있었음은 분명하다. 공식적인 조사과정을 거친 송산리 고분을 포함하여 그의 논문에서 언급한 고분으로부터의 유물 확인 사항은 다음과 같다.[51]

〈표〉 가루베 지온에 의하여 언급된 출토 유물

| 연번 | 고분명 | 출토 유물 | 비고 |
|---|---|---|---|
| 1 | 송산리 | 2호(생략)<br>3호(생략)<br>4호(생략)<br>5호 순금제 繪馬形 장신구 1개, 순금제 葉形 장신구 8개, 순금제 菱形 장신구 14개, 순금제 영락 장신구 1개, 순금제 6瓣花文 장신구 5개, 순금제 산호옥 1개, 황금색 유리소옥 1개, 동제 기구 파편 1개, 은제화형좌식 부 鑧 5개, 頭部 은제 6瓣花樣 鑧 30여 개, 角錐頭金銅釘 50여 개, 원두 철빈 10여 개, 대도 殘缺 1개, 철촉 11개, 도기 坩 1개<br>8호 勾玉, 순금제 장신구<br>9호 백제 토기 3개, 오수전, 옥류<br>15호 대형 백제토기<br>19호 백제 삼족토기 3개 | 1-4호분, 총독부에 의한 발굴 |
| 2 | 교촌리 | 백제식 대형도기 등(3호) | |

51) 輕部慈恩,「公州に於ける百濟古墳」2, 3,『考古學雜誌』, 1933, 1934.

| 3 | 우금리 | 1호 器玉, 금동이식, 백제식도기 등<br>2호 和泉<br>4호 목관, 인골 1조, 백제식도기<br>5,6,7호 백제식도기 | |
|---|---|---|---|
| 4 | 보통동 | 4호 鐵鋌, 철제관고리, 칠기 파편 | |
| 5 | 금학리 1호 | 1호 백제식도기 3점<br>2호 백제식도기 壜 1개분 파편<br>6호 백제식도기 2개 | |
| 6 | 남산<br>기슭 | 1호 목관금구<br>4호 백제도기<br>22호 백제식도기, 철제관금구<br>27호 감 및 발형 백제식도기<br>28호 백제식도기 3점<br>29호 백제식도기<br>32호 발형 백제식 도기<br>41호 백제식도기, 동기파편, 못 | |
| 7 | 주미리 | 5호 이식용 금고리, 옥잔<br>12호 백제식도기 | |
| 8 | 능치 | 10호 백제식도기<br>20호 백제식도기, 관못 | |
| 9 | 월성산기슭 | 5호 백제식도기 | |

1946년에 간행된 『백제미술百濟美術』의 화보에는 백제 유적 유물에 대한 자료 사진을 대략 50여 건 싣고 있는데 그중 개인 소장의 유물에 대해서는 소장자를 표시하고 있다. 여기에서 가루베 자신이 소장하고 있다고 밝힌 유물의 목록은 다음과 같다.[52)]

  1. 공주출토 암막새기와(4점) (p.213)
  2. 백제계 수선식와(垂先飾瓦)(4점) (p.220)

---

52) 輕部慈恩, 『百濟美術』, pp.6~9. 유물의 개인 소장자로서는 가루베 이외에 丸山虎之助, 市田次郎, 庭瀬信行, 倉本, 飯岡岩太郎 등의 이름이 보이고 있다.

3. 서혈사지 출토 와당(6점) (p.201)
4. 수막새기와(8점) (p.207)
5. 백제수막새(4점) (p.197)
6. 백제수막새(4점) (p.198)

한편 소장처를 밝히지 않았지만 『백제미술』에서 삽도로 등장하는 다음의 자료들은 그 상당수가 아마 가루베 자신이 소장했던 자료일 것이다.

1. 공주출토 금동여래상
2. 공주출토 동조보살입상
3. 공주 공산성출토 초두
4. 금동제 봉황형 파수
5. 금동제 금구 2점
6. 공주 부근 출토 백제 장신구
7. 공주출토 백제 도기 감대(坩臺)
8. 공주부근 출토 백제 도기
9. 공주부근 출토 백제 도기
10. 대통사지 출토 백제 고와
11. 신원사지 출토 백제 고와
12. 백제고와(공주출토)
13. 공주출토 백제고와
14. 익산 미륵사지 출토 백제고와
15. 공주출토 백제 전

가루베식 유물 수집은 당시기에 암묵적으로 용인되기는 하였지만 이를 개인적으로 사유화한 것은 문제가 있는 것이었다. 이같은 유물의 수집과 관련하여 특히 송산리 5호분과 6호분의 유물에 대한 처리 문제는 주의하여 검토할 필요가 있다. 이들 고분에 대

한 발굴이 총독부의
허가를 맡은 것은 아
니지만, 적어도 공주
군수 혹은 공주군 보
승회와 같은 기구의
'의뢰'를 받아 이루어
진 것으로 가루베가
주장하고 있고, 만일
이것이 사실이라면 출
토 유물도 보다 공식
적으로 처리 되었어야

09 가루베 지온의 유물정리 라벨
(공주박물관 사진)

하기 때문이다. 송산리 6호분에서는 호박의 구옥 1개, 진주 환자
옥 80여 개, 순금제 이식, 대금구, 대도, 도자刀子의 파편, 금동제 영
락 등이 수습되었다고 하며,53) 송산리 5호분에서는 순금제 회마형
繪馬形 장신구 1개, 순금제 엽형葉形 장신구 8개, 순금제 능형菱形 장
신구 14개, 순금제 영락 장신구 1개, 순금제 6판화문六瓣花文 장신
구 5개, 순금제 산호옥 1개, 황금색 유리소옥 1개, 동제 기구 파편
1개, 은제화형좌식 부 빈鑌 5개, 두부頭部 은제 6판화六瓣花 모양 빈
鑌 30여 개, 각추두 금동정角錐頭金銅釘 50여 개, 원두 철못[鐵鑌] 10여
개, 대도 잔결殘缺 1개, 철촉 11개, 도기 감卅 1개 등이 출토된 것으
로 보고하고 있다.54) 이 5호분 유물 가운데 일부는 공주박물관 등
에 소장되어 있는 것으로 보인다.55)

---

53) 公州高普 校友會, 『忠南鄕土誌』, 1935, p.13.
54) 輕部慈恩, 「公州に於ける百濟古墳(4)」, pp.10~14.

한편 가루베는, 위에서 소개된 자신의 소장 유물의 행방에 대하여 다음과 같이 밝히고 있다.

> 본서에 실린 도판·삽화 중 저자 소장으로 기재한 자료의 대부분은 시국의 급전(急轉)에 의하여 한국에서 철수할 때 그 땅에 그대로 남겨 두고 왔다. 지금 이것들이 어떻게 관리되고 있는지 알 수가 없다.[56]

여기에서 주목되는 것은 두 가지이다. 첫째 그는 게재된 자료의 대부분을 한국에 두고 왔다는 것인데, 만일 이를 문면 그대로 신빙한다면, 소문과 달리 가루베는 1945년 일본으로 귀국할 때 거의 유물을 휴대하지 못했다는 이야기가 된다. 그러나 동시에 "자료의 '대부분'을 두고 왔다"는 이 말을 뒤집으면 소장 자료중의 약간은 가지고 들어갔다는 이야기이기도 하다. 1969년에 쓴 『백제유적의 연구』 서문 중에서도 그는 이 책에 소개되는 유물 중에는 "소재불명이 된 것이 많다"고 밝혀 그가 이들 유물 대부분을 가지고 있지 않음을 재확인하고 있다.

위의 인용문에서 주목되는 둘째는 가루베 자신이 이 유물의 행방에 대해서 잘 모르고 있다고 언급한 점이다. 만일 그가 유물에 대하여 특별한 조치를 못한 상태에서 약간의 자료만을 휴대하여 귀국한 것이라고 한다면, 해방 이후의 정국 속에서 그 행방을

---

55) 가루베가 '은제 화형장식 부 鑣'으로 명명한 은제의 널 관고리가 그 예이다. 輕部慈恩, 「公州に於ける百濟古墳(4)」, p.13의 제30도 그림의 花形 鑣은 『국립공주박물관』(도록), 2004, p.132의 널고리 棺環과 같은 유물이다. 아마 5호분의 유물은 자신이 소유하지 않고 공식적으로 처리한 것으로 생각된다.
56) 輕部慈恩, 『百濟美術』, p.4의 서문(「再言」).

알 수 없었을 수도 있는 일이다. 그가 해방 후 완전히 '알몸으로' 귀국하였다는 것은 여러 글에서 언급되고 있다. 가령 1965년에 니혼대학[日本大學] 미시마분교[三島分校] 발간의 교지에서 "소화 20년 (1945년을 말함)의 패전에 의하여 모든 연구도 중단되고 알몸으로 그 땅에서 철수할 수 밖에 없었다"[57]고 언급한 것도 그 한 예이다. 유물에 대한 직접적 언급은 아니지만 그는 자신의 건강 비결에 대한 언급 끝에 그가 한국에서 철수할 때 가졌던 심경을 이렇게 회고한 적이 있다.

> 하루하루를 성실하게 지낼 수 있다면 그다지 불안은 없는 것이다. 해야 할 일은 무리하더라도 일찍 정리해 두어야 쫓기지 않는다. 바르지 않다고 생각되는 것은 일체 하지 않는다. 이 정도만으로도 정신적으로 평안감이 있다. 전쟁이 끝나 외지(外地)로부터 철수해 올 때도 배는 한없이 고프고 사람들로부터는 멸시를 받았지만 무언가 '잘해보자' 하는 마음가짐으로 마음속의 동요는 없었다.[58]

가루베 지온은 유물 이외에 공주에서의 야외조사를 통하여 얻은 고분 등 각종 조사기록을 가지고 있었다. 가루베가 확보하였던 유물의 일부는 공주고등학교 향토관에, 그리고 일부는 공주박물관의 전신인 공주사적현창회에서 관리한 것으로 보인다. 그는 가지고 있던 유물을 일본으로 반입하지 않았음을 여러 차례 언급하였지만 구체적으로 이것이 어떠한 상태에서 정리되었는지, 유

---

57) 輕部慈恩, 「百濟と私」, 『三島路』 13, 1965(駿豆考古學會, 『駿豆地方の古代文化』, 1970, p.146에서 재인용).
58) 輕部慈恩, 「私の健康」, 『駿豆地方の古代文化』, 1970, p.143.

물의 구체적 보유 내용 등에 대해서는 상세히 언급한 적이 없다. 이것이 그동안 가루베를 둘러싼 의혹과 혐의의 큰 원인이기도 하다. 그가 이점에 대해 상세히 언급하지 않은 것은 일정 부분 문제점이 있기 때문이 아닌가 하는 의문을 불러일으키는 근거가 되는 것도 사실이다.

가루베 지온이 개인적으로 소장하고 있던 유물들을 어떻게 처리하였는지에 대해서는 대전 KBS에서 이를 집요하게 추적하고 그 과정을 다큐프로그램으로 제작 방영한 바 있다. 이 프로그램 제작과정에서 녹취한 장녀(山川千鶴子)와의 인터뷰에 의하면, 아버지가 모아놓은 자료는 해방 직후 귀국시에 트럭으로 대전의 전기회사 창고에 옮겨 놓았으며,[59] 마지막 거처였던 강경의 집에서 아는 사람에게 남겨 놓은 것도 있었다 한다. 전기회사의 창고는 6·25때 폭격 되었다하며, 강경에 짐을 맡겼던 사람은 1968년 한국 방문시 재회하였으나, 물건은 인민군에 의하여 약탈 되었다는 말을 들었다고 한다. 다시 말하면 해방 직후 가루베는 소장 유물을 양분하여 일부는 일본에의 운송을 시도하였고, 나머지는 일단 강경의 한국인 지인知人에게 맡겼다는 이야기가 된다.[60] 그 가운데 일부 강경의 지인에게 맡겨진 것은 사실 확인이 어느정도 이루어진 바 있지만 대전 전기회사로 옮겼다는 유물은 전혀 확인되지 못하였다.

해방 직후의 혼란기에 운송하기에 까다로운 유물 자료를 '깜쪽같이' 일본으로 가져가는 것은 실제 쉬운 일은 아니었을 것이다.[61] 그러나 앞에서 서술한 바와 같이, 일부 자료를 휴대하였던

---

59) 그러나 정작 대전 전기회사 근무자들은 당시 대량의 유물이 회사에 반입된 적이 없다고 증언하고 있다. 대전 전기회사는 인동에 위치하였으며 지금은 아파트가 건립되어 있다.

60) KBS의 취재(유진환)에 의하면(〈가루베 유물의 진실―두 얼굴의 가루베〉) 가루베의 물품을 위탁받은 지인은 후에 충남에서 교장을 지낸 제자 임용원 씨(작고)이다. 장남(임창식)의 증언에 의하면 가루베가 남긴 짐은 고리짝 7, 8개 정도의 분량으로 입던 옷가지와 원고지 뭉치 등이 포함되어 있었다하며, 그나마도 6·25때 없어졌다고 한다. 그러나 일부 유물이 함께 남겨진 것은 사실인 것으로 보이며, 이들 유물은 김영한 선생(전 충남향토문화연구회장)이 실견한 적이 있다고 한다. 김영한의 증언에 의하면 서첩·화첩·논문집 등이 포함되어 있으며, 임용원 씨로부터는 백제 와당 몇 점을 얻어 대학 박물관에 기증한 적도 있다고 말하고 있다.

61) 輕部慈恩의 일본 철수와 비슷한 시기(1945.10)에 공주에서 교사로 근무중 일본으로 귀국한 철수자(喜多深雪, 여, 공주 常盤小學校 교사)의 증언에 의하면, 대전에서 부산까지 有蓋貨車를 이용하였는데 휴대할 수 있는 짐이라고는 륙색 하나에 현금 1인당 천엔, 금부치는 몰수한다고 하여 심지어 금펜의 만년필이나 금

것은 사실이었다는 점에 비추어 볼 때[62] 휴대가 간편한 일부 유물의 휴대 가능성까지 완전히 배제하기는 어려운 것 같다. 앞의 대전 KBS 다큐팀은 1978년 나라박물관에서 특별전 개최를 계기로 보관중이던 백제 와당 3점을 가루베의 가족(장남) 명의로 대여를 받아 전시하였다는 증언을 소개하고 있거니와, 그렇다면 이 자료는 가루베가 귀국시 휴대하였던 자료중의 일부일 가능성이 있다. 나라박물관에 위탁되어 있던 가루베 소장 백제와당은 제자 미와[三輪嘉六] 국립큐슈박물관 관장의 주선으로 2006년(11월 29일) 공주박물관에 기증되었다.[63] 그 가운데 2점, 서혈사 출토와 신원사 출토 와당에 대해서 고찰한 도다 유지[戸田有二]는 이것을 백제 한성시대의 제작 기법이 그대로 사용된 웅진기 와당으로 추정하였다.[64]

---

테두리 회중시계까지 포기하였다고 한다. 부산항에서 소지물 등에 대한 까다로운 검색을 거쳤는데 당시 남성은 미군이, 여성은 일본어가 되는 기생이 담당하였는데, 자신은 속옷까지 검색 당하는 수치를 겪었다고 하였다. 하카다항까지 1만톤 급 興安丸은 몸이 자유롭지 못할 정도로 가득 실었으며, 후쿠오카에서 다시 화차편으로 이동하였는데 兵庫縣 姬路에 도착한 것이 10월 31일이었다고 한다. 8월 15일 직후에는 9월 15일까지 꼭 한달동안 근무하던 학교에서 교대로 숙직하였으며, 9월 15일 학교가 한국측에 인계되자 이후 한 달 여를 대전의 아는 사람의 집에서 신세를 지고 있으면서 본국 귀환을 기다렸다는 것이다. 喜多深雪, 「敗戰の憂き目は長く尾を引いた」, 『公州會通信』 59, 2006, pp.48~51 참조. 『公州會通信』은 해방 이전 공주에 살다 철수한 일본인의 모임 '공주회' 에서 발행하는 연회지이다. 철수 당시의 까다로운 절차와 소지품 제한(현금 1천 엔, 개인이 직접 휴대 가능한 범위 안에서의 휴대품 반입 인정 등)은 공주회 회원들의 증언에 의하여 재확인 할 수 있었다.

62) 가령 1969년에 쓰여진 『百濟遺蹟の硏究』 例言에서 그는 이 책에 사용된 "고분 발굴 당시의 실측도는 그쪽에서 철수할 때 내가 지참한 것" 이라고 밝히고 있다.

63) 〈조선일보〉 2006년 11월 28일자 보도(신형준).

64) 戸田有二, 「百濟の鐙瓦製作技法について－輕部慈恩氏寄贈瓦に見る西穴寺技法の再考と新元寺技法」, 『百濟文化』 37, 2007.

11 가루베 기증 백제와당
서혈사지(좌)와 신원사(우) 출토

　　미와 관장의 주선으로 기증된 '가루베 와당'은 서혈사, 신원
사의 것을 포함하여 도합 4점이었다. 나머지 2점은 파손된 것으로
1/2편, 1/4편 상태인데, 동일 형식의 공산성 출토 자료로 생각된
다.[65] 이들 자료는 1/4편을 제외하면, 나머지 3점은 가루베 지온
의 저서에 소개되어 있는 유물인데,[66] 이에 의하여 가루베 지온이
본국 귀국시 혹은 그 이전에 일정량의 자료를 일본으로 반입하였
다는 사실은 입증되었다.[67]

　　한편 앞의 다큐프로에서는 동경박물관에서 가루베 소장품을

<hr>

65) 공산성 출토 와당을 분석한 이남석의 분류에서 Ⅰ-3과 같은 유형이다. 이남석,
　　「공산성출토 백제숫막새기와」, 『웅진시대의 백제고고학』, 2002, pp.81~83 참조.
66) 『百濟美術』(1946), p.13의 사진(도판 33, 35)과 pp.197~198의 탁본(제44도-1, 제
　　45도-3), 『百濟遺蹟の硏究』(1971) 도판 46, 47의 사진 참조. 한편 두 책에서 사
　　용된 사진은 같은 필름의 동일 사진이다.
67) '가루베 와당'의 공주박물관 기증을 주선한 이와 미와[三輪] 관장에 의하면 이들
　　유물이 일본으로 넘어간 시기는 해방 이전의 시점인 소화 10년대였다고 한다.

입증하는 표찰이 붙어 있는 백제유물 5점을 소개하고 있다. 토기병 3점, 금제귀걸이 2점이 그것이다. 여기에는 '소화 6년(1931)' '공주 주미리 출토(玉杯와 함께 출토)'라고 적은 표찰도 있다. 동경박물관측의 설명에 의하면, 이 유물은 1945년 해방 이전의 구입 혹은 기증품이라 한다. 만일 이것이 구입품이라 하면 구입 일자와 금액 등의 기록이 남아 있을 것이다. 또 만일 가루베가 '팔아넘긴 것'이라 하면, 그는 자신이 부착한 표찰을 제거하고 넘겼을 것이며, 그 수량도 5점에 그치지 않았을 것이다. 이점에서 동경박물관의 유물 5점이 과연 가루베에 의하여 매도된 것인가에 대한 의문이 야기된다.

그런데 1930년대 초 가루베의 논문에 의하면 이 유물은 1930년 8월경 도굴된 공주 주미리 고분에서 출토한 것으로, 당시에 이미 동경박물관(帝室博物館)에 수장되어 있음이 밝혀져 있다.

귀걸이 : 제67도의 1은 현재 '동경제실박물관장(東京帝室博物館藏)'이라 되어 있는데, 소화 5년(1930) 가을 주미리 제3호분(제5호분의 오자로 생각됨: 필자)에서 옥잔과 함께 출토한 것이다. 황금제로 고리 밑에 원통형의 장식을 붙이고 다시 그 밑에 대소 각1매의 심엽형(心葉形)의 수식(垂飾)을 붙인 귀걸이이다.[68]
옥잔 : 주미리 제5호분으로부터 전술한 바와 같이 현재 동경제실박물관 소장이 된 귀걸이와 함께 출토한 것[69]

68) 輕部慈恩, 「公州に於ける百濟古墳(8)」, 『考古學雜誌』 26-4, 1936, p.14. 공주 주미리 5호분은 1930년 9월 가루베의 조사에 의하면 현실의 크기 1.3×2.7×1.0m의 규모로서 당시 부근사람에 의하여 도굴되었으나 목걸이·팔찌·옥잔 등이 출토되었다(輕部慈恩, 「公州に於ける百濟古墳(3)」, 1934, p.26 참조).
69) 輕部慈恩, 「公州に於ける百濟古墳(3)」, p.19.

이라고 한 것이 그것이다.

　동경박물관의 가루베 소장품 5점의 수장 연유는 잘 알 수 없으나 가루베의 증여(혹은 기증)에 의하여 이루어진 것이 아닌가 생각된다. 일제하 가루베는 공주를 방문한 명사들을 안내하는 경우가 종종 있었고, 일정한 교분을 길게 유지하였다. 1931년 9월 22일 동경제실박물관東京帝室博物館의 고토[後藤守一], 야지마[矢島] 사무관, 키타하라[北原大輔] 등이 공주를 방문하고 가루베의 안내를 받았다. 아마도 동경박물관 소장의 유물 몇 점은 이 때 고토[後藤守一] 등의 희망에 의하여 기증 형식으로 전달된 것이 아닌가 생각된다. 당시 고토[後藤] 일행은 가루베의 안내로 송산리고분군을 방문하였다가 현재의 무령왕릉 봉분 앞쪽에서 약 7cm 크기의 백제시대 소형동불 1구를 우연히 습득하였다고 한다.[70] 아마도 이 유물과 함께 고토[後藤] 일행은 가루베로부터 증여받은 유물 수 점을 출장 종료 이후 근무처인 동경박물관에 수장시킨 것이 아닌가 생각된다.[71]

　그동안 가루베에 대해서는 자신이 보유한 상당량의 유물을 개인적으로 처분하였다는 세간의 추측이 난무하여왔다. 이 문제는 앞으로 관련 자료와 증언 등의 확보에 의하여 보다 구체적인 접근이 가능할 것이지만, 해방 직후 소하물의 반입이 극히 어려웠던 사실이나 해방 이후 65년이 지난 지금까지 가루베 유물의 소재가 더 이상 확인되지 않고 있는 결과에 입각한다면, 세간의 소문

---

70) 輕部慈恩, 「公州に於ける百濟古墳(3)」, pp.20~21.

71) 어떤 자료에 근거한 것인지 잘 알 수 없으나 정규홍은 동경국립박물관 소장목록의 유물번호 28988, 28989, 29669, 28670, 28890, 28892, 28891번은 가루베의 기증품이라고 적고 있다. 정규홍, 「공주·부여 일대 백제고분 및 유적지의 수난」, 『우리문화재 수난사』, 학연문화사, 2005, p.438 참조.

대로 실제 다량의 유물을 일본에 반입하여 처분하였을 가능성은 많아 보이지 않는다.[72] 반출이 제대로 이루어지지 않은 상태에서 실제 해방 이후의 혼란과 6·25 등의 시기에 무주無主의 상태에서 중발하였을 가능성도 있을 것이다. 그러나 이같은 유물의 문제에 대해서 본인 자신이 명확한 사실 확인을 하지 않은 것은 이에 대한 문제점을 보여주는 것이다. 특히 유물을 두 가지로 분류하여 트럭으로 물품을 일정 장소에 이송한 것은 실제 가루베가 일본으로의 반출을 시도한 과정이었다고 생각되며, 소량이나마 일본으로 반입되었던 유물이 확인된 것은 그가 유물 문제에 대해서 자유롭지 않았다는 점을 암시하는 것이라 할 수 있다.

## 6. 맺는말－가루베, 그 평가의 명과 암

일제하 공주고보 등에 근무하며 공주의 백제문화를 연구하였던 연구자 가루베 지온[輕部慈恩, 1897~1970]에 대한 학계, 그리고 지역에서의 평가는 한마디로 부정적이다. 그 이유는 그가 학문을 빙자하여 많은 유적 유물을 도굴 훼손하고 나아가서 이들을 자의로 처

---

72) 가루베의 소장 자료를 해방 직후 대구 남선전기 사장 오쿠라[小倉武之助]가 매입하여 트럭으로 옮겨갔다는 이야기가 많이 유포되어 있다(최순우, 「어처구니 없는 일」, 『한국미 산책』(최순우전집 5), 1992, pp.371~372). KBS 다큐팀은 가루베 유물이 오쿠라[小倉]에 넘어갔을 가능성을 상정하고 이를 추적하였으나 사실을 확인하지는 못하였다. 다만 오쿠라 콜렉션의 유물 중 공주 출토로 보이는 백제 유물(팔찌, 동경)의 존재만을 확인하였다.

분하였다는 것 때문이다. 실제로 공주에서의 그의 유적조사는 무리한 점이 많았던 것이 사실이다. 그러나 다른 한편으로 송산리 6호분이 도굴 시도가 있었던 때로부터 2년간이나 사실상 방치상태에서 있었다는 점을 생각하면 공주 유적에 대한 당국의 무관심에도 책임의 일단이 있었다고 할 수 있다. 가루베 지온의 조사와 연구과정이 보여준 문제점을 생각하면, 그의 활동을 '만용과 과욕'이라 한 평가[73]가 정곡을 찌른 감이 있다. 가루베의 백제문화 연구 과정에서 나타나는 문제점에 대해서는 기왕에도 많은 지적이 있었지만, 이를 다음 세 가지 점으로 간략히 정리할 수 있지 않을까 한다.

첫째, 고고학적 훈련이 뒷받침되지 않은 상태에서 유적에 대한 자의적 시굴 작업을 계속한 점이다. 공주에 재직한 수년 간 1천 기의 백제고분을 개인적으로 조사하였다는 것은, 당시의 상황을 감안하더라도 그 사실 자체만으로 많은 문제점을 말해주는 것이다.

둘째, 6호분에 대한 처리과정에서 보여주는 바와 같은 조사의 객관성 확보 미흡, 혹은 유물 처리와 관련한 의혹을 야기한 점이다. 6호분의 경우 특히 그 학문적 가치를 누구보다 잘 알고 있는 입장임에도, 최초 현장 확인자로서 원상 보존이라는 학문적 기본 원칙을 이행하지 않은 것은 최초 조사에 실제로 심각한 문제가 있었음을 암시한다.

셋째, 발굴 혹은 수습한 유물의 임의적 보관과 이후 유물의

---

73) 권오영, 『고대 동아시아 문명교류사의 빛, 무령왕릉』, 돌베게, 2005, pp.43~45.

행방에 대한 책임성을 결여하였다는 점이다. 유물을 매각하지 않았다 하더라도, 자신이 소장하고 있던 다량의 유물의 행방에 대해서 끝까지 명확한 경위 및 책임 있는 언급을 하지 않았다.

　적어도 관련 분야의 학자로서 연구 과정상에서 보여준 이상의 문제점은, 시대적 혹은 환경적 특수성을 고려하더라도 전문학자의 관점에서는 용납하기 어렵다고 할 것이다. 이러한 점에서 가루베의 실수는 매우 치명적인 문제점을 안고 있다. 이에 대해서는 그의 생전에 이미 많은 지적이 있었음에도, 그는 이 문제에 대하여 선명하게 입장을 밝힌 적이 한번도 없었다. 가루베의 한국 방문시 그의 제자 류제경이 세간에 떠돌던 가루베 소장 유물의 의혹을 확인하자 그는 자신이 어디까지나 순수한 학자라는 점을 강조하면서 의혹을 강하게 부정하였다고 한다.[74] 분명 그는 여러 차례 이 문제에 대한 책임 있는 답변이 요구되는 기회가 있었다. 그럼에도 불구하고 일방적 부정 이외에 이에 대한 자세한 전말을 밝힌 적이 없다. 이는 그의 실수가 단순 과실이 아니라는 점, 그리고 실제로 유물에 대하여 결백하지 않았다는 방증이 될 수 있다.

　필자는 가루베 지온이 유물의 반출을 시도하였으나 성공하지 못하였으며, 다만 약간의 유물이 휴대 혹은 기증 등의 방법으로 반출된 것으로 본고에서 일단 정리하고자 한다. 가루베가 자신이 가지고 있던 유물을 팔아넘기거나 해방 직후 유물을 대거 일본에 반입하였다는 것은 사실로서 확인되고 있지 않다. 이같은 소문은 유물과 관련한 그의 문제점 때문에 부풀려진 점이 많지 않은가 하

---

74) 2005년 9월 류제경 선생(전 공주대 교수)과의 대담.

는 생각이다. 전말에 대한 상세한 해명이 없었기 때문에 세간의 부정적 상상과 의혹이 더욱 꼬리를 물었다고 생각되는 것이다. 그럼에도 불구하고 가루베 지온에 대한 부정적 평가는 기본적으로는 가루베 자신에게 책임이 있다는 점을 부정하기 어렵다.

유물에 관련한 이러한 책임과 문제점을 지적하면서도, 다른 한편 그가 공주를 중심으로 근대 학문의 여명기에 축적한 학문적 공헌에 대해서는 이에 상응하는 평가가 필요하다는 것이 필자의 또 다른 생각이다. 역사적 혹은 고고학적 측면에서 완전히 총독부의 관심권 밖에 있었던 공주의 당시 상황에서 그는 깊이 있는 백제 연구를 진척시켰고, 그 조사와 연구의 성과는 지금도 여전히 유용성을 가지고 있기 때문이다. 이점에서 백제시대의 불교건축·미술문화·성곽·고분 등의 연구에서 차지하는 가루베의 학문적 성과에 대한 분석적 평가는 관련 전문가에 의하여 다시 이루어져야 할 작업이라 할 수 있다.

여기에서 학자로서의 가루베에 대한 평가를 간략히 정리한다면 어떻게 할 수 있을까. 고고학적 관점에서 아마추어였다는 표현은 납득이 되지만, 학자로서의 그를 아마추어라고 할 수는 없다. 그는 전문고고학 학술잡지에 여러 차례 자료논문을 발표한 바 있으며, 두 권의 전문 저서를 출판하였으며, 교양이지만 역사과목으로 교수 직업을 가졌고, 백제문화 연구로 문학박사의 학위를 취득한 인물이기 때문이다. 이점에서 필자는 그를 "아마추어와 전문가의 영역을 넘나들었던 학자"로 표현하고 싶다. 그의 활동의 독특성으로 인하여, 어떤 점에서 그는 향토사학자였고, 다른 관점에서는 전문 학자였기 때문이다. 이같은 유형은 가루베 이외에 그 유사한 사례를 들기 쉽지 않다는 점에서 독특한 점이 있고, 이 때문에 가루베 지온에 대한 평가를 한마디로 정리하는 것이 쉽지 않다는 생각이다.

가루베로 하여금 향토사가와 전문가의 영역을 넘나들 수 있도록 하였던 매체가 다름 아닌 학술자료였다. 공주의 백제 유적 자료, 그리고 그가 수집한 자료는 학계에서 방치되어 있는 환경을 통하여 가루베의 독특한 지위를 가능하게 하였던 것이다. 그는 이 자료를 자산으로 하여 공주, 부여를 방문하는 당대의 유력인사, 혹은 저명 학자들을 안내하면서 '명성'을 유지하였고, 동시에 '학자'로서의 자기 지위를 확보할 수 있었다. 이러한 점에서 그가 수집하여 개인적으로 소장한 백제 유물은 그로 하여금 전문가의 영역을 넘나들 수 있게 하는 중요한 통로였다. 학계에 있어서 '전문학자'의 위치에 있지 않았던 그가 특별히 자료의 사장私藏에 집착하였던 이유를 여기에서 짐작할 수 있게 된다.＊

---

＊ 본 논문은 고려사학회, 『한국사학보』 25호, 2006에 실린 같은 제목의 논문을 수정, 보완한 것이다.

| 03 | 공주 송산리 6호<br>벽화전축분의 사신도 |
|---|---|

## 1. 머리말

국가사적 제13호로 지정되어 있는 송산리 고분군 가운데는 무령왕릉과 함께 백제시대 고분으로 유명한 6호분이 있다. 송산리 6호분은 무령왕릉과 거의 같은 규모, 같은 재료, 같은 시기에 제작된 것이어서 무령왕릉에 버금하는 '왕릉급'의 백제고분이라는 점에 이론이 없다. 이 때문에 적어도 무령왕릉이 발견되기 전까지는 이것이 바로 백제 웅진시대의 왕릉으로 간주되었고, 혹 무령왕의 능이 아닐까하는 추정까지 제기된 바 있다.[1] 다만 내부에서 유물의 검출이 제대로 이루어지지 않았기 때문에 피장자, 혹은 무령왕릉과의 관계 등에 있어서 미해결의 문제를 많이 가지고 있는 것이 사실이다. 6호분은 무령왕릉과의 유사성에도 불구하고 몇 가지 차이점이 있는데, 특히 벽화의 존재는 바로 이 6호분의

---

[1] 輕部慈恩,『百濟美術』, 寶雲社, 1946, pp.125~126.

중요한 특징이 되고 있다.

송산리 6호분의 사신도四神圖 벽화는 부여 능산리 동하총東下塚과 함께 백제시대 고분 벽화의 드문 사례라는 점에서 중요하지만, 특히 사신도 벽화로서는 고구려에 앞서는 이른 시기의 것이라는 점에서도 주목되어야 할 자료이다. 6호분 벽화는 1933년 발견당시 이미 많은 훼손이 진행된 상태였고, 이후 보존 상태가 더욱악화되어 현재로서는 그 흔적만을 확인할 수 있는 정도가 되고 말았다. 이같은 빈약한 잔존 상태의 현상 탓인지, 6호분 벽화에 대해서는 아직 기초적인 검토가 충분히 이루어지지 못한 실정에 있으며,[2] 백제시대의 희소한 회화 자료임에도 미술사적 측면에서도극히 소홀히 취급되어 왔다. 그러나 빈약하기는 하지만, 이들 자료를 심층적으로 분석하고 검토한다면, 벽화의 내용을 좀더 깊이있게 이해하고, 그 실제를 어느 정도 재현하는 것도 가능할 것이다.[3]

---

[2] 송산리 6호분 벽화는 그 중요성에 비하여 거의 주목을 받지 못하였다. 일제시기 輕部慈恩을 제외하면 이에 대한 학문적 관심도 비교적 근년의 일로서 이남석, 「백제고분의 조형적 특성」, 『백제의 조각과 미술』, 공주대박물관, 1991 및 이태호, 「삼국시대 후기 고구려와 백제의 사신도벽화」, 『고구려연구』 16, 2003 등이 그나마 다소 상세한 설명을 가한 경우이다. 특히 이태호 교수는 송산리 6호분 벽화에 있어서 주제의 선정 및 기법에 있어서 백제인의 창의성을 주목하면서 고구려 사신도벽화의 기원이 백제에 있을 수 있다는 가능성까지 제시한바 있다(pp.290~293). 근년 송산리 6호분의 사신도 벽화에 주목한 小野山 節의논문(「百濟宋山里6號墳の四神壁畵と被葬者の恐れ―比較考古學による墓室粧飾の新しい解析」, 『有光敎一先生白壽記念論叢』, 高麗美術館, 京都, 2006)이 발표되기도 하였으나, 특별한 가설이 제시되어 있지는 않다.
[3] 송산리 6호분의 아래쪽에 시설된 왕릉 모형전시관의 6호분 모형에는 원래 벽화의 모습을 재현하는 작업이 가능한 여건이며 생각한다. 보존상의 문제로 무령왕릉이 폐쇄되면서 송산리고분군의 방문자를 위하여 왕릉의 모형전시관이 만

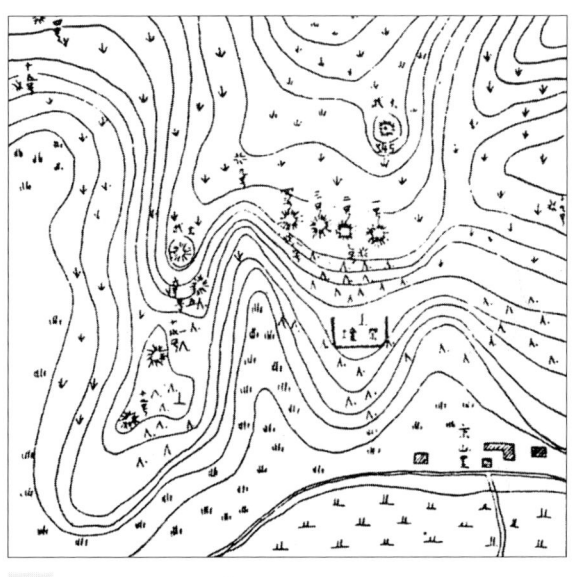

송산리고분 분포도[4]

　　본고는 이 같은 문제의식에서 6호분의 벽화 내용 및 현상을
검토하여 삼국시대 벽화, 특히 백제벽화에 대한 새로운 관심을 환
기하고자 하는데서 비롯되었다. 제기된 모든 문제들에 대한 답을

---

들어졌으며, 이것은 고분군의 주요 시설로서 교육적 기능을 담당하고 있다. 모
형관에는 무령왕릉 이외에 5호분과 6호분이 함께 복원되었다. 모형관의 6호분
은 이미 훼손된 상태의 벽화흔적을 모사하였기 때문에 방문자들이 그 내용을
파악하기 힘들다. 벽화의 재현 작업은 이 백제 벽화의 원형 파악에 있어서도 중
요한 계기를 마련할 수 있을 것이다. 벽화 원형에 대한 과학적 심층 분석, 이 벽
화의 기원과 유사례의 비교 등 기초 연구가 필수적 전제가 되기 때문이다.
4) 이 분포도에 의하면 1-4호분 아래 7-8호분이 표시되어 있고, 현재 모형전시관이
위치한 일대에 11, 12호 2기의 고분이 표시되어 있다(輕部慈恩, 「公州に於ける
百濟古墳」 3, 1934, p.171).

02 송산리 고분군과 6호 벽화전축분(전면 중앙) 원경

충분히 담지 못한 한계를 가지고 있는 것이 사실이지만, 그럼에도 불구하고 향후 연구의 진전을 위해서는 유적의 현상 및 지금까지의 논의의 줄거리를 분명히 정리해 두는 것도 필요한 일이라고 생각한다. 특히 본 연구의 향후 진전은 고고학과 역사학, 미술사, 혹은 각 분야 차연과학적 작업의 협업에 의하여 이루어져야 할 점이 많다고 생각된다.

## 2. 송산리 6호분의 발견과 벽화

공주 송산리 6호분의 벽화는 안료가 바탕에 스며들게 하는 '습지벽화법' 에 의하여 제작된 것이며, 특히 전축의 벽면 위에 조성된 점에서 '전축회면화법博築灰面畵法'[5]의 우리나라 유일의 예라고 할 수 있다.[6] 그러나 벽화를 수반한 이 무덤은 1천 5백 년을 경과하면서 많은 부분이 훼손 되었고, 특히 도굴이후 외부로부터의 공기가 유입되면서 더욱 급격한 훼손이 진행된 것으로 보인다.

사신도 벽화가 그려진 송산리 6호분은 1932년 공주고보 교사 가루베 지온[輕部慈恩]에 의하여 발견되고, 그에 의해 '6호분' 으로 명명되었다. 이 고분은 송산리 고분군에 대한 '유람도로' 진입로 개설 공사과정에서 1932년 10월 26일 배수구의 끝이 확인되었으며, 가루베는 이듬해 1933년 배수구를 추적하여 8월 1일 현실 내

---

5) 이태호 교수는 삼국시대 사신도 벽화의 기법에 대하여 회벽화와 석벽화로 구분하고, 다시 회벽화를 전축회면화법과 석축회면화법으로 분류하였다. 이태호, 「삼국시대 후기 고구려와 백제의 사신도 벽화」, 『고구려연구』 16, 2003, pp.291~295.

6) 잘 알려진 바와 같이 벽화의 제작 기법에는 粗壁地法, 化粧地法이 있다. 조벽지법이 벽이나 천장에 직접 그림을 그리는 것이라면, 화장지법은 회를 고르게 입혀 면을 조성하여 그림을 그리는 것이다. 한편 화장지법은 다시 濕地壁畵法과 乾地壁畵法으로 구분하는데, 전자는 면에 입힌 회가 마르기 전에 그림을 그리는 것이고, 후자는 회가 마른 뒤에 그리는 것이다. 건지벽화법에 의한 벽화는 선명도가 높지만 탈색 혹은 변색이 쉽고, 반면 습지벽화법은 안료가 백회에 스며들어 산화와 퇴색에 대하여 보존력이 높다는 장점이 있다. 그러나 일반적으로 화장지법의 벽화는 온도 습도 등의 변화에 약하여 오랜 세월이 지나면 보존력이 크게 떨어지고 특히 외부 공기의 유입이 진행되면 보존 환경이 급격히 악화된다. 이에 대해서는 전호태, 「고분벽화란 무엇인가」, 『고구려 고분벽화의 세계』, 서울대출판부, 2004, pp.7~11 참고.

부에 처음으로 진입하였다. 최초 진입자인 가루베는 이 고분이 이미 도굴된 상태였다고 증언하면서 곡옥, 구슬류, 금제귀걸이, 대도大刀, 금동 영락 등 당시 약간의 유물이 잔존한 사실을 언급한 바 있다.[7] 한편, 가루베의 진입 이후 공식조사를 담당 하였던 후지다[藤田亮策] 등에 의하여 순금제 이식과 구슬류들이 추가 수습되었다.[8] 이 고분의 조사자인 가루베와 후지다 양인 모두 조사 이후 상세한 보고를 남기지 않았고, 특히 가루베의 경우 그가 많은 유적의 유물을 도굴하다시피 수습하였던 전례에 비추어 이 6호분의 유물 역시 가루베에 의하여 도취盜取된 것이 아닌가 하는 의혹을 야기한 것이 사실이다. 가루베는 송산리 6호분의 중요성을 잘 알고 있었지만 상세한 보고 자료를 내지는 않았고, 그의 저서에서 자료의 일부를 소개하는 정도로 그치고 말았다. 그가 소장한 관련 사진 및 실측도 자료 일부는 인쇄용으로 편집한 상태에서 사망 1년

---

7) "유물은 중요한 것은 대부분 없어졌지만 그러나 호박의 구옥 1개, 진주 환자옥 80여 개, 순금제 이식, 대금구, 대도, 刀子의 파편, 금동제 영락 등 많은 것이 나와서 지금까지 극히 빈약하였던 웅진성시대의 확실한 유물 중에 단연 빛나고 있다." 輕部慈恩, 「公州に於ける百濟の遺蹟」, 『忠南鄕土誌』, 公州高普校友會, 1935, p.13.

8) 가루베에 의한 6호분 조사 경위에 대해서는 본서 소수 「가루베지온의 백제고분 조사와 유물의 문제」 참조. 한편, 가루베가 사망하기 전 知人에게 넘겼던 사진 자료의 설명(정재훈, 「공주 송산리 제6호분에 대하여」, p.67의 사진 No.3의 설명)에서는 날짜별 경위에 대하여 1933년 6월 28일 공사 중에 6호분 배수구 좌측 일부 발견한 후 7월 21일부터 배수구에 대한 '발굴조사'를 개시한 것으로 되어 있어, 약간의 차이가 있다. 이때 배수구를 파헤쳐 올라가 연도 폐쇄면에 접근한 것이 8월 1일의 일이었다는 것이다(p.69, 사진 No.7의 설명). 그러나 벽화전축분의 확인 신고에 의하여 총독부로부터 파견된 藤田亮策, 小泉顯夫 등이 8월 2일 공주에 도착한 점에 비추어 생각하면 실제 輕部가 송산리 6호분에 진입한 것은 7월 말의 시점이었을 것으로 생각된다.

전 한국의 지인에게 전달되었다.[9]

　송산리 6호분의 벽화는 현재 그림의 흔적만을 남기고 있을 뿐, 원래의 모습을 파악하기는 상당히 어려운 실정이다. 특히 이 그림은 벽돌의 벽면에 점토를 발라 화면을 조성하여 그린 관계로 탈색은 물론 화면 자체가 이미 크게 훼손된 상태이다. 이 벽화는 1933년 발굴 당시 이미 훼손이 많아서, 원 상태를 육안으로 판별하기가 쉽지 않은 상태였다. 그러나 지금에 비하여서는 더 많은 사실의 확인이 가능하고, 특히 최초 발견자인 가루베가 사용한 사진과 실측도, 복원도 등은 송산리 6호분 벽화의 파악에 있어서 중요한 자료가 된다. 1930년대 가루베의 조사 자료 이후, 6호분은 무령왕릉 발굴 이후인 1972년에야 안승주 교수 개인 작업에 의하여 상세한 실측도가 작성되었다.[10] 벽화의 훼손도 문제이지만 기초적 정보를 파악하려는 관심 및 이의 보존을 위한 노력이 그동안 거의 투자되지 않았다는 점에서 부끄러운 일이 아닐 수 없다.

　가루베의 초기 자료에는 동벽 청룡도의 얼굴과 꼬리가 선명하고, 현무와 주작도 약간의 흔적이 확인된다. 그러나 40년 후인 1972년도 안승주 교수의 실측도에 의하면 훨씬 많은 훼손이 진행

---

9) 이 자료는 1969년 2월 편집된 것으로 도합 13페이지, 26건의 자료로 되어 있다. 이 자료는 주일한국대사관 공보관으로 근무한 적이 있는 가루베의 공주고보 제자 이성철(문화공보부 문화국장)에게 1969년 2월 輕部가 우송한 것이었으며, 다시 이성철은 1987년 7월 문화재관리국장 정재훈에 전달하였다. 정재훈은 이 자료를 「공주 송산리 제6호분에 대하여」(『문화재』 20, 1987)라는 글을 통하여 소개하였다.

10) 안승주, 「백제 고분의 연구」, 『백제문화』 7·8합집, 1975, 도면 12-18 참조, 1972년도의 6호분 실측작업은 안승주 교수의 책임 하에 이해준, 윤용혁, 유덕조 등 3인이 담당하였다.

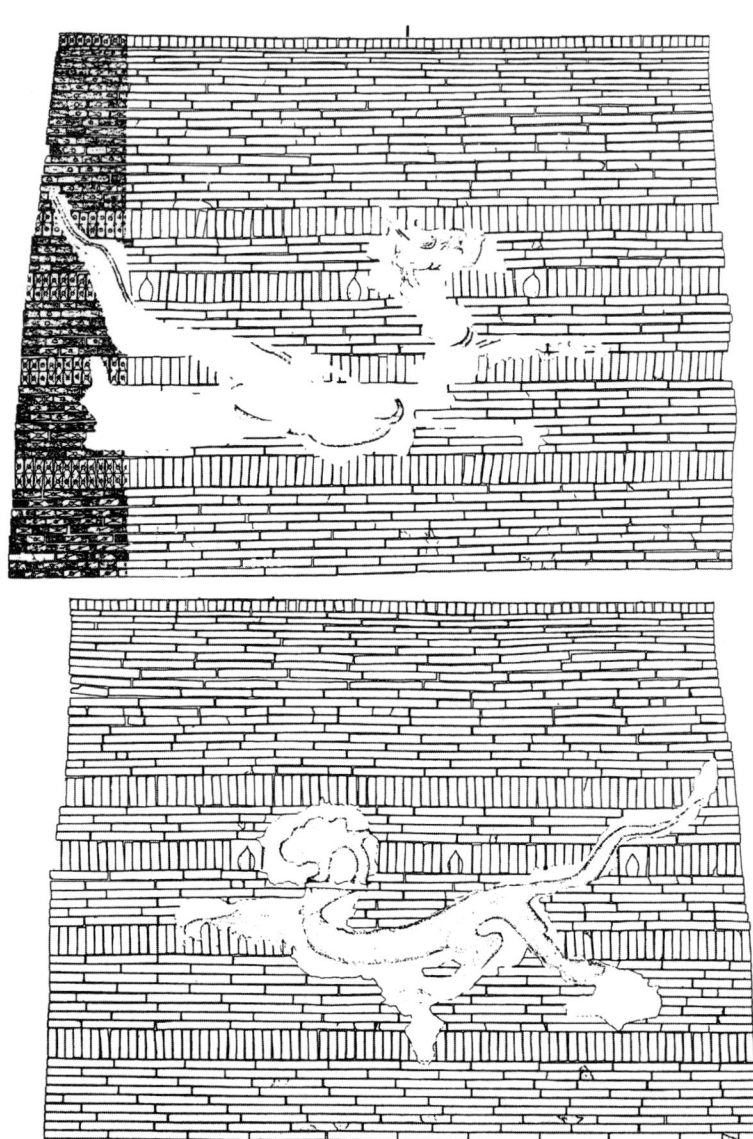

03 송산리 6호분 동벽(위)과 서벽(아래) 실측도
(안승주)

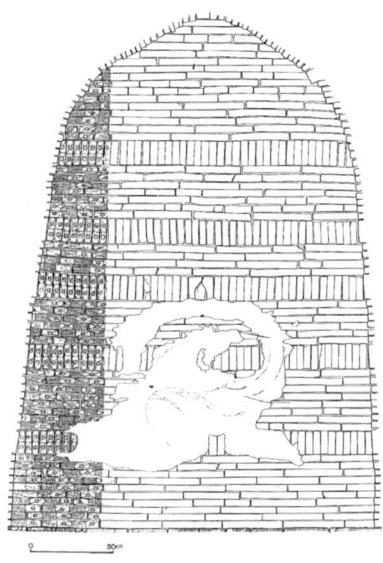

04 고이즈미의 송산리 6호분 남벽 스케치
(有光敎一)

05 송산리 6호분 북벽 실측도(우측)
(안승주)

되어 사실상 벽화로서의 기능이 거의 상실된 상태였음을 알 수
있다.

　송산리 6호분 벽화에 대하여, 우선 검토해야 할 것은 가루베
지온[輕部慈恩]이 그의 저서에서 제시한 6호분에 대한 사진과 실측
도의 문제이다.[11] 이 자료의 출처에 대하여 아리미츠[有光敎一]는 이
자료가 가루베와는 무관한 것이며, 가루베는 단순히 자료의 사용
자일 뿐이라고 못 박고 있다.[12] 실측도 등의 자료에 대한 이같은

---

11) 송산리 6호분에 대한 실측도와 사진은 輕部慈恩이 자신의 저서 『百濟美術』,
　　1946과 『百濟遺蹟の硏究』, 1971에서 사용하였다.
12) "輕部慈恩이 사용한 실측도는 小泉顯夫가 작성한 것이고 또한 사진의 유리건
　　판은 현재 한국 국립중앙박물관에 소장되어 있어 그 촬영자가 澤俊一이었음은
　　명백하다(有光敎一, 「공주 송산리고분군의 발굴조사」, 『조선고적연구회유고』

언급은 그동안 6호분 관련 자료가 가루베의 저서를 통하여 널리 유통됨으로써 이 자료가 가루베 작성으로 인식되어 있는 것에 대한 명확한 선긋기의 성격을 가지고 있다. 실제 1933년 8월 2일 공주에 도착한 고이즈미[小泉顯夫]는 곧 6호분의 실측 작업에 착수하였고, 우메하라[梅原末治]에게 보낸 11일자 작성의 편지에서 "내부의 조사가 끝나 목하 실측 중"이며 이 작업은 "16, 17일 경에는 완료할 생각"이라는 스케줄이 밝혀져 있다.[13] 가루베의 논문과 저서에 실려 있는 다른 유적의 실측도에 비하여 훨씬 정교하고 정리된 형태로 만들어진 이 6호분 실측도가 실제로는 가루베의 작업이 아니고 고이즈미[小泉顯夫]의 실측 작업 결과물이라는 것은 이점에서 개연성이 있어 보인다.

6호분 실측도의 원 작도자와 관련하여 가루베 지온이 넘긴 사진 실측도 자료 No.23 현무도의 실측도 자료가 주목된다. '북벽 현무벽화 실측도와 상정도'라는 제목이 붙여진 이 그림은 이른바 '실측도'와 '상정도想定圖'의 2매로 구성되어 있으며, 그 가운데 상정도에는 "실측도에 의한 복원 상정想定, 輕部(가루베)"라는 메모가 적혀 있어 이 '상정도'가 가루베의 것임이 명시되어 있다. 그런데 실제 이 '실측도'와 '복원도'의 현무 그림은 내용상 차이가 그리 크지 않다. 그럼에도 불구하고 두 그림이 열거되고 그 설명에서 "실측도에 의한 복원 상정"이라는 메모가 적힌 것을 보면, 이

---

II, 유네스코동아시아문화연구센터, 2002, p.9)." 이는 실측도 등의 자료 출처에 대한 매우 중요한 언급이지만, 그러나 후술하는 바와 같이, 有光敎一의 언급을 액면 그대로 받아들이기에도 주저되는 점이 있다.

13) 有光敎一,「공주 송산리고분군의 발굴조사」,『조선고적연구회유고』II, p.4.

O6 6호분 벽화에 대한 가루베의 '상정도(想定圖)'

것은 원도인 실측도가 가루베 자신의 것이 아님을 암시하는 것이라고 생각된다.[14] 아리미츠[有光敎一]의 보고서 중에 게재되어 있는 6호분의 실측도는 가루베의 그것과 기본적으로는 같은 그림이지만, 동일본은 아니다.[15] 가루베의 것에 비하면 벽면 모사의 터치가 스케치적인 느낌이 더 강하다. 아마 아리미츠의 보고서에 게재된 실측도가 고이즈미의 원 실측도이며, 가루베는 이 실측도에 손을 대어 자신의 저서에서 사용한 것이 아닌가 생각된다. 그러나

---

14) 가루베의 자료 No.21 주작도의 그림도 실측도와 상정도 2매가 배열되어 있다.
   이 역시 상정도는 가루베의 작성이라 할 것이다.
15) 有光敎一, 「공주 송산리고분군의 발굴조사」, 『조선고적연구회유고』II, 유네스코동아시아문화연구센터, 2002, p.8의 송산리 6호분 실측도.

실측도와 달리 사진의 경우는 가루베 자신이 촬영한 사진을 사용한 것으로 보인다.


# 3. 송산리 6호분의 사신도

송산리 6호분 벽화는 동서남북에 청룡, 백호, 주작, 현무를 그린 사신도이다. 4신은 본래 사방의 방위신으로 하늘의 28개 별자리 가운데, 동서남북 각 방위 7개 별자리 씩(4×7=28)을 나타낸 것이라 한다.[16] 이에 대한 검토를 위하여 먼저 6호분 벽화에 대한 가루베의 언급을 주목할 필요가 있다. 그것은 지금으로부터 거의 80년전, 6호분의 발견 당사자의 묘사라는 점에서 일단 중요성을 갖는다. 사신도에 대한 가루베의 설명을 발췌하여 옮기면 다음과 같다.[17]

〈청룡〉 동벽면 중앙에 가깝게 그린 것으로, (중략) 전체로서 극도로 필(筆)을 간략화하고 그러면서도 여유 있는 묘취(妙趣)가 보이고 약동하는 듯한 모습을 나타내고 있다.
〈백호〉 서벽 중앙에 그려져 있는 것으로 대략 동벽과 같은 모양으로 구축된 벽면에 필요한 부분에 바탕으로 붉은 흙을 바르고 그 위에 호분(胡粉)으로 남쪽을 향한 백호를 그린 것이다. 그 형상이 꽤 기운차고 어디까지나 생동하는 풍모와 괴기하여 신묘한 맛이 엿보인다.

---

16) 전호태, 「고분벽화란 무엇인가」, 『고구려 고분벽화의 세계』, p.24.
17) 輕部慈恩, 『百濟美術』, 寶雲社, 1946, pp.261~263.

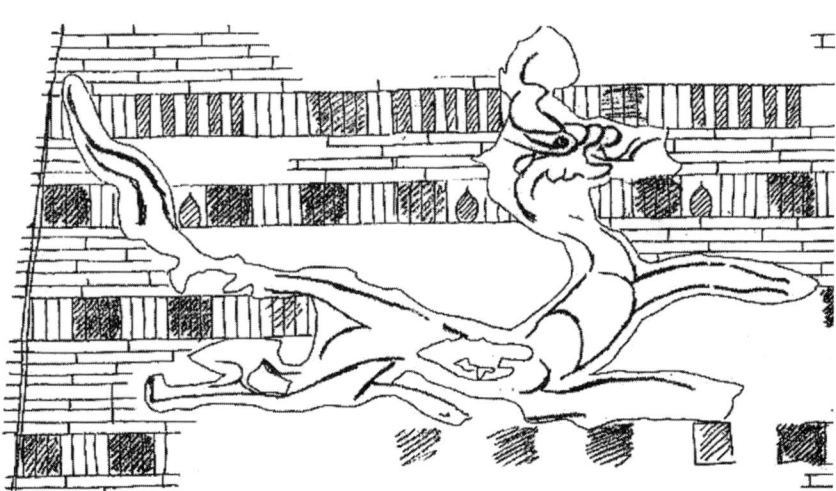

07 6호분의 동벽 청룡도 실측도
(위 : 가루베의 실측도, 아래 : 아리미츠가 사용한 실측도)

이것은 전혀 선을 사용하지 않고 전체를 하얗게 칠하여서, 이른바 백호의 이름에 어긋나지 않도록 구상된 것으로 생각된다.

〈주작과 일월〉 남벽 연도 입구 위에 그려져 있는 것으로, 중앙부에 크게 주작을 굵은 선으로 그려 나타낸 것인데 박락된 부분이 많아 명료하게 전체 모습을 파악하기 어렵다. 또 좌우에는 구름 모양 안에 해와 달을 그렸다.

〈현무〉 북벽의 아래쪽에 내려서 그린 것으로, 이 벽화도 박락된 부분이 많고 그 선의 연결이 불명한 점이 있지만, 대체적인 모습은 알 수 있다. 오른쪽 앞발을 들고 뒷다리를 쭉 뻗어 거북 머리 방향을 힘껏 뒤튼, 백제 독특의 힘찬 생동감을 엿볼 수 있다.

1930년 대 당시 상태에서 가장 인상적인 것은 청룡의 얼굴이 비교적 선명하게 확인된다는 점이다. 청룡은 연도 쪽을 향하여 앞으로 날아 달리는 모습이 묘사되어 있는데, 큰 눈과 머리뿔이 선명하게 표현되어 있다. 유연한 곡선이 머리에서 몸통으로 내려가 다시 꼬리가 위로 상승하는데 전체적으로 동적인 율동감이 느껴진다.

백호도는 당시 그림에도 하얀 백토 흔적이 확인될 뿐, 필선筆線의 흔적을 찾기 어렵다. 아마 원래부터 백토만으로 그렸던 것으로 보이는데, 청룡도와 대칭하여 연문이 있는 남측을 향하여 날아가고 있다. 백호도와 관련하여 송산리 6호분 백호의 형태를 짐작할 수 있는 자료가 있다. 그것은 가루베가 만든 〈공주 송산리 제6호분 백제왕릉 사진〉이다.[18] 이 사진 자료집은 공주관광객에 대

---

18) 이 사진집은 有光敎一,「공주 송산리 고분군의 발굴조사」,『朝鮮古蹟硏究會遺稿』Ⅱ, 유네스코동아시아문화연구센터, 2002, pp.11~12에 소개되어 있다. 사진의 내용은 송산리 고분군의 전경으로부터 6호분의 배수구 연도부를 비롯하여 6

한 시판 자료로 만든 사진첩으로, '공주고적보존회'의 이름으로 '사토佐藤 사진관'에서 작업한 것으로 되어 있는데 6호분의 백호도를 디자인하여 표지를 장식하고 있다. 이 표지 그림에 의하면 백호는 네 발을 움직여 앞으로 내달리는데 몸은 낮추고 엉덩이가 들어

08 6호분 사진자료집 표지의 백호 디자인 (有光敎一)

올려지면서 꼬리가 상승하고 있고 몸집 또한 매우 날렵하여 빠른 운동감이 잘 표현되고 있다. 2개씩의 앞발과 뒷발, 머리를 들어올린 것과 꼬리가 상승하여 있는 것이 서로 균형감을 갖추고 있고, 앞발에서 등을 지나 상승되는 꼬리가 서로 대각선을 이루어서 전체적으로 X자字의 도상圖像이 되는 매우 세련된 필치를 보여주고 있다. 6호분 벽화에 대하여 초기에 가장 정밀하게 현상을 검토하였던 가루베에 의하여 만들어진 사진첩인 만큼, 이 백호도 디자인은 6호분 백호 그림에 매우 가까운 자료일 것이 분명하다.

한편 주작과 현무에 대해서는 가루베가 자신의 관찰을 토대로 보다 복원된 모습을 제시하고 있어 주목된다. 연문羨門의 위, 일월日月 사이에 배치된 주작은 날아오르는 한 마리 새의 모습이며,[19] 북측의 현무도는 거북과 뱀의 머리가 마주보고, 두 꼬리가

호분 내부를 촬영한 도합 10매의 사진 및 전체설명으로 구성되어 있다. 가루베의 이들 사진은 기왕에 그의 저서에 게재된 것이므로 새로운 자료는 아니다.

19) 주작의 좌우에는 일월과 함께 구름(雲文)을 표현한 것으로 가루베는 보고한 바 있다(『百濟美術』, p.123). 실측도에는 일월의 둘레에 달(해)무리를 연상시키는 둥근 흔적을 나타내고 있는데, 이를 운문이라 칭한 것으로 보인다. 일월은 星宿

6호분의 북벽 실측도
(『百濟美術』)

둥글게 원을 그리며 엉기어 있는 모습이다. 기본구도는 고구려의 강서대묘 벽화의 현무를 연상시키는데 다만 전체적으로 동그란 구형球形의 구도를 보여주고 있다.[20] 이러한 구도는 주작과 서로 대칭되는 것이기도 하다.

송산리 6호분의 사신도 벽화는 기본적으로는 벽돌무덤에 회가 섞인 점토를 바르고[21] 그 위에 호분胡粉으로[22] 그림을 그

---

와 짝을 이룰 수 있지만, 6호분의 경우 점토면의 조성상태로 보아 별은 표현하지 않은 것으로 보인다.

20) 고대 동아시아 벽화의 현무도를 분석한 아보시[綱干]는 송산리 6호분의 현무도를 〈제2유형 C식〉으로 분류하면서 다음과 같이 설명하고 있다. "송산리 6호분의 현무는 거북과 뱀의 머리가 거북 등에서 서로 만난다. 뱀의 몸체는 크게 弧線으로 그리고 거북 앞발 사이로 거북 등에 복수로 감아 뒷다리 사이를 거쳐 꼬리에 이르는데 이 사이의 잔존 상태가 좋지 않다."(綱干善敎, 「四神にみる玄武の表現－龜蛇合体圖像の比較研究」, 『壁畵古墳の硏究』, 學生社, 2006, p.135)

21) 벽면에 회를 바르고 그림을 그리는 灰面 기법은 인도 아잔타 석굴과 중국 돈황 벽화 등 널리 사용된 것이라 한다(윤열수, 이태호 논문에 대한 「토론문」, 『고구려연구』16, 2003, pp.309~310). 고구려 벽화 고분에서도 역시 벽화를 그리기 위한 화면 조성을 위하여 회면을 사용하고 있지만, 6호분의 경우는 그림을 그릴 공간에 한정하여 점토질의 흙을 바른다는 점에서 灰面과는 차이가 있다.

22) 가루베 지온 이후 송산리 6호분 벽화를 그리는데 사용한 안료는 '胡粉'으로 지칭되어 왔다. '호분'은 "조개껍질 등으로 만든 백색 안료"라고 하였으나(강인구, 「백제왕릉 피장자 추정」, 『삼국시대연구』2, 학연문화사, 2002, p.109), 과학적인 성분조사가 시행된 적은 없다. 인도 아잔타 석굴에서는 회벽에 그림을 그릴 때 아교에 계란 노른자를 섞어 사용하였고, 중국 돈황 벽화는 아교에 낙타털

린 것이다. 그런데 점토의 바
닥면 조성은 사신도 그림을 그
리는 데 필요한 부분에 한정하
였다. 벽돌무덤으로서의 특성
을 살리면서도 벽화 그림의 장
식이 가능하도록 양자를 혼합
한 것이라 할 수 있다. 이같은
사례는 중국 남조의 기법을 계
승하면서도, 송산리 6호분 나
름의 특징을 보여주는 예로 거
론되고 있다. 동시에 '웅비하
는 사신四神의 형태미'는 5~6
세기 고구려의 전기 사신도 보

10  6호분의 남벽 실측도
(『百濟美術』)

다는 후기의 것과 맥이 닿는 것이라는 평가이다.[23]

송산리 6호분의 사신도 벽화는 벽면의 일부만을 사용하여 그
린 것이지만 벽면 전체를 각각의 화면으로 전제하고 작업이 이루
어졌다. 4신을 구도의 중심에 각각 배치하면서 사신도 그림의 여
백을 흑백으로, 혹은 채색으로 처리하여 사신도의 배경을 회화적
으로 조성한 것이다. 이같은 점을 가루베는 다음과 같이 설명하고
있다.

---

과 갈대 부스러기를 사용하였다고 한다(윤열수, 이태호 논문에 대한 「토론문」,
『고구려연구』 16, 2003, pp.309~310). 송산리 6호분의 경우 역시 벽면의 조성
재료, 벽화의 顔料 등에 대한 과학적 조사가 시급하다.
23) 이태호, 「삼국시대 후기 고구려와 백제의 사신도벽화」, 『고구려연구』 16, 2003,
pp.291~292.

이와 같이 쌓아올린 벽면 전체를 밝게 보이게 하기 위하여 백회(白灰)처럼 보이는 하얀 도료로 전면(全面)을 칠하여 바르고, 벽돌을 세워 쌓은 부분은 4매씩을 격하여 다시 다른 4매의 전을 검게 칠하여 각 단의 세로 쌓기한 부분이 서로 엇갈리도록 하여 물들였다. 그리고 벽면 상부는 전체를 검게 칠하여, 횡으로 일렬로 북(太鼓) 동부(胴部) 모양의 하얀 부분을 몇 군데 남기고, 감(龕)인지 아니면 건축의 공포(栱包)인지를 나타낸 것처럼 보인다. 천정에는 세로로 2조의 선을 그어놓고 있다.[24]

연문이 있는 남측을 제외하면 동, 서, 북 3면의 사신도는 대략 네 줄의 세로쌓기 부분을 중심으로 배치되어 있다. 마치 오선지에 음계를 표시한 악보처럼, 사신도는 대략 이 세로쌓기 줄에 걸쳐 있는 것인데, 아래에서 세 번째 세로쌓기 부분에는 등감이, 그리고 네 번째 세로쌓기에는 가창假窓을 시설하였다. 창과 등감의 위 아래가 무령왕릉과는 바뀌어 있는 셈이다. 한편 6호분 내부의 이 세로줄 부분은 벽돌을 듬성듬성 검게 칠함으로써, 사신도의 그림이 돋보이도록 배려하였다. 대략 벽돌 4매씩을 격하여 도색한 이 부분은 부분적으로는 창窓을 연상시키지만, 창이라고 보기는 어렵다. 혹시 착안은 가창假窓에서 하였을지 모르나 전체적으로는 벽면 구성의 도안적 성격일 것이다.

가루베는 현실 내부 4벽면의 상부에도 '건축의 공포栱包' 같은 느낌을 주는 구도로 검은 칠을 하였다고 하였다. 이것은 지금까지 벽면에서 세로쌓기 한 줄을 부분적으로 칠한 것과는 달리, 이보다 1.5배 정도의 광폭廣幅으로 칠한 것인데, 부분 부분이 아닌

---

24) 輕部慈恩, 앞의 『百濟美術』, pp.122~123.

길게 연결하여 칠하였다는 점에서 차이가 있다. 따지자면, 이 광폭의 검은 도색은 남북 면에는 2줄이지만, 동서벽의 경우는 천정부로 연결되면서 도합 3+3, 6줄로 되어 있다. 동, 서벽 상부 6개의 광폭 흑색선은 말하자면 천정부에 해당하는 위치이다. 이것이 연결선으로 되어 있는 것은 벽면의 경우 세로쌓기이지만, 천정부에서는 가로쌓기여서 이같은 구조 차이에 의한 표현의 차이라 할 수 있을 것이다. 결과적으로 벽면에 드문드문 그어지던 검은 도색은 천정부에서는 도합 6개의 광폭 흑색 선으로 도색되어 있는 것이다.

사신도의 배치는 주로 벽면 4개의 굵은 줄을 중심으로 이루어졌다. 다만 주작은 연문羡門의 설치 때문에 4행의 줄 그 위 공중에 올려 그렸고, 이에 대칭하는 현무는 4개의 줄 가운데 아래 3행에 걸쳐 그림으로써 동, 서벽에 비하여 약간 낮추어 배치시켰다.

4개의 줄은 벽돌을 세로쌓기를 함으로써 가로쌓기와 구별되어 부각되고 있다. 4줄의 세로쌓기는 그 간격이 같은 간격으로 되어 있지 않다. 아래쪽에서부터 첫 번째 세로쌓기는 10회의 가로쌓기 후에, 두 번째 세로쌓기는 8회의 가로쌓기 후에, 세 번째 세로쌓기는 6회의 가로쌓기 후에, 그리고 네 번째 세로쌓기는 4회의 가로쌓기 후에 시설한 것이다. 즉 위로 올라가면서 20% 씩 높이를 체감遞減시켜 올라간 것이다. 이것은 위로 올라가면서 높이를 줄여가는 탑의 조형방식과 비슷하여, 시각적으로 자연스러운 안정감을 주고 있다. 다만 남, 북벽의 경우만은 네 번째 세로쌓기 후, 7회의 가로쌓기를 한 다음 세로쌓기를 하고, 다시 가로쌓기로 천정까지 올라갔다. 즉 남, 북벽은 위쪽에 세로쌓기가 한번 더 나타나는데, 바로 이 부분에서 앞에 언급한 '건축의 공포' 같은 흑색의 도색이 이루어진 것이다. 남, 북벽의 최후의 세로쌓기는 상층부의 검은 도색 작업의 기준선이 되고 있는데, 이것은 6호분의 건축과 회화적 배경 조성이 전체 구도를 고려한 것이었다는 생각을 더하고 있다.

6호분의 벽돌쌓기의 구도는 무령왕릉과는 차이가 있다. 무령왕릉은 세로와 가로쌓기를 대체로 동일한 간격으로 하였기 때문이다. 즉 정확히 4회의 가로쌓기마다 1회의 세로쌓기, 이른바 '4평1수四平一垂'를 반복하며 올라간 것이 무령왕릉이다.[25] 이는 6호분 벽면의 체감 상승과는 확실히 구별되고 있다. 가로쌓기, 세로쌓기는 기본적으로는 공학적 측면이 중요한 것이지만 6호분에 있어서는 특별히 시각적 안정감을 깊이 고려한 결과로서 채택된 전축 방식이라는 생각이다. 6호분은 벽면에 그림을 그리는 벽화분이라는 점에서 시각적 구도가 중요하게 제기되기 때문이다.

# 4. 송산리 6호분 벽화의 특징과 기원

벽화의 측면에서 송산리 6호분의 벽화는 몇 가지 주목되는 특징적 내용을 포함하고 있다. 첫째는 이 사신도 벽화가 기본적으로 흑백 구도의 그림이라는 점이다. 현실내 등감, 가창假窓의 부분에서 적색이나 녹청 등의 채색 안료를 사용하고 있지만, 화려한 채

---

25) 무령왕릉도 천정부의 彎曲部에서는 가로 쌓기를 3회로 줄이고 세로 쌓는 벽돌의 길이도 축소하여 일정한 체감을 실현하고 있다. 그러나 이것은 천정부의 구성을 위한 공학적 필요에 기인한 것으로 벽면 구성과는 다른 문제이다.

색의 다른 고분 벽화에 비할 때 6호분은 '호분胡粉'이라는 백색 안료만을 사용하여 그렸다는 점이 특징이다. 호분은 예로부터 사용하여온 대표적인 '체질안료體質顔料'로서, 원래는 연분鉛粉(염기성 탄산납, 2PbCO₃·Pb(OH)₂)을 지칭하는 것이었다고 한다.[26] 벽화의 바탕 배경이 되는 전축이 검은 색인데다 벽면과 천정 등 전축의 일부에 검은 색을 칠하여 기본적으로 흑백 구도의 그림을 연출한 것인데, 이것은 후대 고분 벽화나 고구려 벽화의 흐름과도 구별되는 사항이다.

6호분 벽화의 특징 두 번째는 회화적 기법을 사용하여 현실 내를 목조 건축의 내부와 같은 느낌을 주도록 구상한 점이다. 위에서 언급한 현실玄室 상부 구조의 도안과 관련하여 가루베는 이것을 "감龕인지 아니면 건축의 공포인지를 나타낸 것처럼 보인다"고 하였다. '감'이라 한 것은 아마 벽면에 7개가 조성된 불감佛龕(실제로는 등감)을 의식한 결과라고 생각된다. 그러나 감龕은 무엇을 안치하기 위한 시설이기 때문에, 그 공간 안에 안치물이 표현되어 있지 않은 점에서 이를 감龕에 연결시킬 필요는 없는 것 같다. 따라서 건축의 공포를 표현하였을 가능성이 많은 것으로 생각되는데,

---

26) '체질안료'란 다른 안료에 배합하여 사용할 수 있는 무채색의 안료를 말한다. 호분은 단청의 바탕칠이나 벽체의 미장재 등으로 지금도 사용되고 있으나, 일본이나 한국에서는 현재 鉛粉보다는 貝殼을 주원료로 한 백색 안료를 지칭하는 명칭이라고 한다. 패각을 재료로 하는 호분은 사용 목적과 용도에 따라 패각을 가열하여 분쇄하는 경우와 오랫동안의 풍화를 거쳐 분쇄하여 수비하는 경우로 나뉘는데 바탕재로 사용할 경우는 전자의 방식, 다른 물질과 배합하여 사용하는 경우는 후자가 적합하다고 한다. 그러나 국내에서 문화재에 사용된 호분의 성격에 대해서는 아직 분석 사례가 없는 것으로 보인다. 이에 대해서는 김호정 외, 『전통 호분 제조 방법에 관한 연구—문헌사적 연구를 중심으로—』, 『문화재 과학기술』 6-1, 공주대 문화재보존과학연구소, 2007, pp.57~64 참조.

11 발굴 초기 동벽의 청룡도 현상
(가루베 지온)

12 발굴 초기 서벽의 백호도 현상
(가루베 지온)

결국 고구려 고분의 그림에서 보이는 건축물의 창방, 평방과 공포
의 표현이라 할 수 있다. 필자로서는 이것이 창방, 평방, 공포 등
건축의 상부 구조를 도안화 한 것으로 생각된다. 무덤 자체가 하
나의 건축물이며 이 때문에 각저총이나 무용총 등의 고구려 벽화
고분, 혹은 중국 고대 고분에서 종종 목조 건축의 구조를 벽화에
서 표현하고 있다는 것이 그 암시가 된다.[27]

---

27) 남조의 예는 아니지만 2003년 낙양에서 발견된 尹屯村의 新(AD 9~23)代 벽화
전축묘는 벽돌의 전벽에 백회를 바르고 벽화를 그린 것으로 묘실 내 전체에 걸
처 목조 가구의 모습을 강조함으로써 묘실 내부가 건물의 내부임을 표시하고

셋째로, 6호분의 현실 내부는 전체적으로 흑백의 구도로 되어 있지만 벽면의 일부, 등감과 가창假窓에서 붉은색과 녹청색의 채색이 확인 된다는 점이 유의된다. 이점에 대하여 가루베는 다음과 같이 설명하고 있다.

불감(佛龕, 등감을 말함 : 필자)은 동, 서 양벽에 각 3개, 중앙벽에 1개, 계 7개가 있고, 배[舟] 모양을 한 특별한 전을 끼워 넣고 있다. 이 배 모양 주위를 붉은색[丹]과 녹청의 2색으로 윤곽을 두르고 다시 녹청으로 화염을 묘사하고 있다.[28]

무령왕릉의 경우 역시 등감 주변에 붉은 색으로 화염을 묘사하고 있거니와, 6호분에서도 동일한 채색이 있었던 것이다.[29] 다만 6호분에서는 붉은 색 이외에 녹청색이 사용되었다는 점이 차이가 있다. 사진상으로 보면 지금도 등감 주위에는 붉은 채색의 흔적이 확인된다. 녹청색은 등감 위에 있는 가창의 벽돌에 칠하여 다른 벽돌과 구별하였다. 흑백의 구도 속에 녹청색과 등감 주변의 붉은색은 현실玄室의 내부 분위기를 엄숙하고 유현幽玄한 느낌을 고조 시켰을 것으로 생각된다.[30]

---

있다. 「洛陽 尹屯 新莽 壁畵墓」, 『2003 中國重要考古發現』, 文物出版社, 2003, pp.99~103.

28) 輕部慈恩, 앞의 『百濟美術』, p.124.

29) 지금은 등감의 화염문 흔적이 분명하지 않으나, 가루베의 사진에는 화염문이 선명하게 나타나 있다. 다만 흑백사진인 관계로 채색의 상태는 확인하기 어렵다. 輕部慈恩, 『百濟遺蹟の硏究』, 吉川弘文館, 1971, 도판 29의 사진 참조.

30) 6호분에서 사용된 안료의 성분에 대해서는 아직 조사된 자료가 없다. 석수, 왕비의 두침과 족좌, 왕의 금제 이식 등 무령왕릉 출토 유물에 착색된 안료에 대해서는, 적색 및 분홍색 안료는 진사/주, 흰색 안료로 고령토 및 연백, 흑색은

네 번째로, 이들 사신도의 네 그림을 전체적으로 조화되도록 배치하였다는 점을 주목하고자 한다. 사신도의 중심 그림은 특히 청룡과 백호인데 이들 그림은 장변長邊의 벽면을 고려하여 길게 늘였고, 폭이 좁은 남, 북면에 배치한 주작과 현무는 그에 상응하여 둥글고 뭉툭하게 구성한 것이 그 예이다. 4줄이 조성된 벽면의 세로쌓기 부분 중 제1열에서 제4열에 해당하는 부분에 서로 대응하여 배치하였다. 이에 대하여 주작은 하늘에, 그리고 현무는 지하에 배치한 듯 구도의 차이를 보이고 있다. 주작은 연문羨門의 시설때문에 불가피하게 위쪽으로 배치하였지만, 이것을 공중으로 날아오르는 모습으로 묘사하고, 반면 북의 현무는 중앙에서 아래쪽에 배치함으로써 남북이 하늘과 땅, 상하로 서로 대응되도록 한 것이다. 주작의 좌우에는 이른바 일월을 배치하여 하늘을 묘사하였고, 현무의 위쪽 상부에도 달을 연상시키는 둥근 원의 흔적이 지금도 남아 있다.

주지하는 바와 같이 6호분에는 관대棺臺가 하나만 설치되어 있는데 그 위치는 동측에 치우쳐 있고, 서측이 비워진 상태이다. 무령왕릉에서 왕의 위치가 동측이었던 점은, 이 전축분의 피장자가 남성이었음을 암시하는 것으로 해석된다. 6호분이 성왕의 능일 가능성은 부여 능사에서 창왕명 사리감이 발견됨으로써 부정되는 상태에 있고,[31] 피장자가 무령왕의 전 왕인 동성왕이라는 견

---

먹, 갈색은 황토가 사용된 것으로 확인 또는 추정된 바 있다. 유혜선, 「채색 및 감장 안표 분석」, 『무령왕릉—출토유물 분석 보고서(1)』, 국립공주박물관, 2005, pp.8~27.

31) 6호분을 성왕릉으로 보는 주장은 근년 거의 약화된 상태에 있다. 그러나 중국 남조 자료를 이용하여 무령왕릉과 6호분에 대하여 논문을 발표한 왕지고의 경

해도 적합하지 않은 듯하다. 이 때문에 6호분의 피장자 논의는 변전을 거듭하여 무령왕의 전처(제1왕비),[32] 동성왕의 전비前妃의 릉,[33] 혹은 요절한 무령왕의 아들(淳陀太子, ?~513) 등 추리와 가설만 이어지고 있다. 무령왕릉에 버금하는 이 전축분의 주인공이 과연 누구였는지는, 정말 궁금한 수수께끼가 아닐 수 없다.[34]

다음으로 송산리 6호분 사신도의 기원에 대한 문제를 간략히 언급하고자 한다. 고대 한국의 사신도 벽화라면 우선 고구려 고분 벽화의 사신도가 떠오른다. 그리고 이 때문에 6호분 벽화의 기원 역시 고구려의 영향이라는 인식이 깊게 자리해왔다.[35] 그러나 그

---

우는 송산리 6호분이 무령왕릉과 동일 등급의 '황제릉1급B형고분'이라는 점, 송산리 6호분이 더 늦게 조성된 것으로 보고, 6호분의 피장자를 여전히 성왕으로 추정하였다. 王志高, 「공주 송산리 6호분의 몇가지 문제 검토」, 『백제문화 해외조사보고서 Ⅵ-중국 남경지역』, 2008, pp.142~143 참조.

32) 이남석, 「공주 송산리고분군과 백제왕릉」, 『백제연구』 27, 1997, p.160.

33) 강인구, 「백제왕릉 피장자 추정」, 『삼국시대연구』 2, 학연문화사, 2002, pp.107 ~112. 단, 동성왕의 前妃라는 이 주장은 동일 필자에 의하여 동성왕릉으로 수정되었다. 강인구, 「무령왕릉의 묘제와 장제」, 『웅진도읍기의 백제』(백제문화사대계 4), 충청남도 역사문화연구원, 2007, p.347의 주25 참고.

34) 권오영 교수는 6호분의 주인공과 관련하여, 순타태자와 같이 요절한 무령왕의 아들이 그나마 가능성이 있다고 정리하였다(권오영, 『고대 동아시아의 문명교류사의 빛, 무령왕릉』, 돌베게, 2005, pp.118~119). 이는 6호분의 주인공에 대한 추적이 현재로서 지난한 문제임을 암시하는 것이기도 하다.

35) 송산리 6호분에 대하여, "전축분은 중국 남조의 영향을 받은 것이지만 벽화를 그린 것은 고구려의 영향"일 것(김원룡·안휘준, 『신판 한국미술사』, 서울대출판부, 1993, p.80)이라거나, "이 사신도는 아무래도 고구려 벽화와 직결되는 전통(김원룡, 『한국벽화고분』, 일지사, 1980, p.133)"이라 했던 것이 그 예이다. 근년에 간행된 책에서도 이러한 경향이 반복되고 있다. 충청남도역사문화연구원, 『백제의 미술』, 백제문화사대계 14, 개요, 2007, p.20에서 "공주 송산리 6호분이나 부여 능산리 고분에 그려진 사신도, 연화문, 비운문 등에서는 고구려 고분 벽화의 영향을 확인할 수 있다"라고 한 것도 그 예이다. 그러나 최근 안휘준 교수도 6호분의 벽화가 고구려의 영향일 가능성을 언급하면서도 "그렇게 단정

렇게 보기 어려운 것은 6호분의 것이 고구려 사신도에 대하여 대
체적으로 시기적으로 앞서고 있다는 점과 웅진시대 고구려와의
관계가 적대적인 상황이었던 점에서이다.[36] 다른 한편 고구려 벽
화의 화려한 채색에 비하여 흑백을 주로 하고, 점토벽면을 구성하
는 등, 제작 방식은 고구려의 것과 계통을 달리하는 것이다. 묘제
혹은 문화적 환경의 측면에서 생각하면, 남조의 기술적 영향에 의
하여 고분이 조성되었다는 점에서 사신도 벽화 역시 남조 벽화의
영향이라는 관점에서 파악하는 것이 일단은 자연스럽다고 할 수
있다.[37]

　　6호분 벽화의 기원에 대하여 권오영 교수는 그것이 남조에서
비롯된 것이며 벽에 백토를 바르고 직접 그림을 그리는 벽화는 남
조 귀족무덤에서 볼 수 있는 한 유형이라 정리한 바 있다.[38] 6호분
의 벽화가 고구려가 아닌 남조계통의 영향이라는 점은 이미 강인
구 교수가 강조한 것이기도 하다.[39] 6호분은 전축의 구조물만이
아니라 벽화까지 남조 양의 영향에 의한 것이라는 결론이다. 그렇
다면 6호분 벽화의 이해를 위해서는 남조묘 벽화에 대한 검토가
필수적이라 하지 않을 수 없다. 남조의 화상전묘는 처음 전 하나

짓는데 다소 주저되는 바가 있다"고 하여 기원에 대한 문제에서는 결론을 보류
하고 있다. 안휘준, 「백제의 회화」, 『백제의 미술』, 충청남도역사문화연구원,
2007, pp.416~417 참조.
36) 강인구, 「백제왕릉 피장자 추정」, 『삼국시대연구』 2, 학연문화사, 2002, pp.109
~110.
37) 강인구, 위의 「백제왕릉 피장자 추정」, 2005, p.110 ; 권오영, 『고대 동아시아 문
명교류사의 빛, 무령왕릉』, 돌베게, pp.120~121 참조.
38) 권오영, 위의 『고대 동아시아 문명교류사의 빛, 무령왕릉』, pp.120~121.
39) 강인구, 앞의 「백제왕릉 피장자 추정」, pp.109~110.

마다 각각의 제재를 표현하였으나, 사신에 대한 의식이 심화됨에 따라 사신도를 가득 벽면에 펼치는 구도가 등장하게 된다.[40] 그러나 이들 화상전묘는 벽돌에 그림을 나누어 표현하여 건축과정에서 이를 조합함으로써 전체 구도를 완성하는 형태로서, 6호분 벽화와는 큰 차이가 있다.[41] 벽전 위에 점토를 발라 화면을 조성한 다음 그림을 그린 6호분에서와 같은 방식이 남조에서 흔한 양식은 아니나 단양현丹陽縣 호교胡橋와 건산建山 삼묘벽화三墓壁畵에서 확인되는 양식이라고 한다. 이 벽화는 청록색을 바탕에 칠하고 홍·백·남 등 3색을 사용하여 사신도, 혹은 용을 그렸다는 것이다.[42]

6호분 벽화의 기원과 관련하여 왕지고王志高의 논문은 남조 묘제와의 관련을 가장 풍부한 자료에 의하여 설명하였다. 그는 6호분 벽화를 남조에서의 한 유형인 '채화彩畵 벽화'로 분류하고,[43] 6호분 사신도 벽화가 남조 묘제에 기원하고 있음을 논의하였다.

---

40) 차이는 있지만 가령 남경의 丹陽 建山 金家村墓의 청룡, 백호의 화상이 그 예이다. 백호상의 경우 6호분의 백호 그림을 상정하는데 일정부분 참고 되는 점이 있는 것으로 보인다. 鄭岩, 『魏晋南北朝 壁畵墓 硏究』, 北京, 文物出版社, 2002, pp.64~68.
41) 중국에 있어서 사신도에 대한 일반적 논의는 전호태, 「한―당 사신도」, 『중국 화상석과 고분벽화 연구』, 솔, 2007, pp.249~270 참조.
42) 羅宗眞, 『六朝考古』, 南京大學出版社, 1996, p.140 ; 강인구, 「백제왕릉 피장자 추정」, 『삼국시대연구』 2, 학연문화사, 2002, p.110.
43) 王志高는 남조 채색 벽화의 사례로서는 남경 西善橋 陳義陽郡公 黃法氍墓, 丹陽縣 胡橋 소재 吳家村과 仙塘灣 남조묘의 예를 들었다. 이들은, "석회층 위에 겹겹이 홍, 황, 녹색 등으로 색을 칠해 벽화를 그렸다" "청록색 바탕에 홍, 백, 청색으로 사신 혹은 용봉을 그렸다"고 하였는데(王志高, 「공주 송산리 6호분의 몇가지 문제 검토」, 『백제문화 해외조사보고서 Ⅵ―중국 남경지역』, 2008, pp.138~141), 이러한 설명에 의한다면 남조묘는 6호분과는 題材와 색상 등에 차이가 있는 것이 사실이다.

거론한 남조 '채화 벽화'의 사례들이 실제로는 훼손이 심각한 상태여서 그 전모를 파악하기는 어렵고, 또 벽화의 내용이나 성격이 6호분과 일치하지 않은 것은 사실이다. 그러나 벽화를 전축묘의 기원과 함께 생각할 때 6호분 벽화의 기원이 남조 묘제에 있다는 것은 개연성이 가장 크다고 하지않을 수 없다.

이상, 송산리 벽화는 남조 문화에의 연결 가능성이 높아지지만 그러나 같은 남조의 영향에도 불구하고 무령왕릉 유물에서 나타난 백제적 요소를 감안한다면, 송산리 6호분 역시 남조 계통 기원에도 불구하고 백제적 특징이 포함되어 있다고 보아야 할 것이다. 이러한 점에서 6호분 벽화와 관련한 백제적 창의성에 대한 언급에 대해서도 관심이 기울여진다.[44)]

백제에 있어서 사신도 벽화의 다른 예로서는 사비시대에 조성된 능산리 고분군 동하총東下塚의 사신도를 들 수 있다. 이 벽화는 4면과 천정을 모두 잘 연마한 대석 1매씩으로 구성하고, 4면에 사신도를, 그리고 천정에는 연화문과 비운문飛雲文을 배치하였다. 그러나 이 사신도 벽화는 발견 당시 이미 박락과 퇴색이 심하여 거의 흔적만을 남기고 있을 뿐이었다. 백호의 두부頭部가 조금 남아 있는데, 복원도에 의하면[45)] 비운문과 함께 역동적인 백호의 모습을 짐작할 수 있다. 특히 머리에서 등을 거쳐 꼬리로 유장하게 연결되는 백호의 선은 송산리 6호분 백호도의 그것과 매우 흡사한 분위기가 감지된다. 이 백호도에 대한 최근의 검토는 그 기법과

---

44) 이태호, 「삼국시대 후기 고구려와 백제의 사신도벽화」, 『고구려연구』 16, 2003, pp.288~291.
45) 『국립부여박물관』(전시도록), 1997, p.46의 백호도 참조.

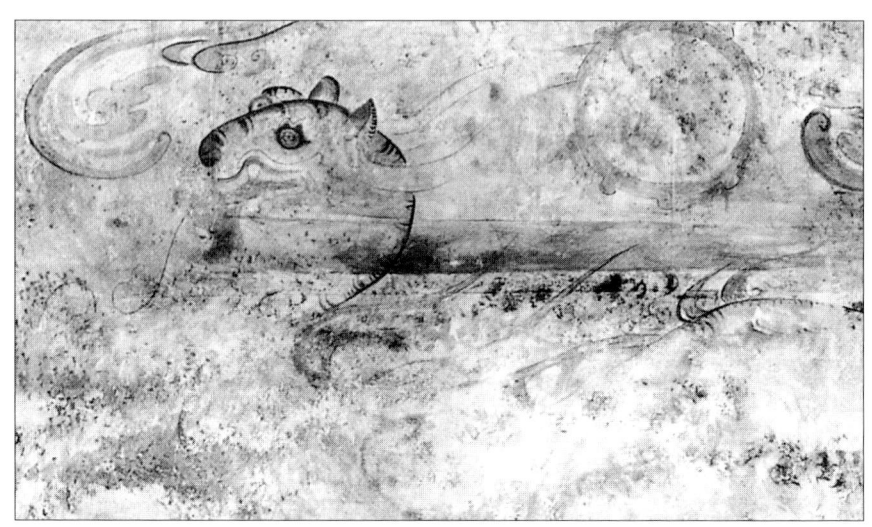

14 부여 능산리 동하총의 백호도 복원그림
(국립부여박물관)

표현에 있어서 고구려적 요소가 많다는 점이 지적되고 있다.[46] 그
러나 사신도 대부분이 이미 거의 인식이 불가능하다는 점은 애석
한 일이 아닐 수 없다.

　　한편 무령왕릉에도 백제 사신도의 전통이 반영되어 장막에
사신四神을 그려 내부의 4벽에 설치하였을 것이라는 추정이 있
다.[47] 현재 왕릉의 벽체에 남은 15개의 철정鐵釘의 존재로 보아 무

---

46) 안휘준, 「백제의 회화」, 『백제의 미술』, 백제문화사대계 14, 충청남도역사문화
　　연구원, 2007, pp.418~425.
47) "무령왕릉에는 송산리 6호분의 경우와는 달리 벽화가 그려져 있지 않다. 아마
　　도 벽돌로 된 울퉁불퉁한 벽면에 흙과 석회를 바르고 벽화를 그리는 것이 그다
　　지 좋은 방법이 아님을 송산리 6호분에서 경험하고 난 후여서 방법을 달리하여

령왕릉의 벽체에 장막을 쳐서 내부를 장식하였다는 점은 인정되지만,[48] 정말 사신도의 그림을 장막에 그렸을 것인지는 아직 확신하기 어렵다. 사신도의 배치가 사상적 연원에서 도교적 범주에서 파악된다고 볼 때, 6호분의 벽체가 오수전으로 장식된 것은 서로 부합하는 바가 있다. 이에 비하여 무령왕릉은 현실 안을 연꽃으로 도배하다시피 장식하면서 불교적 성격이 특히 강조되어 있다. 능산리 고분의 예에서와 같이 사신도와 연꽃이 동일 공간에서 공존할 수는 있는 것이지만, 왕릉 안에서의 사신도의 재배치는 왕릉을 표현하고 장식하는 중심 소재간의 충돌이라는 점에서 자연스럽지 않다는 느낌이 들기 때문이다.

고구려 벽화분의 사신도는 6호분의 것과 차이가 많지만 그러나 사신도라는 공통점에 입각하여 이들 자료를 검토하는 것은 6호분 사신도의 원형 추구와 복원에 매우 필요한 기초 작업이라고 할 수 있다. 고구려 고분 중 사신도가 남겨진 무덤은 현재 도합 34기에 이르며, 같은 사신도라 하더라도 무덤에 따라 차이가 적지 않

---

벽화 대신 장막에 사신을 그려서 무덤 내부의 네 벽에 쳤던 때문이 아닐까 추측된다(안휘준, 위의 글, p.417)"고 하였다. 벽화의 측면에서 왕릉과 6호분 편년의 선후를 유추한 것이라는 점이 주목된다.

48) 겉으로 2~6cm가 튀어나와 있는 15개의 철정중 여러 개가 假窓의 창살 사이 등 건축상 큰 힘을 받을 수 없는 위치에 박혀 있다. 이것은 왕릉 벽체의 철정이 벽체 건축상의 필요에 의하여 시설된 것임을 말해주고 따라서 내부의 장엄을 위한 장식물 부착이 목적이었음을 추측할 수 있다. 이러한 점에 주목하여, 일찍이 필자는 다음과 같은 언급을 한 바 있다. "이들 철정의 부착 위치는 불규칙 하기는 하지만 대체로 현실의 4벽, 벽면 중간에서 약간 아래 쪽으로 위치되어 있고 이같은 높이는 6호분의 경우 사신도 벽화의 위치와도 상통되는 바가 있다. 이 점에서 생각한다면 이들 철정은 벽화가 없는 무령왕릉의 현실 벽면의 부분적 치장을 위한 기초 시설이 아니었을까 추측한다(윤용혁, 「철제품」, 『백제 무령왕릉』, 공주대 백제문화연구소, 1991, pp.322~323 참고)."

다. 전호태 교수에 의하면 34기의 고분은 집안 지역에 8기, 평양지역에 26기가 분포하며, 대략 6세기를 경계로 전기, 후기로 구분하여 분석되고 있다.[49] 동일한 4신의 묘사라는 점에서 이들 고구려 그림의 세밀한 비교 분석은 6호분 벽화의 원형 이해에 매우 유익한 정보를 제공해 줄 것이다. 따라서 앞으로 고구려의 사신 벽화는 백제 사신도와의 비교의 관점에서 좀더 정밀한 검토가 요구 된다고 할 수 있다.[50]

---

49) 고구려의 사신도 벽화고분의 사례는 다음과 같다(전호태, 「사신도 고분벽화의 사례」, 『고구려 고분벽화의 연구』, 사계절, 2000, p.235).

| 계열 | 시기 | 구조 | 벽화고분 명 |
|---|---|---|---|
| 집안 | 전기 | 여러방무덤 | 무용총, 산성하983호분, 장천1호분 |
| | | 외방무덤 | 삼실총(이형외방무덤), 환문총 |
| | 후기 | 외방무덤 | 통구사신총, 오회분5호묘, 오회분4호묘 |
| 평양 | 전기 | 여러방무덤 | 요동성총, 약수리벽화분, 고산리9호분, 팔청리벽화분, 감신총, 대안리1호분, 쌍영총 |
| | | 외방무덤 | 우산리3호분, 노산동1호분, 안학동9호분, 장산동1호분, 성총, 운룡리벽화분, 수렵총, 고산리1호분, 우산리1호분, 보산리벽화분, 덕화리1호분, 덕화리2호분 |
| | 후기 | 외방무덤 | 호남리사신총, 개마총, 진파리4호분, 진파리1호분, 내리1호분, 강서대묘, 강서중묘 |

50) 6호분의 사신도와 관련하여 무령왕릉 출토유물에 사용된 용, 봉황 등의 디자인은 백제 사신도의 원형을 유추하는 데 도움을 주는 자료이다. 동탁은잔(왕비)의 잔 외면에는 3마리의 용이 감돌고 있으며, 왕의 환도대도의 고리에는 청룡의 머리를 연상시키는 용두가 투각되어 있다. 왕비 은팔찌에도 2마리 용이 있고, 두 꺼비가 투각된 금은제 腰佩에 역시 2마리 용이 선각되어 있다. 또 동탁은잔의 뚜껑에는 산 사이 골짜기에 주작을 연상시키는 새가 날고 있으며, 환두대도(왕)의 손잡이 부분에 역시 주작을 연상시키는 봉황이 6각 구획 안에 부조되어 있다. 또 왕비의 두침 龜甲 안에 주작 모양의 새 그림이 포함되어 있는데, 이들 자료는 사신도의 청룡과 백호, 주작도 등의 원형을 유추하는 데 유효한 자료라고 생각된다.

# 5. 송산리 6호분 벽화의 조성 시기

　　지금까지 전개한 송산리 6호분의 벽화에 대한 검토와 관련하여 마지막으로 무령왕릉과의 축조 선후에 대하여 간략히 언급함으로써 벽화의 조성 시기 문제에 대하여 논의하고자 한다.

　　송산리 6호분 벽화의 조성 시기는 물론 웅진시대, 무령왕릉과 비슷한 6세기 전반이 되겠지만, 6호분과 무령왕릉과의 선후관계에 대해서는 아직 해결을 보지 못하고 있다. 6호분과 무령왕릉의 축조 선후관계에 대해서는 윤무병, 강인구, 사이토[齊藤 忠], 이남석 등은 6호분이 무령왕릉에 선행하는 것으로 본 반면,[51] 안승주, 정재훈, 다나카[田中俊明] 등은 반대로 6호분이 무령왕릉 축조 이후인 것으로 추정하였다. 안승주 교수는 6호분의 적전법積塼法이 기술적으로 무령왕릉보다 진보한 것이라는 점,[52] 정재훈은 안승주의 기술적 관점에서의 견해에 동의하면서 아울러 사신도 벽화의 존재 및 무덤의 위치 관계로 보아 6호분이 무령왕릉보다 뒤에 만들어진 것으로 추측하였다.[53] 6호분 벽화의 남조 기원을 극력 주장하였던 왕지고王志高는 능묘의 배치, 묘실내 관대棺臺의 성격, 가창假窓 및 등감燈龕의 조합 형식 등에 근거하여 6호분이 왕릉보다 늦은 시기의 것이라고 단정하였다.[54] 무령왕릉의 경우 가창과 등감

---

51) 윤무병, 「무령왕릉 및 송산리 6호분의 건축구조에 대한 고찰」, 『백제연구』 5, 충남대 백제연구소, 1974, pp.172~177 ; 강인구, 「백제왕릉 피장자 추정」, 『삼국시대 연구』 2, 학연문화사, 2002, pp.107~109 ; 齊藤 忠, 「百濟武寧王陵を中心とする古墳群の編年的序列とその被葬者に關する一試考」, 『朝鮮學報』 81, 1976.
52) 안승주, 「백제 고분의 연구」, 『백제문화』 7・8합집, 1975, pp.146~147.
53) 정재훈, 「공주 송산리 6호분에 대하여」, 『문화재』 20, 1987, pp.64~66.

의 배치가 남조 중후기의 조합組合 방식을 따른 것인 반면, 6호분은 그 배치가 도치된 것으로서 시기적 차이가 반영되어 있다는 것이다.[55] 한편 왕릉의 남벽 외부에 섞인 오수전문 전, 6호분의 입구 폐쇄부에 섞인 연화문 전에 주목하여 양자의 조영 시점이 그 선후 문제와는 별도로 매우 근사한 시점일 것이라고 추측한 이남석의 견해도 유의된다.[56]

필자는 두 전축고분이 기본적으로는 매우 가까운 시기에 축조되었을 것이라는 견해에 동의하면서도 그 선후에 있어서는 무령왕릉이 먼저이고, 6호분이 그에 뒤이어 지어진 것으로 생각하고 싶다. 그 이유는 앞서 안승주, 정재훈의 기술적 관점에서의 주장에 동의하기 때문이기도 하지만,[57] 사신도 벽화의 존재 역시 이같은 점을 뒷받침하고 있다고 생각되기 때문이다.

6호분은 사신도 벽화의 조성을 위하여 무령왕릉의 구조에 비하여 보다 복잡한 시공과정을 요구하는 것이었다. 전벽의 구축은 무령왕릉과 유사하다 하더라도 벽화를 위하여 전벽 위에 호분을 발라 화면을 조성하고, 아울러 벽화가 그려지는 것을 고려한 벽전

---

54) 王志高, 「공주 송산리 6호분의 몇가지 문제 검토」, 『백제문화 해외조사보고서 Ⅵ―중국 남경지역』, 2008, pp.142~145 참조.

55) 위 논문, pp.145~146.

56) 이남석, 「백제 전축분과 무령왕릉」, 『웅진시대의 백제고고학』, 서경문화사, 2002, pp.213~214.

57) 윤무병은 전축의 기술적 관점에서 6호분을 무령왕릉보다 오히려 미숙한 단계의 것으로 파악 하였다. 특히 무령왕릉에서 다양한 형태의 벽돌을 이용하여 아치형으로 입구부를 축조한 점을 기술적으로 퍽 수준 높은 것으로 평가하고, 무령왕릉이 기술적으로 보다 진보한 것으로 판단하였다. 윤무병, 앞의 「무령왕릉 및 송산리 6호분의 건축구조에 대한 고찰」, pp.172~176 참조.

의 배치 등 무령왕릉보다 복잡한 구조를 가지고 있다. 앞에서 언급한 바와 같이 무령왕릉은 세로와 가로쌓기를 대체로 동일한 간격으로 구성하였는데, 이는 6호분에서의 벽면의 체감 상승과는 확실히 구별되고 있다. 가로쌓기, 세로쌓기는 기본적으로는 공학적 측면이 중요한 것이지만 6호분에 있어서는 벽화분이라는 점이 특별히 고려되어, 완공시 시각적 안정감을 확보할 수 있도록 한 전축 방식이라는 생각이다. 결과적으로 무령왕릉보다 복잡한 전축博築의 시공이 요구되는 것이고, 동시에 전축博築 이후 벽화의 조성이라는 또 하나의 공정工程을 고려해야 한다는 점에서 시공상의 복잡성을 가지고 있다. 이점에서 6호분이 무령왕릉 이후의 보다 진보한 벽전 구축의 기술을 토대로 이루어진 것이라고 필자는 판단하며,[58] 다른 한편 6호분의 사신도가 그후 부여에서 능산리의 사신도 벽화로 계승된다는 점도 이에 부합하고 있다는 생각이다.[59] 그러나 그 피장자의 신원에 대해서는 여전히 가늠하기 쉽지 않다.

---

58) 6호분의 폐쇄부 전에서 확인된 '梁官瓦爲師矣' 명문은 6호분이 마치 양의 기술적 도움으로 조성된 첫 사업이라는 인상을 주고 있다. 그러나 이 명문전은 무령왕릉의 현실 혹은 연도의 천정부에 사용된 평면 사다리꼴 연화문전의 長邊에 글자를 새긴 것이어서 6호분의 전이라기보다는 무령왕릉 축조용의 전에 해당한다. 한편 6호분을 동성왕릉으로 생각할 경우(강인구, 「무령왕릉의 묘제와 장제」, 『웅진도읍기의 백제』, 충청남도 역사문화연구원, 2007, p.347) 그 조성 시기는 501~503년이 된다고 보아야 하는데, 503년은 양의 성립 2년이 되는 해여서, 시간적으로 실제 동성왕릉의 조성에 양의 직접적 협력이 가능하였을지 의문이다.
59) 정재훈, 앞의 「공주 송산리 6호분에 대하여」, pp.64~65.

# 6. 맺는말

본고는 6세기 초, 백제 웅진시대에 제작된 공주 송산리 6호분 벽화의 역사적, 미술사적 중요성을 강조하려는 목적에서 집필 되었다. 송산리 6호분의 벽화는 삼국시대 거의 유례가 없는 귀중한 백제의 회화사 자료인데도, 그동안 미술사적으로 소홀히 취급되어 왔고 그 기본적 내용이 충실히 정리되어 있지 않기 때문이다. 6호분의 그림이 발견 당시 이미 상당한 훼손이 있었고 지금은 거의 흔적만을 남긴 상태라는 점에 한계가 있기는 하지만, 본고를 통하여 사신도 벽화의 원상을 최대한 확인하려 하였고, 아울러 벽면상에서의 사신도 그림의 구도에 대해서도 관심을 가지고 검토하였다. 이점에서 본고는 기왕의 고고학적 관점에서 소홀히 되었던 부분, 벽화를 중심으로 관련 자료를 재검토하였다는 점에 의미가 있다고 생각한다.

본고를 통하여 백제 회화로서 6호분 사신도의 잔존 상태를 최대한 확인하면서 벽화의 특징적인 점을 다음과 같이 정리하였다.

첫째, 6호분 벽화는 전벽에 '호분胡粉'이라는 백색의 안료를 주로 사용한 흑백 구도의 그림이라는 점에서 고구려, 혹은 후대의 벽화와 다른 차별성을 갖는다.

둘째, 6호분 벽화는 사신도가 중심 그림이지만, 이 백색 안료의 사신도를 부각하기 위하여 전벽의 일부분을 검은 색으로 칠하여 배경을 조성하였는데 이것은 목조 가구의 실내적 분위기를 연출한 것으로 보인다.

셋째, 백색 안료 이외에 적색, 녹청 등의 안료가 전벽 일부에 사용되었고, 사신도의 구도는 현실 내부의 조건에 상응하여 균형 있게 배치되었다.

넷째, 6호분은 벽화분으로서의 성격을 고려하여 무령왕릉과는 다른 적전積塼의 방식을 채택하였던 것으로 보인다. 무령왕릉과 달리 6호분은 위로 올라가면서 20%씩 가로쌓기 높이를 체감遞減시켜 올라갔는데, 이는 시각적으로 벽화분의 성격에 부응하는 구도라고 생각되기 때문이다.

다섯째, 6호분 벽화는 고구려 고분 벽화와는 성격이나 기원이 다르며, 계통상 남조의 것과 연결되는 것으로 보이지만, 남조의 일반적 양식에 속하는 것도 아니어서 백제적 요소가 포함되었을 가능성이 많다고 보았다.

여섯째, 벽화분으로서의 6호분의 특성에 근거하여 6호분 조성 시기를 무령왕릉보다 늦은 시기로 추정하였다.

본고에서는 기왕의 자료를 검토하면서 6호분과 관련한 시급한 과제를 확인하였다. 그것은 과학적 방법에 의한 6호분 벽화의 현상에 대한 최대한의 자료 확보, 특히 벽화 조성에 사용된 재료, 기법 등에 대한 과학적 분석과 확인이 반드시 필요하다는 점이다. 가령, 도료의 성격을 가루베는 '호분胡粉'이라 하였는데, 이는 육안에 의한 판단보다 과학적 분석 작업이 수반되어야 하는 일이며, 백색 이외에 적, 녹, 청의 유색 안료의 존재에 대한 분석이 필요하다. 또 그림을 그리기 위한 점토성 벽면의 조성도 재료의 성분이 단순하지는 않을 것이다. 따라서 그 성분과 조성 방법에 대한 분석과 실험이 반드시 이루어져야 할 것이다.

고분 벽화의 제작 기법과 관련해서는 고구려의 제작기법 연구 사례를 적극적으로 검토하여, 이를 활용하거나 응용할 필요가 있다는 점을 강조하였다.[60] 다른 한편으로 고대벽화의 재현 사례의 검토와 응용,[61] 고구려 고분의 벽화 이외에 중국 남조의 사신도에 대한 적극적 연구와 검토도 6호분 벽화 보존과 활용을 위하여 반드시 이루어져야 할 작업이라고 할 수 있다. 특히 남조 벽화의 사례에 대한 보다 광범하고 심층적인 검토는 6호분 벽화의 기원과 특성을 확인하기 위한 필수적 과제라 할 수 있다. 이에 대한 연구의 진전은 6호분 벽화의 이해에 보다 직접적으로 도움을 줄 것이기 때문이다.

마지막으로, '송산리 6호분' 이라는 유적의 명칭에 대한 검토를 제안하고자 한다. '송산리 6호분' 이라는 이름은 가루베 지온에 의하여 붙여졌다. 그러나 이것은 공식적 명칭 부여에 어긋나는 사적인 명명이었으며, 사실은 '6호분' 이라는 명명 자체가 하나의 실수였기 때문이다. 현재 송산리 1-4호분으로 되어 있는 구역에서는 1927년도에 1개의 파괴분을 포함한 5개체의 고분의 존재가 확인되었고, 이에 의하여 송산리 제1호분-5호분으로 명명된 바 있었다.[62] 이후 1932년 고분군에 대한 진입로 개설과정에서 수 기의 백제고분이 확인되었는데 이때 그중의 하나가 현재의 '5호분' 이 되고, 다시 1933년 가루베에 의해 '6호분' 이 확인된 것이다. 현재

---

60) 안병찬 · 이상수, 「고구려벽화 제작기법 시고」, 『고구려연구』 5, 1998 ; 안병찬, 「고구려 고분벽화의 제작기법 연구 — 바탕벽 제작기법을 중심으로 — 」, 『고구려연구』 16, 2003.

61) 1996년 고구려 정천1호 벽화의 재현사례를 예로 들 수 있다. 진영선, 「고구려벽화의 재료확장과 현대적 적용」, 『고구려연구』 16, 2003 참고.

62) 野守 健, 神田惣藏, 「公州宋山里古蹟調査報告」, 『昭和2年度古蹟調査』 제2책, 朝鮮總督府, 1935.

의 5호, 6호의 이름은 가루베에 의해 일반화됨으로써, 결과적으로는 1개체의 고분이 적籍을 상실하게 된 것이다.[63] 더욱이 6호분의 명명자 가루베가 무덤에 대한 최초 입실자로서 이 유적에 대한 상세한 자료를 감추었던 장본인이라는 점에서 문제가 있는 그의 명명을 그대로 답습한 것은 바람직하지 못한 것이었다고 생각된다. '공주 송산리 벽화전축분' 과 같은 명칭이 그 대안이 될 수 있지 않을까,[64] 본고를 통하여 제안하는 바이다. *

---

[63] 이러한 문제점에 대해서는 최근 송산리고분군의 보고서를 정리한 有光教一에 의하여 지적된 바 있다(有光教一, 「공주 송산리고분군의 발굴조사」, 『조선고적연구회유고』 II, 유네스코동아시아문화연구센터, 2002, p.2 및 p.16의 주1 참조). 지금 1-4호분 봉분의 복원이 5개가 아닌 4개로 된 것도, 말하자면 가루베의 실수에 맞추어서 이루어진 셈이다. 호수의 지정도 1호분이 향좌단인데 대하여 가루베는 향우단으로부터 번호를 매겨 향좌단의 1호분이 4호분이 되고 있다.

[64] 6호분의 공식적 조사자는 藤田亮策와 小泉顯夫 등인데 小泉 역시 뒤에 이 고분을 언급하면서, 6호분이라는 명칭 대신 '송산리 벽화전축고분' 이라고 칭한 바 있다(小泉顯夫, 『朝鮮古代遺跡の遍歷』, 六興出版, 1986, p.200). 당시 조사의 현장을 지켜보며 '양관와위사의' 명문전을 수습한 大坂金太郎은, 이 능묘를 '백제 벽화전실분' 이라고 칭하였다(「百濟壁畵塼室墳出の在銘塼について」, 『朝鮮學報』 51, 1969).

* 본 논문은 고려사학회, 『한국사학보』 33호, 2008에 실린 「공주 송산리 6호분의 사신도 벽화에 대하여」를 수정 보완한 것이다.

# 04 　 백제문화를 통한 21세기의 국제 교류

## 1. 서론―백제문화의 국제성

　　백제문화의 중요한 특징을 한 단어로 표현한다면 그것은 '국제성' 혹은 '개방성' 이라 할 수 있다. 북방의 고구려가 여러 이민족들과의 투쟁을 통하여, 그리고 신라가 자기 조직의 내부적 결속을 강화하고 보수保守함으로써 영향력을 확장시켜 나갔다고 한다면, 백제는 새로운 문물의 전수를 통한 자기 문화화로 국가적 발전을 신장시키고 이러한 문물의 교류를 통하여 고대 동아시아 세계에 있어서 자기 위치를 확보해 갔던 것이다.

　　국제성과 개방성이라는 이같은 백제의 특질은 그것이 우연한 결과가 아니라 지배 세력의 성격 및 국가의 지정학적 조건에 의하여 형성된 것이라 할 수 있다는 점에서 주목할 필요가 있다. 백제를 건국한 지배세력 자체가 외래 유입세력이었다는 점은 국가 정책에 있어서의 개방성을 가능하게 하는 일차적 요인이 되었으며, 교류에 적합한 지리적 위치를 백제가 가지고 있었다는 것은 그 이차적 요인이 된다. 대륙에 직접 연접함으로써 이민족과의 직접적 갈등을 감수하지 않을 수 없었던 고구려, 그리고 한반도의 동측에 편재함으로써 외부의 영향에서 상대적으로 격리되어 있는 신라에 비하여, 백제는 해양 루트를 이용한 교량적 역할이 가능한 지정학적 조건을 갖추고 있었던 것이다.[1]

이러한 점에서 백제문화의 복원과 현대적 활용이라는 관점에서 백제문화를 일반화할 경우 고려해야할 제1차적 특성을 필자는 '국제성'이라는 개념으로 파악할 수 있다고 믿는다. 우리가 살고 있는 21세기라는 시대의 큰 역사적 흐름은 개방과 국제화, 이른바 '세계화'의 급격한 진전이다. 이웃나라만이 아니라 그야말로 세계가 하나가 되고 하나의 공동운명체로서의 관계가 급격히 형성되어 가고 있음을 우리가 매일의 생활에서 실감하고 있기 때문이다. 교통과 통신의 발달이 공간상의 격차와 장애를 급속히 무너뜨린 결과인 것이다. 국제적 마인드를 갖추는 것은 미래 세계에의 적응능력을 신장시키는 중요한 한 부분이라 할 수 있다. 그리고 이점에서 '국제성'을 주요 특성으로 하는 고대 백제와 백제문화

---

1) 2002년 공주대 백제문화연구소와 문화재보존과학연구소가 주관한 국제세미나 〈백제문화를 통해본 고대 동아시아 세계〉는 주로 무령왕과 무령왕릉을 통하여 백제문화의 국제성을 집중 조명하는 작업이었다. 그 가운데 이기동, 「고대 동아시아 속의 백제문화」, 강봉룡, 「고대 한·중·일 관계에 있어서 백제의 역할」, 西谷 正, 「武寧王陵を通じて見た古代の東アジア世界」 등의 논문은 특히 백제 역사와 문화의 국제성을 집중 검토한 발표였다(공주대학교 백제문화연구소, 『백제문화』31, 2002). 한편 2007년에 백제사를 집대성한 〈백제문화사대계〉전15권이 충청남도역사문화연구원에 의하여 간행되었는데, 그 가운데 이기동 교수는 백제사의 특성을 정리하면서 '해상을 통한 활발한 대외교섭'과 '백제문화의 국제성과 독자성'을 중요한 특성으로 강조한 바 있다. 이기동, 「백제사의 특성」, 『백제사총론』, 2007, pp.29~55.

는, 국제화를 지향하는 세계사적 흐름에서 대단히 유용한 역사적 전범典範이라 할 것이다.

본고의 목적은 1천 5백 년 전 고대 백제의 문화적 개념을 21세기 현대, 그리고 우리 지역에서 어떻게 유용한 개념으로 활용하고 있고 활용할 수 있는가 하는 것이고, 그것을 특별히 국제교류라는 측면에서 검토하려는 것이다.


## 2. 백제 도시 결연에 의한 국제교류

과거의 국제관계는 주로 정부 차원의 외교적 정치적 교류가 중심이었지만 21세기에는 민간 교류의 다양한 집단과 주체의 상호 이익과 유대를 도모하는 국제교류의 중요성이 날로 증대되고 있다. 국제 교류의 주요 통로가 되는 '자매도시sister cities'는 2차대전 후 미국에서 처음 시작되어 세계적으로 일반화되었고 한국에서는 1961년 진주시가 미국 오리곤주 유진Eugene시와 자매결연을 체결한 것이 시초가 되어 2007년 현재 62개국 969개 도시(광역지자체 포함)와의 자매도시(우호도시 포함)가 체결되어 있다.[2]

지자체 수준의 국제교류는 국가 간의 국제교류와는 성격이 다르다. 경직된 국가 경쟁의 틀에서 벗어나 '독자적인 지역적 발상'에 의한 교류가 가능하다는 점, 국가 단위의 경우보다 지역 주

---

2) 한국지방자치단체국제화재단의 홈페이지(www.klcfir.or.kr) 자료 참고.

민의 필요에 부응하는 내실 있는 국제화의 가능성이 높다는 점 등에서 국제교류의 실질적 장점을 가지고 있다.[3]

충청남도는 1972년 부여읍이 일본 나라현 아스카[明日香]촌과 결연한 것이 시초가 된다. 이후 부여에서는 후쿠오카 다자이후[太宰府]시, 미야자키 낭고[南郷]촌(현재는 美郷町), 공주에서는 쿠마모토현의 기쿠수이[菊水]정(현재는 和水町), 시가현의 모리야마[守山]시, 야마구치현의 야마구치[山口]시 등과 자매결연을 맺었으며 일본 이외에 미국 혹은 중국과도 결연이 확대 되었다. 국외 도시와의 자매결연교류에는 자매도시 이외에 교류의 단계가 상대적으로 느슨한 '우호도시'가 있다. 또 자매 결연의 주체에 있어서는 시군이 그 주체가 되는 것이 일반적이지만, 부여군의 경우는 군보다 오히려 읍과

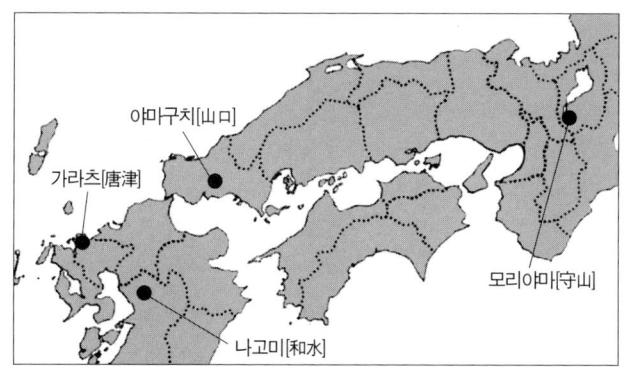

O1  공주의 일본 자매도시와 가라츠 위치도

---

3) 이은재, 「자매결연을 통한 지방의 국제교류 촉진」, 『지방의 국제화 논문집』, 한국지방행정국제화재단, 1997, p.241.

면이 자매 결연의 주체가 되어 있는 점이 차이가 있다. 지방자치단체의 국제교류를 지원하고 후원하는 한국지방자치단체국제화재단의 자료에는 시군단위별로 자료를 파악하고 있어서 읍면 단위의 내용이 파악되지 않는다.

공주시 및 부여군의 자매도시(우호도시 포함) 결연 내용, 그리고 부여군의 일본 도시와의 결연 내용은 다음과 같다.[4]

자치단체별 국제교류 현황(공주시/부여군)

| 자치단체명 | 교류국가명 | 교류도시명 | 결연일자 | 자매/우호 |
|---|---|---|---|---|
| 충남 공주시 | 중국 | 遼寧省 瀋陽市 | 1999-09-09 | 우호교류 |
| 충남 공주시 | 일본 | 熊本縣 和水町 | 1979-09-15 | 자매결연 |
| 충남 공주시 | 일본 | 滋賀縣 守山市 | 1991-08-05 | 자매결연 |
| 충남 공주시 | 일본 | 山口縣 山口市 | 1993-02-23 | 자매결연 |
| 충남 공주시 | 필리핀 | 바기오시 | 2007-07-11 | 우호교류 |
| 충남 공주시 | 미국 | Calhoun, 알라바마주 | 1992-11-14 | 우호교류 |
| 충남 부여군 | 중국 | 河南省 洛陽市 | 1996-08-13 | 자매결연 |
| 충남 부여군 | 과테말라공화국 | 할라파주 할라파시 | 2006-08-28 | 우호교류 |

읍면 단위의 국제교류(부여)

| 자치단체명 | 교류국가명 | 교류도시명 | 결연일자 | 자매/우호 |
|---|---|---|---|---|
| 부여읍 | 일본 | 奈良縣 明日香村 | 1999-09-09 | 지매결연 |
| 부여읍 | 일본 | 福岡縣 太宰府市 | 1979-09-15 | 자매결연 |
| 부여읍 | 일본 | 宮崎縣 美鄕町 | 1991-08-05 | 자매결연 |
| 부여 은산면 | 일본 | 滋賀縣 日野町 | 1993-02-23 | 자매결연 |
| 부여 장암면 | 일본 | 滋賀縣 東近江市 | 2007-07-11 | 자매결연 |

---

4) 공주시와 부여군의 자료는 시군 행정담당자의 자료 협조를 받았으며 한국지방자치단체국제화재단의 홈페이지(www.klcfir.or.kr) 자료를 함께 참고 하였다.

다음으로 부여, 공주의 경우와 함께 비교를 위하여 충남 여타 시군의 도시간 교류 현황을 별도로 제시한다.[5]

자치단체별 국제교류 현황(충남 시군/공주·부여 제외)

| 자치단체명 | 교류국가명 | 교류도시명 | 결연일자 | 자매/우호 |
|---|---|---|---|---|
| 충남 천안시 | 중국 | 山東省 文登市 | 2002-11-15 | 우호교류 |
| 충남 천안시 | 중국 | 河北省 石家庄市 | 1997-08-26 | 자매결연 |
| 충남 천안시 | 미국 | 오레곤주 비버턴시 | 1989-05-01 | 자매결연 |
| 충남 보령시 | 중국 | 上海市 青浦區 | 1999-04-26 | 자매결연 |
| 충남 보령시 | 일본 | 神奈川縣 藤澤市 | 2002-11-15 | 자매결연 |
| 충남 보령시 | 미국 | 워싱턴주 쇼어라인시 | 2003-10-15 | 자매결연 |
| 충남 아산시 | 중국 | 遼寧省 普蘭店市 | 1997-05-20 | 자매결연 |
| 충남 아산시 | 중국 | 柳州市 | 2004-11-04 | 우호교류 |
| 충남 아산시 | 미국 | 텍사스주 타일러시 | 2007-04-26 | 우호교류 |
| 충남 아산시 | 미국 | 미시건주 랜싱시 | 2006-02-14 | 우호교류 |
| 충남 서산시 | 중국 | 河北省 秦皇島市 | 1997-07-23 | 우호교류 |
| 충남 서산시 | 중국 | 山東省 萊陽市 | 2001-11-05 | 우호교류 |
| 충남 서산시 | 일본 | 奈良縣 天理市 | 1991-11-07 | 자매결연 |
| 충남 서산시 | 몽골 | Zavkhan Aimag | 2004-10-26 | 자매결연 |
| 충남 서산시 | 미국 | Clifton City, NewJersey | 1999-05-12 | 우호교류 |
| 충남 논산시 | 중국 | 遼寧省 錦州市 | 2001-06-21 | 우호교류 |
| 충남 논산시 | 중국 | 河北省 廊坊市 | 2004-04-06 | 우호교류 |
| 충남 계룡시 | 중국 | 北京市 懷柔區 | 2007-04-24 | 우호교류 |
| 충남 금산군 | 중국 | 山東省 青島市 | 2006-02-22 | 우호교류 |
| 충남 금산군 | 중국 | 山東省 煙臺市 | 2006-02-23 | 우호교류 |
| 충남 금산군 | 중국 | 吉林省 安圖縣 | 1995-03-28 | 자매결연 |
| 충남 금산군 | 중국 | 浙江省 | 2007-04-17 | 우호교류 |

---

5) 충남 여타지역의 자료는 한국지방자치단체국제화재단의 홈페이지(www. klcfir.or.kr) 자료에 의거하여 필자가 재작성 하였다. 특히 부여군의 경우처럼 자매결연의 주체가 읍/면인 경우는 이 재단의 자료에 포함되어 있지 않다.

| 충남 금산군 | 일본 | 静岡縣 森町 | 2007-02-15 | 우호교류 |
|---|---|---|---|---|
| 충남 연기군 | 중국 | 山東省 萊陽市 | 2005-11-03 | 우호교류 |
| 충남 청양군 | 몽골 | Arhangai Aimag | 2007-07-16 | 우호교류 |
| 충남 청양군 | 미국 | Macomb City, Illinois | 2007-02-11 | 우호교류 |
| 충남 홍성군 | 중국 | 山東省 沂水縣 | 2002-04-24 | 자매결연 |
| 충남 홍성군 | 중국 | 黑龍江省 海林市 | 2002-04-27 | 우호교류 |
| 충남 예산군 | 중국 | 吉林省 圖們市 | 2004-06-01 | 우호교류 |
| 충남 예산군 | 미국 | Knoxville City | 2003-12-04 | 자매결연 |
| 충남 태안군 | 중국 | 山東省 泰安市 | 1997-04-23 | 자매결연 |
| 충남 당진군 | 중국 | 山東省 膠南市 | 2003-11-12 | 우호교류 |
| 충남 당진군 | 중국 | 吉林省 汪淸縣 | 2002-09-27 | 우호교류 |
| 충남 당진군 | 중국 | 遼寧省 鐵嶺縣 | 2002-04-26 | 우호교류 |
| 충남 당진군 | 중국 | 山東省 日照市 | 2007-04-24 | 자매결연 |
| 충남 당진군 | 미국 | 뉴저지주 버켄카운티 | 2000-12-01 | 우호교류 |
| 충남 당진군 | 미국 | 스노호미쉬카운티 | 2005-10-29 | 우호교류 |

　　충남의 16개(공주/부여 포함) 시군 가운데 교류 현황을 종합하면 자매 결연은 17개 도시(우호도시 28개)로서, 시군 평균 1개 도시에 불과하다.[6] 자매 결연 17개 도시 중 절반이 중국(8개)이고, 일본(5개), 미국(3개), 몽골(1개) 등이다. 일본과 자매결연된 5개 도시 중 3개 도시가 공주와의 결연이라는 점, 부여의 경우 읍면 단위이기는 하지만 일본 5개 도시와의 교류관계가 형성되어 있다는 점에서 일본과의 각별한 교류가 특징적임을 알 수 있다.[7]

---

6) 한국지방자치단체국제화재단의 통계에 의하면 자매결연 도시가 없는 시군도 논산시, 계룡시, 서천군, 연기군, 청양군 등 다수가 있다.
7) 공주와 부여의 자매결연이 주로 '역사적 의미'에서 근거하고 있다는 특징은 다른 논자에 의하여 이미 주목된 바 있다(이성복, 「국제 자매결연 사업의 새로운 발전방향」, 『지방화국제화 포럼』, 2003). 그러나 그것이 구체적으로는 '백제'를 매개로 하고 있다는 사실은 별로 인식되지 못하였다.

부여와 공주의 국제교류에 있어서 중요한 특징이 일본이거니와, 그것이 주로 백제문화를 매개로 이루어지고 있다는 사실을 주목하게 된다. 충남에서 최초의 결연이 되는 1972년 부여읍과 일본 나라현 아스카촌의 결연은 백제문화의 고장 부여와 백제문화에 의하여 일본 고대문화를 꽃피운 아스카촌의 아스라한 인연의 역사를 현대에 회복한 것이라는 점에서 매우 상징적인 의미를 갖는다고 할 수 있다.

1978년 부여읍과 자매 결연한 후쿠오카현의 다자이후[太宰府] 시는 고대 이래 큐슈의 거점도시로서 특히 한반도와 교류관계에 있어서 중심지이고, 백제유민에 의하여 7세기 후반 오노죠[大野城]가 축조된 것으로도 유명하다. 이곳에는 2005년 국립큐슈박물관이 개관하여 동아시아 및 한반도와의 교류 관계유물을 중점 전시하고 있다. 큐슈박물관은 공주박물관, 부여박물관과도 자매결연을 체결하여 국제 교류의 중요한 문화적 역할이 기대되고 있다.

1991년 부여와 결연한 미야자키[宮崎]현의 낭고[南鄉]촌(현재는 美鄉町)은 백제 테이카왕[禎嘉王]의 정착에 대한 전설과 함께 한반도와 관련을 갖는 고대 유물이 전하고 있다.[8] 전설에 의하면 백제 멸망시에 북큐슈를 향했던 백제의 왕족 및 귀족 중 테이카왕[禎嘉王] 일행은 폭풍으로 인하여 휴가노쿠니[日向國]의 가네가하마[金ヶ浜]와 가구치우라[蚊口浦]에 표착하게 되었다. 가네가하마에는 테이카왕[禎嘉王]과 2남 가치왕[華智王] 및 여관女官 십 수명, 가구치우라에는 왕비와 장남 후쿠치왕[福智王] 부부 등이었다. 테이카왕[禎嘉王]과 가치

---

8) 행정구역 합병에 의하여 현재는 행정구역명은 美鄉町으로 되어 있다.

O2 테이카왕[禎嘉王] 부자 신위의 고국(부여) 방문 행사
(1993.10)

왕[華智王]은 추격자들에 의하여 살해되어 낭고촌의 미카도[神門] 신사에 봉안되었다는 전설이다. 낭고촌南鄕村에서는 1986년 부여에 조사단을 파견하여 백제를 통한 지역 교류를 적극 추진하여 1990년 자매 결연과 함께 활발한 교류가 이루어지게 되었다.[9] 이후 이곳은 '백제의 고장[百濟の里]' 만들기를 통하여 지역 발전의 계기를 삼았다.[10]

---

9) 임동권, 「백제왕족과 師走祭」, 『일본안의 백제문화』, 한국국제교류재단, 1994, pp.62~69 참고.
10) 백제왕 전설을 계기로 한 남향촌의 마을 조성사업의 성격 경과 등에 대해서는 辻志保, 「百濟王傳說の現在−宮崎縣南鄕村の師走祭りと百濟の里つくりにおける到來人傳說」, 『昔話−研究と資料』32, 2004 참고.

부여군의 은산면은 1990년 시가현(滋賀縣 蒲生郡)의 히노정[日野町]과 결연을 맺었는데 백제 부흥운동의 영웅 복신(鬼室集斯)의 사당과 무덤이 히노에 있다는 인연에 기인한 것이다. 장암면은 1992년 시가현의 가모정[蒲生町]과 결연하였는데 가모정은 행정구역 통합으로 지금은 히가시오미시[東近江市]에 포함되어 있다. 부여군의 경우 군 레벨의 교류보다 읍면단위의 결연이 특징이며 한마디로 '백제'라는 역사성을 매개로 하는 결연이라는 특성을 가지고 있고 일본이 중심이 되어 있다. 1998년 부여군과 자매 결연을 체결한 중국의 낙양시는 당의 서울로서 백제 멸망 이후 백제의 왕족과 귀족이 끌려간 곳이며 의자왕의 무덤이 있는 곳이다. 중국의 경우와도 역시 백제가 인연의 고리가 되어 있다.

공주시와 처음으로 자매결연한 기쿠수이정은 현재 행정구역 통합에 의하여 나고미[和水]정으로 이름이 바뀌었는데, 결연의 동기는 이곳에 있는 유명한 유적, 에다후나야마[江田船山] 고분의 존재가 인연이 되었다. 전방후원분에 속하는 이 고분에서는 명문이 있는 대도大刀와 함께 각종 유물이 출토 되었는 바, 그 가운데는 무령왕릉에서 출토된 것과 유사한 각종 유물, 금동제 신발, 금제 이식, 청동거울 등이 출토하여 백제와의 긴밀한 인연을 입증하고 있다.[11] 공주와의 교류는 기쿠수이정이 소재한 구마모토현과 충청남도가 1983년 결연하는 계기를 만들었고, 충청남도의 사무소가 구마모토시에 개설될 정도로 그 관계가 폭넓게 이루어지고 있다.

---

11) 江田船山 고분의 발견은 1873년으로 무령왕릉보다 1백년이 앞선다. 연구사, 유적 개황 및 출토 유물 등 전반에 대한 개요를 정리한 문헌으로 熊本縣 玉名郡 菊水町에서 간행한 『江田船山古墳』(1980)이 있다.

03 공주시, 충청남도와의 자매결연의 계기를 만든 에다후나야마 고분

야마구치시[山口市]는 야마구치를 건설한 오우치[大內] 씨의 선
조인 임성태자琳聖太子가 그 인연이 되었다. 임성태자는 백제 성왕
의 셋째 아들로서 야마구치를 건설하였다는 오랜 전설을 가지고
있다.[12] 이미 조선 초 15세기에 조상을 찾기 위하여 조선 조정에

---

12) 구전에 의하면 임성태자는 611년(推古 19, 백제 무왕 12년) 3월 2일 야마구치현
의 防府市 多多良 해변으로 상륙하여 이곳에서 제철기술의 전파와 불교 보급의
공을 세웠다고 한다. 야마구치 일대에는 임성태자와 관련한 것이라는 유물이
전하고 있지만 이를 확신할만한 자료는 없다. 그러나 백제계의 횡혈식 고분과
백제계 유물의 출토가 백제와의 밀접한 관계성을 암시하고 있다. 이에 대해서
는 윤용혁, 「'백제 임성태자'가 건설한 나라」, 『백제 성왕과 그의 시대』, 부여
군, 2007, pp.190~197 참고.

사신을 보내 여러 차례 부탁하기도 할 정도였다. 백제 26대 성왕
(재위 523~554)은 공주에서 즉위하여 16년 만인 538년 부여로 천도,
554년에 관산성에서 죽임을 당하였다. 32년의 재위 기간을 절반
은 공주, 절반은 부여에서 지낸 셈이다. 임성태자에 대한 기록은
한일 양국 어느 기록에서도 확인되지 않지만, 구전에 의한 임성태
자 이야기는 오랜 연원을 가지고 있다. 바로 이 확인되지 않은 임
성태자의 존재가 인연이 되어 자매결연에 까지 이르게 된 것이다.

　　시가현[滋賀縣] 소재 모리야마[守山]시는 교토의 북쪽에 위치하
며 유명한 비와코[琵琶湖]에 인접한 지역이다. 백제와 인연이 깊은
오사카, 나라 등지와도 먼 거리가 아니며, 부여와 인연을 맺은 히

04　임성태자의 도시 야마구치시

노정[日野町], 가모정[蒲生町] 등과도 가까운 지역이다. '백제향百濟鄕 (구다라고오리)' 이라는 지명이 있으며, 전 일본총리 우노와 시의원들 이 무령왕릉을 관람하고 결연을 희망함으로써 재일교포 안동혁씨 의 주선에 의하여 자매결연이 성사되었다고 한다.[13] 그밖에 공주 는 중국 요양성遼陽城, 필리핀 바기오시와 우호 도시의 관계를 형 성하고 있다.

국제 자매 도시의 결연은 지리적 유사성, 산업구조의 유사성 혹은 역사문화의 연계성, 기타 여러 가지 연고 사항 등이 고려되 어 결연이 이루어지게 된다. 공주 부여의 경우는 무엇보다 백제문 화를 매개로 일본 도시와의 결연이 중심이 되고 있다는 점에서 매 우 특별한 자매 결연의 동기를 가지고 있다. 역사문화적 인연이 자매 교류의 단서가 되는 경우가 있기는 하지만, 공주·부여만큼 집중적으로 형성된 곳은 거의 예가 없는 일이다.[14]

공주에서는 시민단체에 의한 국제교류로서 라이온스의 사례 를 들 수 있다. 특히 누마즈[沼津]시와의 교류가 오랜 역사를 가지고 있다. 또 구마모토현과의 자매 관계를 기초로 연례적으로 이루어 지는 교사교류의 예가 있다. 1997년 일본 역사교과서 왜곡 문제를 계기로 '대전·충남 시민연대' 와 일본 '구마모토 현민회' 의 교 류·협력이 시작되어 대전·충남의 교육─시민 연대가 일본 구마

---

13) 공주시청 홈페이지 자료.
14) 대표적인 역사도시인 경주의 경우는 6개국 9개 도시와 자매 결연을 체결하고 있으며 세계 각국의 역사 도시가 중심을 이룬다. 중국의 西安市, 일본의 奈良 市, 小浜市(福井縣), 宇佐市(大分縣), 神崎市(佐賀縣), 베트남의 후에시, 이탈리 아 폼페이시, 프랑스 베르사이유, 미국 잉글우드시(캘리포니아) 등이 그것인데, 일본이 다소 많지만 세계 여러 역사도시를 포함하고 있는 점이 특징이다.

05 2006년 공주 재팬위크 행사 팜플렛
(일본대사관 주최, 공주문화원 주관)

모토를 방문, 일본의 '구마모토 현민회', '교과서 네트워크' 등과 함께 '왜곡 역사교과서 불채택 운동'을 전개하였다. 그 결과 12년 연속으로 구마모토현에서 역사 왜곡 교과서를 단 한 곳도 채택하지 않는 성과를 거두었다. 2001년부터 한국측 교류 실무의 주관을 전교조 충남지부가 담당하면서 방학을 이용한 구마모토현 교직원조합 (소학교, 중학교 연합 교원단체)과의 교류협력 관계로 점차 발전하였다. 이 교류의 특징은 일정 중에 양국의 교육현안과 역사를 주제로 '한일 교육 심포지엄'을 갖는 것인데 2010년 8월까지 9회에 걸쳐 개최되었다.[15]

공주대학교는 기관의 성격상 공주 부여지역에서는 가장 많은 국제교류가 이루어지는 기관이라 할 수 있다. 미국, 중국, 일본 등 여러 나라 대학과의 교류가 이루어지고 있는데 국제교류의 시발은 1986년 공주사대와 국립대만예술대학과의 자매 결연으로부터

15) 예산여자고교 역사교사 한성준 선생 자료에 의함.

비롯되어 현재는 18개국 64개 대학, 5개연구소와 교류 협정이 맺어져 있다.[16] 그 가운데 야마구치대학의 경우는 공주시와 야마구치시와의 자매 결연이 대학간 교류로 연결된 것이며, 중국 남경대학과 자매결연이 체결되어 있는 부분도 '백제문화'를 통한 국제 교류의 가능성을 보여주는 부분이다. 그러나 실제 교류는 일반대학간 교류와 차별화되어 있지 않은 상태로서 향후 '백제'를 활용한 국제교류의 방안에 대해서도 관심을 가질 필요가 있다는 점을 강조하고 싶다.

부여에서는 백제초등학교와 일본 다자이후[太宰府] 소재 니시[西] 소학교와의 학교간 교류가 1989년 이래 거의 20년을 지속하고 있다. 격년 홈스테이 방문으로 2008년에도 백제초등학교에서 40명 규모의 교류단이 일본을 방문하였다. 부여와 다자이후와의 국제 교류와 관련하여 일본의 한 사회과 교과서에서는 이를 국제 교류의 한 사례로서 교재화한 바 있다.[17]

---

16) 공주대학교 대학본부 대외협력과 홈페이지 자료 참고.

17) 東京書籍 간행 『新訂 新しい社會』(6下)(1999, pp.34~39)에 〈일본과 한국〉이라는 학습 주제에서 부여의 초등학교(백제초등학교)와 후쿠오카현 다자이후시 서소학교와의 홈스테이 교류를 소재로 한국 문화를 일본 아동들에게 소개하는 내용이 6면에 걸쳐 구성되어 있다. 교류관계에 대한 설명은 "福岡縣 太宰府시의 어느 소학교에서는 10년 이상에 걸쳐 대한민국(한국) 부여의 초등학교와 교류를 하고 있다. 부여는 옛날, 일본에서 백제(구다라)라고 불린 나라의 서울로 太宰府와는 1400년 이상 오래 전에 교류가 활발하게 이루어지고 있었다. (중략) 역사 학습에서 배운 것처럼 일본과 한국은 오랜 교류의 역사가 있었다. 그러나 1910년 일본이 한국을 병합하고 36년에 걸쳐 식민지로서 지배한 것이 두 나라 사람들의 의식을 멀게 하는 원인이 되었다. 지금도 정치의 노력으로 해결해야 할 과제가 남겨져 있지만 2002년에 열리는 축구 월드컵은 일본과 한국이 공동으로 개최하게 되어 점점 가까운 나라가 되고 있다." 이 교과서에는 부여 백제초등학교 '이혜진' 학생(부 '이두한')의 가정을 통하여 한국 생활 문화에 대한 소개를 포함하고 있다.

わたしのお父さんは李斗演、お母さんは趙
允姫といいます。おじいさんは李鐘泰、おば
あさんは金順基です。おじいさんは子どもの
ころ、神戸に住んでいたそうです。

わたしの国では結婚しても姓は変えません。これは古
くからのならわしで、中国も同じだそうです。

食器は金属製のものややきものが多く、手に食器を持
って食べることはしません。柄の長いスプーンでごはん
や汁をすくって口に運びます。細長くて平たい金属のは
しは、おもに、おかずを食べるときに使います。みなさ
んの国の日本とは、どんなところが似ていますか。

日本でも焼き肉とキムチをよく食べるようですが、こ
れは韓国から伝わったものです。おもしろいでしょ。

韓国の人は、どのような
生活をしているのだろうか。

●スプーンとはし

●カルビの調理

李さん一家の生活　プヨの李恵玲さんから山口
さんに手紙がとどきました。

06 백제초등학교와의 교류를 소개한 일본의
사회 교과서 (東京書籍)

자매결연에 의한 교류 형태는 여러 가지가 있다. 지자체 실무 경험의 교환, 교직원의 파견 교환, 국제회의 개최, 경제사절 교류, 문화예술 교류, 스포츠 교류, 청소년 교류, 유학생 교환 등이 그것이다. 그러나 자칫하면 1회성의 상호 방문으로 시민참여의 교류 혹은 지속적인 교류가 이루어지지 못하는 경우가 많다. 역사적 인연에 의한 교류는 일단 교류의 계기가 분명하기 때문에 지속성 있는 교류에 유익한 조건이 된다고 할 수 있다.

공주·부여 지역의 일본과의 역사교류는 교류를 통한 교육적 성과를 가져오기 위한 노력이 중요하다고 할 수 있다. 초등학교 사회과 교육과정에 의하면 6학년 2학기에 〈우리가 가까워지는 세계 여러나라〉라는 단원이 있다. 세계 속의 우리나라와 지역을 통하여 세계인으로서의 감각을 학습하는 부분이다. 지역의 국제교류가 이러한 단원에서 적절한 학습 교재로의 재구성이 필요하다고 할 수 있다.

# 3. 백제문화제와 국제교류

　최근 우리나라에는 각 지자체가 중심이 되어 경쟁적으로 지역 축제를 운영하고 있다.[18] 따라서 지역 축제의 특성화는 매우 중요한 관건이 되고 있거니와 역사축제인 백제문화제의 중요 방

07　제11회 백제문화제
　　(1965, 부여)

18) 2004년 1월 문화관광부의 통계에 의하면 549건의 축제가 등록되어 있다. 이것
　은 1970년대의 120여 개에서 크게 증가한 것이다. 시도별로는 강원도(74), 경상
　남도(68), 경기도(59), 경상북도(52), 부산(44) 등의 순이며, 충남은 전남과 같은
　41건으로 집계 되어 있다. 그러나 실제 축제 수는 그 보다 몇 배의 수적 규모일
　것으로 추정한다. 이에 대해서는 김병인, 「지역축제의 현황과 분석」, 『역사의
　지역축제적 재해석』, 민속원, 2004, pp.59~61 참조.

향의 하나는 '세계화'라고 할 수 있다. 다시 말해서 축제의 주요 참여층으로서 외국인을 대상으로 프로그램을 개발하고 많은 외국인의 참여가 가능하도록 홍보와 운영에 있어서 각별한 노력을 기울여야할 필요가 있다는 것이다. 그것은 '백제'라는 브랜드가 세계화라는 이같은 시도에 유효하기 때문이다.

백제문화제는 2008년에 54회를 치렀고 2010년에는 '세계대백제전'이 준비되고 있다. 제53회(2007년)를 계기로 백제문화제는 크게 변신하였다. 공주−부여 통합 개최와 함께 규모와 예산, 기간을 크게 늘림으로써 위상에 걸 맞는 축제 운영을 위하여 진력하고 있는 것이다. 2007년 10월 11일부터 15일까지 개최된 제53회

08 제53회 백제문화제
(2007, 공주)

백제문화제는 '7백년 대백제의 꿈'이라는 슬로건을 걸고 충남의 상징축제로서 축제문화의 새로운 도약을 기도하였다.[19] 2010년에는 '세계대백제전'이라는 이름으로 9월 18일부터 10월 17일까지 무려 한 달간의 일정을 예고하고 있다.

이같은 변화에서 주목되는 것은 축제의 국제화를 중요한 개념으로 추구하고 있는 점이다. 가령 제53회 백제문화제는 그 추진 과정에서 해외 홍보를 중점 추진하였다. 충남도와 자매관계인 일본 구마모토현 청사내에 상설 홍보부스를 설치하고 일본, 중국 등 해외 자매결연 지역을 통한 홍보 활동, 해외 현지 방문 홍보, 국내외 각종 행사를 통한 홍보 등이 그것이다. 마이니치신문, 심양일보 등 해외 언론을 통한 홍보, 도지사 순방을 이용한 백제문화제 홍보, 왓소축제위원회 등 해외 축제조직과의 유대 강화 등 다양한 방법에 의한 해외 홍보가 이루어진 바 있다.[20]

이같은 축제의 세계화 노력에 의하여 5일간의 행사 기간 중 공주 부여에 대한 내외국인 방문객은 126만을 기록하였으며, 외국인 방문객은 국내 거주 외국인 수를 포함하여 일본 53,000, 중국 30,000, 기타 19,000, 도합 102,000명으로 집계되었다.[21] 단체 방

---

19) 제53회(2007) 백제문화제 추진 중점 사항은 축제를 통한 통합 상생과 자율 참여형 축제, 역사문화와 교육이 함께하는 축제, 세계 선진 축제 및 문화와 참여 교류하는 축제, 축제를 통한 지역 경제 활성화와 수익 창출 도모, 지역주민이 함께 참여하는 백제문화제 등이었다. 최석원, 「'7백년 대백제의 꿈' −제53회 백제문화제」, 『웅진문화』 20, 2007, p.141.

20) (재) 백제문화제추진위원회, 『700년 대백제의 화려한 부활, 그 빛나는 발자취−제53회 백제문화제 결과보고서』, 2007, pp.197~210.

21) (재) 백제문화제추진위원회, 『700년 대백제의 화려한 부활, 그 빛나는 발자취』, p.600.

문객으로서는 야마구치, 모리야마, 구마모토 등 자매도시와 오사카, 나라 등지에서 왓소축제위원회, 헤이죠쿄[平城京] 천도 기념사업회 등이 단체 참가 하였다. 참고로 제53회 백제문화제 전년인 2006년도의 경우 공주 무령왕릉의 외국인 방문객 수는 7,397명(내국인 390,793) 부여 부소산성의 경우 20,478명(내국인 534,138)으로 집계되어 있다.[22]

   백제문화제의 외국인 참가 이외에, 국외 축제에의 참가를 통

09 백제문화제의 4왕추모제 행사
(제54회, 2008)

---

22) 공주시 및 부여군의 통계자료, 『주요 관광지 방문객 수』 참고.

한 국제 교류도 주목할 사안이다. 무령왕국제네트워크협의회와 공주향토문화연구회에서는 2003년도부터 사가[佐賀]현 가라츠[唐津]시의 가카라시마[加唐島]에서 개최되는 무령왕 축제에 단체 참가를 계속하고 있고, 부여군 문화사절단은 일본 후쿠이[福井]현 에이첸시의 '코시노 미야코 1500년' 축제 메인 이벤트에 참가하여 왕인박사와 오경박사의 모습을 재현하여 양 도시의 우호 교류 증진의 계기를 마련한 바 있다.[23] 이러한 축제참가는 백제문화제를 통한 국제교류 활성화로 자연스럽게 전환된다는 점에서 교류의 확대를 기대하게 된다.

백제문화제는 제53회 축제의 성과를 근거로 문화관광부 지정 예비축제에 신규로 포함되었으며 통합개최의 성공은 2007년도 대전일보 선정 10대뉴스(지역), 충청남도가 선정한 '2007 충남도정을 빛낸 10대 사업'에 선정되었다.[24] 2008년 제54회 백제문화제에서 주목되는 것은 동경에서의 참가이다. 백제교류협회, 로타리 클럽, 일본 불교연합회 등이 단체 참가 하였으며 오사카, 시가현 등 관서지역에서 백제문화제 참관을 위한 단체 관광객의 전세 비행기가 운행되고 청주 공항을 이용하여 입국 하였다.[25] 이는 향후 백제문화권에의 일본에서의 관광객 유치에 매우 긍정적인 신호가 된다고 할 수 있다.

---

23) 〈충청투데이〉 2007.10.9.
24) (재) 백제문화제추진위원회, 『700년 대백제의 화려한 부활, 그 빛나는 발자취 — 제53회 백제문화제 결과보고서』, 2007, pp.655~657.
25) 이들의 백제문화제 참가기인 홍세희, 「오미노쿠니(近江の國)의 백제 탐험」, 『웅진문화』 21, 2008 참조.

백제문화제는 축제의 유형분류에 의하면 역사축제 혹은 전통문화 축제에 해당한다.[26] 전통문화와 역사를 주제로 한 축제는 많이 있지만, '백제' 라는 브랜드를 사용하고 있다는 점이 특징이며 백제라는 브랜드는 특별히 국제교류를 중요한 개념으로 가지고 있다. 이는 '백제' 가 갖는 국제성 때문이다. 즉 백제의 국제성을 개발하는 것은 백제문화의 내용을 풍부히 하는 동시에 이를 통하여 지역사회의 국제화를 진전시킬 수 있는 계기로 삼을 수 있는 것이다.

백제문화제는 2010년 '세계대백제전' 의 개최로 연결된다. 충남도에서는 '2010 세계대백제전' 의 연계 사업으로 학계, 시민연대, 전문가 조직의 결성을 통하여 '백제 유물·유적 찾기 운동' 을 전개하고, 백제를 소재로 한 드라마, 다큐물, 영화 등의 제작 지원을 통하여 '백제 붐' 을 조성한다는 계획이다.[27]

10  2010세계대백제전 홍보자료

---

26) 충남의 경우 역사축제로서는 아산의 성웅 이순신축제(1961년 첫 개최), 서산 해미읍성 역사체험축제(2000년 첫 개최) 등이 있다.
27) '공주회' 의 아메미야 히로스케[雨宮宏輔] 회장이 선친인 아메미야 다다마사[雨宮忠正]가 소장했던 자기류 등 공주에서 수집한 문화재를 공주향토문화연구회와 백제문화제추진위원회를 통하여 기증한 것은 유물 유적 찾기의 좋은 선례가 된다. 공주박물관의 전신인 공주사적현창회의 전시실인 백제박물관 설립에 참

그리하여 2010년 세계대백제전은 지속적인 백제사 연구활동 및 관련학자를 육성하고, 기마군단, 오천결사대 등 백제문화제의 명품 축제화, 역사 문화재에 대한 범국민적 계몽과 국제적 이벤트를 통하여 '대백제' 선포의 계기가 될 것으로 기대되고 있다.[28]

백제문화제의 세계화는 국내외 관광객을 집중적으로 유인하여 공주·부여는 물론 주변 충남 여러 지역의 관광여건을 크게 활성화 시킬 수 있을 것이다. 이러한 점에서 백제문화제가 충남의 축제로서 인식되고 충남도민의 총체적 관심과 역량의 집중으로 지속적으로 발전할 수 있도록 각별한 협조가 요망된다고 하겠다.

## 4. 백제 문화재의 세계유산 등재 추진

백제문화의 국제성을 확인하는 작업의 하나가 일본 및 중국 등 현지에서 유형적인 백제문화유산의 내용을 확인하는 작업이라고 할 수 있다. 이와 관련하여 주목되는 것은 근년 국립공주박물

---

여하였던 인사의 유물이 해방과 함께 일본에 유출되었다가 다시 구 공주박물관 자리의 충남역사박물관에 소장 전시하게 된 것은 유물로서의 가치 이외에 매우 상징적 의미가 있다.

28) 윤용혁, 「2010년 세계대백제전 세계화의 과제」, 『충청학과 충청문화』 9, 2009, pp.161~178 참조. 이 글에서 필자는 백제문화제가 일본을 주 목표로 하면서 국제교류의 지속적 강화, 새로운 백제콘텐츠의 개발이 중요하다는 점을 강조하였다. 새로운 백제콘텐츠로서는 한일관계사 현장 유적의 개발, 금강 활용, 공주·부여 이외 지역의 백제유적 활용, 백제 이후의 다른 시기 유적 활용, 고고학조사 현장의 활용, 곰 캐릭터 개발, 해외 백제문화유산에 대한 지속적 조사작업의 필요성 등을 언급하였다.

관에서 진행해온 해외문화재 조사 작업이다. 1998년 이후 주로 일본을 중심으로 진행된 조사의 결과는 보고서로 간행되었으며[29] 2004년에는 중국에 대한 조사가 시행되었다.[30] 깊이 있는 심층조사는 아니지만 향후의 본격적 조사 작업의 기반이 될 것이라는 점에서 그 의미를 평가하고 싶다. 공주·부여 등 백제지역에서 해외로 유출된 문화재에 대해서도 관심을 가져야 하겠지만 동시에 해외 현지에 남은 백제계 문화유산에 대한 체계적 정리와 학문적 논의도 필요하다고 본다. 이와 관련하여 현 단계에서 중요한 것은 백제 문화유산의 보편적 가치를 세계적으로 공인받는 일이다. 이에 의하여 백제문화 유산의 부가 가치와 보존 환경을 크게 개선시킬 수 있고, 관광 활성화에도 결정적 기여가 가능할 것으로 보기 때문이다. 이점에서 백제문화재의 세계문화유산 등재는 백제문화유산의 보편적 가치에 대한 공인사업이라 할 수 있다.

유네스코의 '세계문화유산'은 세계유산협약에 따라 가입국의 문화유산 중 인류 전체를 위하여 보호 되어야 할 현저한 보편적 가치가 있다고 인정하여 유네스코 세계유산일람표에 등록한 문화재를 말한다. 유네스코의 세계유산에는 자연적 소산물을 대상으로 하는 자연유산, 인간 작업의 소산물을 대상으로 하는 문화유산, 인간과 자연의 공동 소산물을 대상으로 하는 복합유산 등 세 가지가 있다. 이중 문화유산에는 역사적 과학적 예술적 관점에

---

29) 국립공주박물관의 『일본소재 백제문화재 조사보고서』는 1999, 2000년과 2003년 近畿지방을 대상으로 3권이 간행되었으며 2004년에는 長野·東京·千葉 지방에 대한 보고서가 간행되었다.
30) 국립공주박물관, 『백제문화 해외조사 보고서(중국 강소성·안휘성·절강성)』, 2005.

서 세계적 가치를 가지는 건축물이나 고고유적, 혹은 문화유적이 포함된다.[31]

　　우리나라의 세계문화유산 등재 현황에 의하면 서울의 종묘, 창덕궁, 수원의 화성, 경주의 불국사·석굴암, 해인사 장경판전, 경주 역사유적지구, 고인돌 유적(고창·화순·강화) 등 7건에, 2009년 조선왕릉, 2010년에 하회·양동마을이 차례로 등재됨으로써 2007년에 자연유산으로 등재된 '제주 화산섬과 용암동굴'을 합하여 한국은 도합 10건의 세계유산을 보유하게 되었다. 그러나 백제의 문화유산은 아직 여기에 포함되어 있지 않다. 이같은 문제점에 입각하여 충남도에서도 적극적인 관심을 가지고 세계 문화유산 등재를 위한 노력을 기울여왔다. 백제 문화재의 세계문화유산 등재는 단순히 등재라는 사무적 사안이 아니라 백제를 통한 국제화의 중요한 단계라는 점에서 백제문화를 통한 국제 교류에 중요한 관건이 된다고 할 수 있다.

　　백제문화재의 세계문화유산 등재에 대해서 지역에서 처음 문제를 제기한 것은 2000년 최석원 교수에 의해서였다. 무령왕릉 발굴 30주년, 무령왕 즉위 1500주년이 되는 2001년을 앞둔 시점에서 지역의 대표적 문화재인 무령왕릉의 세계문화유산 지정을 촉구한 것이다.[32] 이에 의하여 2001년에 공주대 문화재보존과학연구소가 중심이 되어 처음으로 백제문화재의 세계문화유산 등재를 위한

---

31) 허권, 「세계문화유산 정책의 동향과 한국의 과제」, 『백제문화를 통해본 고대 동아시아세계』(발표자료집), 공주대 백제문화연구소 외, 2002, pp.181~187.
32) 최석원, 「무령왕, 무령왕릉, 그리고 '무령왕의 해' ─무령임금 즉위 1500주년을 맞이하면서」, 『웅진문화』 13, 2000, pp.202~208.

11  백제 유적의 세계문화유산 추진을 위한 각종 자료

방안을 모색하였다.[33]

　　공주대학교 문화재보존과학연구소와 백제문화연구소의 국
제세미나(〈백제문화를 통해본 고대 동아시아세계〉 2002.5.21~23)는 충청남도
의 지원에 의하여 이루어진 무령왕릉의 세계문화유산 신청을 위
한 기초 작업이었다. 이에 의하여 백제문화와 무령왕릉을 중심으
로 한 국제성의 측면이 상당히 부각되었다.

　　그럼에도 불구하고 제반 검토 결과 무령왕릉이라는 단일 유

---

33) 공주대 문화재보존과학연구소 및 충남 세계문화유산추진위원회 학술세미나
　　자료집『공주지역 백제문화재의 세계문화유산 가치』(2001.10.11).

적만으로 등재 추진은 성취되기 어렵다는 결론에 도달하게 된다. 특히 세계문화유산으로서의 무령왕릉에 대한 ICOMOS한국위원회의 2006년도 발표 의견은 무령왕릉의 경우 유적과 유물이 분리되어 있다는 점이 큰 약점임이 지적되었다. 대안으로 제시된 것이 백제유적을 면으로 묶어서 추진하는 것이었다.[34] 2007년도의 국제세미나에서는 무령왕릉 대신 '공주부여 백제 도성유적'을 제안하게 되었다. 이는 고대 동아시아 세계에서 차지하는 백제문화의 국제성을 강조하는 한편 공주·부여의 백제문화유적이 갖는 고유성과 역사성을 조명하는 작업이었다. 이를 토대로 이후 보다 진전된 추진안이 국제세미나를 통하여 정리되고, 나아가 세계문화유산에의 등재 신청이 이루어지게 될 예정이다.

2009년 세계문화유산으로 서울의 조선왕릉, 2010년 하회·양동마을이 새로 등재 되었고, 북한의 문화유산 중 고려의 수도였던 개성 역사지구 등재를 위한 활발한 작업도 국내에서 진행된 바 있다.[35] 백제문화재의 세계문화유산 등재를 위해서는 지금까지의

---

34) "무령왕릉 자체만 잠정목록으로 신청하는 것보다는 인접의 공산성, 계룡산 불교유적, 그리고 부여의 유적과 문화적 벨트를 형성시켜서 연계하는 방법이 세계유산으로서 조건 충족에 유리하다고 판단된다."(서만철 외, 「세계문화유산 등재의 추진전략 및 계획」, 『백제문화유산의 가치 재발견』(공주·부여 역사유적지구 세계문화유산 등재를 위한 국제학술회의 발표자료집), 2007, p.160에서 재인용). 한편 같은 세미나에서의 이혜은 교수의 발표는 백제문화유산의 세계문화유산적 가치를 부각시키기 위해서는 '어떤 시기, 어느 지역'이라는 범위 설정, 선정한 백제문화유산에 대한 탁월한 보편적 가치의 입증 등이 중요한 관건임을 제안하였다(이혜은, 「세계유산적 가치에서 본 백제문화권」, 앞의 책, pp.138~141).

35) 2004년(12월 15일) '개성 문화유산과 가치'라는 제목의 워크샵이 유네스코 회관에서 있었고, 개성의 세계문화유산 등재를 지원하기 위한 국제세미나가 2005년 2월(18~19일) 이코모스 한국위원회 주최로 동경에서 개최되었으며 여기에

유적 조사의 성과를 바탕으로 구체적인 신청범위를 확정하고 이를 신청기준에 부합하게 의미화 하는 작업 및 이를 어떻게 보존할 것인가와 '살아 있는 유산'으로서의 가치 등을 조명하는 제반 작업들이 남겨져 있다. 백제문화재의 세계문화유산 등재는 백제문화의 국제화라는 관점 및 그 활용에 있어서 중요한 의미를 가지고 있다.

## 5. 무령왕을 통한 국제교류 사례

지역간 국제교류는 지차제의 예산과 행정력이 뒷받침되어 주로 이루어지고 있지만 순수한 민간 레벨의 교류가 더욱 활성화되도록 하는 것이 향후의 방향이라 할 수 있다. 이를 통하여 지역 시민 간에 더욱 다양하고 깊이 있는 교류가 가능해지고 상호 이해를 통한 지역발전에의 기여도도 높아질 수 있는 것이다.

무령왕과 무령왕릉은 백제의 역사와 유산을 가장 구체적으로 상징하는 것이며 동시에 백제문화의 특성뿐만 아니라 고대 세계

---

는 남, 북, 일 학자가 함께 참여하였다(발표자료집『고려 개성의 문화유산적 가치와 보존』, 2005). 이와 동시에 개성의 역사도시로서의 가치를 전체적으로 조망한 자료집이 간행되었으며(사단법인 ICOMOS한국위원회, 『북한 문화유산 관련 자료집 1―개성역사지구』), 다른 한편으로 개성의 고려 왕궁지인 만월대 일부가 최초의 남북공동작업에 의하여 발굴 조사되었으며(국립문화재연구소, 『개성 고려궁성―시굴조사보고서』, 2008), 작업의 내용은 '개성 역사지구 세계문화유산 등재를 위한 특집방송'으로 제작되어 MBC에서 방영 되었다(2008. 6.3 〈남북최초 공동 발굴 기록 다큐멘터리 고려왕궁 만월대〉, MBC).

에서 백제를 중심으로 한 동아시아 3국의 국제 교류를 잘 보여주고 있는 자료이다. 무령왕의 역사와 오늘날 시민 레벨의 국제교류를 연결하여 공주에서 이루어지는 무령왕을 통한 국제교류는 지역의 역사적 상징을 매개로 시민 레벨의 국제교류를 지향하고 있다는 점에서 주목할 만하다. 그것은 무령왕과 무령왕릉이라는 백제문화유산을, 이른바 '살아있는 유산'으로서의 현대적으로 활용한다는 측면에서 중요한 의미가 있다.[36]

---

36) 이혜은 교수는 세계문화유산 지정 심사 기준과 관련 유사 유산과의 비교 연구, 관리계획의 중요성과 함께 '살아 있는 유산' 으로서의 가치를 강조하고 있다. "한 가지 더 기억해야 할 것은 죽어 있는 유산보다는 살아 있는 유산에 더 관심을 갖고 있다는 사실이다. 백제문화가 과거부터 현재까지 우리에게 살아 있는 유산으로 남아 있는지에 대한 성찰이 주요하다고 본다(이혜은, 「세계유산적 가

무령왕을 통한 한일 시민레벨의 국제 교류는 무령왕 즉위 1500주년, 무령왕릉 발굴 30주년인 2001년부터 시작되었다. 필자가 개인적으로 가카라시마[加唐島] 현지를 방문하였고, 현지에서 친제이[鎭西]정의 공무원, 나고야성 박물관 및 시민조직인 무령왕교류실행위원회(회장 浦丸 護) 임원들을 만나게 되었다.[37] 무령왕실행위원회는 2002년 무령왕과 그 출생지를 역사적으로 논증하는 심포지움을 개최하고,[38] 아울러 일종의 무령왕 축제인 제1회 '무령왕 탄생제'를 무령왕의 '출생일'에 맞추어 6월 2일 개최하였다.[39] 이후 매년 6월, 2010년까지 9회 무령왕 축제가 가카라시마에서 개최되었는데, 친제이[鎭西]정은 2005년 가라츠[唐津]시에 통합되었다.

　　가카라시마에서의 무령왕 축제에 대하여 공주에서는 2003년 제2회 축제부터 매년 시민 방문단을 모집하여 단체로 참가하였는데 교류의 주관은 처음 공주향토문화연구회(회장 윤여헌)가 중심이었으나 2004년 축제 참가 이후 참가자를 중심으로 '무령왕국제네트워크협의회'(회장 정영일)가 결성되어 공주향토문화연구회와 공

치에서 본 백제문화권」, 『백제문화유산의 가치 재발견』(공주·부여 역사유적지구 세계문화유산 등재를 위한 국제학술회의 발표자료집), 2007, p.140)."
37) 당시 가카라시마 방문의 과정과 전승지 소개 등에 대해서는 윤용혁, 「무령왕 탄생 전승지를 찾아서」, 『웅진문화』 14, 2001 참조.
38) 百濟武寧王交流鎭西町實行委員會, 〈百濟武寧王生誕海峽地國際シンポジウム〉(2002.1.14) 나고야성 박물관에서 개최된 이 세미나에서는 문경현 교수가 발표하고 西谷 正 교수와 이도학 교수가 토론에 참여하였다. 문경현 교수는 무령왕의 가카라시마 출생설을 적극 인정하는 기왕의 발표 논문(문경현, 「백제 무령왕의 출자에 대하여」, 『사학연구』 60, 2000)의 내용을 요약하여 발표하였다.
39) 『일본서기』에서는 무령왕의 출생이 웅략 5년(461) 6월 삭(1일) 各羅島[가카라시마]라고 하였다. 이에 근거하여 가카라시마[加唐島]의 무령왕 축제는 매년 6월 첫 주 일요일에 개최되고 있다. 『일본서기』의 무령왕 출생 관련 기록에 대한 검토는 윤용혁, 「무령왕 '출생전승'에 대한 논의」, 『백제문화』 32, 2003 참조.

**13** 가카라시마 제8회 무령왕 탄생제
(2009)

동으로 역할을 담당하였다. 2010년 제9회 무령왕 축제는 6월 5일 개최되었으며 공주에서는 축제공연단을 포함한 35명이 참석하였다.[40] 또한 일본측의 무령왕실행위원회 역시 공주 방문단을 구성하여 매년 백제문화제에 단체로 참가함으로써 백제문화와 '백제축제'를 기회로 상호 방문의 교류가 이루어지고 있는 것이다.

정기 방문 교류 이외에 무령왕국제네트워크협의회와 공주향토문화연구회가 무령왕 교류 사업의 일환으로 공동 추진한 사업으로는 2006년 6월 무령왕 기념비의 가카라시마 건립이 있다. 무

---

40) 방문 일정은 6월 4일 공주를 출발하여 5일 축제에 참가하고 나고야성을 거쳐, 6일 여몽연합군 군선 침몰지 다카시마[鷹島], 이마리와 아리타 도자기 유적, 야메시[八女市] 소재 岩戸山 고분, 7일 아소산 박물관, 구마모토성, 和水町 江田船山 고분을 답사하고 8일 귀국하였다. 8회와 9회 축제에서는 현장에서 이미영무용단의 전통 무용 공연이 진행되었다. 일정은 매년 참가자를 고려하여 부분적으로 변경되며, 일정 내에 자매도시 방문 및 현지 교류회가 포함된다.

령왕 출생 전승이 있는 일본 가카라시마 현지에 무령왕 기념비 건립에 대한 제안이 제기된 것은 2001년의 일이었는데 이것이 본격 논의되기 시작한 것은 2004년부터이다. 제3회 무령왕 축제에 오영회 공주시장이 참석함으로써 일본측의 실행위원회에서는 기념비 건립 추진을 강력히 희망해왔다. 기념비 건립은 공주와 친제이 [鎭西]정(2005년 이후 唐津市에 합병됨)의 두 지역민이 협의하여 공동 모금으로 건립한다는 것이 기본 구상이었다. 그 결과 만들어진 것이 무령왕국제네트워크협의회로서, 기념비의 건립에 공주 측의 중심 단체가 되었다.

기념비의 건립에는 2년 기간이 소요되었으며 그 과정에서 여러 가지 우여곡절의 난관을 거쳤다. 하나는 일의 진행에 따라 예상보다 늘어난 사업비의 문제였으며 다른 하나는 사업비의 절감을 위하여 고안된 방법상의 문제에서 야기된 문제들이었다. 그리고 사업의 공동 추진에 따른 의사 소통의 문제도 시간을 소요하는 요인의 하나였다. 높이 3.4m의 이 기념비는 김정헌 교수(공주대 미술교육과)의 디자인으로 공주에서 제작 운송되어, 2006년 6월 25일 제5회 무령왕 축제에서, 사가현 가라츠시 가카라시마항 언덕에 제막되었다. 무령왕 기념비의 비

14 2006년 가카라시마에 건립된
무령왕 기념비

문은 다음과 같다.[41]

이곳 사가현 가라츠시의 가카라시마[加唐島]는 461년(혹은 462년)에 백제의 임금, 무령왕(재위 501~523)이 태어난 곳으로 전해지는 섬입니다. 무령왕이 태어난 이후 이 섬은 '임금의 섬'이라 불렸고, 무령왕은 이 섬에서 태어난 이유로 '사마[斯麻]'라는 이름을 갖게 되었다고 합니다. 이같은 역사적 인연에 기초하여 두 지역의 시민들이 중심이 되어 무령왕의 탄생을 기념하는 비석을 세움으로써, 21세기 두 지역간 교류를 활성화하는 계기를 삼고자 합니다.

2006년 6월 1일

무령왕교류당진시위원회/가당도 사마왕회
무령왕국제네트워크협의회/공주향토문화연구회

가라츠시에서는 기념비의 부지를 매입하고 이송된 기념비를 운반하여 현지에 건립하는 동시에 기념비 제막과 축제를 주관하며 기념비로부터 무령왕 탄생전승지 해안(오비야우라)까지의 이동로를 개설하였다.[42]

기념비 건립 이외의 사업으로는 지역 초중학생 간 홈스테이

---

41) 기념비의 높이 3.4m, 석재 재질은 익산에서 산출된 화강석과 대리석, 전돌은 陶製로서 금강도예에서 설계하고 제작 작업은 공주 백제조각원에서 담당하였다. 기념비 디자인은 무령왕릉의 아치와 전벽을 중심 개념으로 취하였으며, 중앙에 왕릉의 등감을 배치하여 생명과 빛의 근원을 상징하고, 2매의 큰 돌 구조는 한국과 일본, 공주와 가라츠 두 지역간 우호와 교류를 상징한다.
42) 무령왕기념비 건립의 전반적 경위에 대해서는 윤용혁, 「무령왕의 길─무령왕기념비의 건립」, 『웅진문화』 19, 2006 참고. 한편 일본측의 무령왕교류당진시실행위원회는 기념비 제작을 포함하여 그동안의 활동 경과를 정리한 『百濟武寧王, 日韓交流8年のあゆみ』(2007)를 펴냈다.

**15** 효포초 · 장기중학교와 가카라시마 초중학교 학생의 교류 행사
(2010)

교류가 있다. 2006년 8월 방학기간에 공주 탄천초중학교 학생 약 30명이 가카라시마를 방문하였는데 이는 2005년(8.18~8.20) 가당도 소중학교 학생들 홈스테이 교류에 대한 교환 방문이었다. 홈스테이 교류는 2007년에도 시행되었다. 일본 가라츠에서는 3월 24일부터 3일 일정으로 20여 명이 방문하였다. 2009년 12월에는 대학생 교류의 일환으로 공주대 역사교육과 학생 20명이 가라츠와 나고야성 등을 방문하여 무령왕실행위원들과 간담을 나누고 아울러 사가대학에서 학술교류를 하였다. 초중학생 교류는 2010년 8월 공주 장기중학교와 효포초등학교 학생 등 도합 20명이 파견되어 가카라시마 초중학교와의 교류를 재개하였다.[43] 자매도시인 야마

구치와의 중학생 교류는 공주청년회의소가 주관하여 1993년부터 격년 방문으로 2010년 16회째를 맞이하고 있다.

　무령왕을 통한 국제교류 과정에서 '공주회' 와의 연결은 하나의 부수적 성과였다.[44] 일본거주 공주 출신 일본인의 모임인 '공주회' 의 아메미야 히로스케[雨宮宏輔, 2009년 78세로 작고] 회장이 매스

16　공주대(역사교육과) 사가대의 학술교류(2009)

---

43) 행정구역은 약간 다르지만 공주대에서 10분 이내 거리인 연기군 종촌의 성남고와 일본 津商高와의 홈스테이 교류를 지원하고 있는 三重縣國際交流財團과도 한일 학생교류를 위한 협력관계를 추진하고 있다. 성남고와 일본 津商高는 2002년부터 매년 상호 교류가 이루어지고 있다.

44) '공주회' 란 1945년 이전에 공주에서 태어나거나 살았던 일본인들의 모임으로서 지금도 2년 1회 격년으로 정기 총회를 열고 회지를 간행하고 있다. 회지『公州會通信』은 2007년 현재 60호가 간행되었다.

컴의 보도를 통해 무령왕 기념비의 가카라시마 제막식에 대한 소식을 알고 거주지인 요코하마로부터 가카라시마의 무령왕 축제에 개인적으로 참가함으로써 공주 시민들과의 만남을 갖게 된 것이다. 아메미야 회장은 1945년 공주중학교 재학 중 해방과 함께 일본으로 철수하게 되었는데, 선친인 아메미야 다다마사(雨宮忠正)가 소장했던 자기류 등 공주에서 수집한 문화재 약 300여 점(사진자료 포함)을 공주

향토문화연구회(회장 윤여헌)와 백제문화제추진위원회(위원장 최석원)를 통하여 기증하게 되었다.[45] 선친은 공주에서 얼음판매상을 하면서 골동품을 취미로 수집하였으며 공주박물관의 전신인 공주사적현창회의 전시실인 백제박물관 설립에 참여하여 주요 유물을 출품하였다. 원래 수집한 유물의 분량은 여러 상자 분량이었으나 해방 직후의 혼란기에 전시 유물이 일거에 도난당함으로써 전시되지 않은 참고품 일부만이 남게 되었다고 한다.[46]

---

45) 아메미야 기증 유물 중 기념엽서 수집품에 대해서는 서흥석, 「아메미야 히로스케 기증 유물 소개」, 『충청학과 충청문화』 7, 충남역사문화연구원, 2008 참고.

46) 아메미야 씨의 유물 기증식은 8월 25일(2008) 충남도청에서 이루어졌으며 중앙 및 지방일간지에 널리 보도된 바 있다. 공주회의 제23회 총회는 2009년 10월 가

지방의 국제화를 위하여 공주에서는 구체적으로 일본의 특정 지역과의 교류 협력 강화가 중요한 관건이다. 이러한 점에서 무령왕 기념비 건립은 앞으로의 공주의 국제화 및 관광문화 활성화를 위하여 일정한 의미를 갖는 것으로 생각한다. 이러한 점에서 기념비 건립은 무령왕을 통한 백제문화 국제화의 한 걸음으로 이해할 수 있을 것이다.[47] 교류 이후 매년 백제문화제에 단체 참가를 해 왔던 가라츠의 무령왕실행위원회는 2010년에도 세계대백제전에 참가하여 무령왕이 포함된 사왕四王추모제 행사에 참가하고 개막식 퍼레이드와 간단한 공연에 출연할 예정이다. 또 가카라시마 섬의 상징인 동백나무를 공주와의 인연을 확인하는 의미에서 공주박물관에 식재하는 행사를 하였으며, 가라츠에서 개최되는 음식축제(나베마츠리)에도 참여하여 가라츠시와의 시민 교류를 강화시켜 가고 있다. 음식축제에서 준비한 음식은 2008년에는 청국장, 2009년에는 삼계탕이었다.[48]

---

　　라츠에서 개최되었는데 무령왕네트워크협의회에서는 총회에 2인을 출장 참가 시켰다(조병진, 「공주를 추억하는 일본사람 만나기」, 『웅진문화』 22, 2009 참조). 2010년 9월 세계대백제전에는 공주회의 회원 10여 명이 참가할 예정을 가지고 있다.

47) 한반도에서의 도래 관련 전설을 연구하는 辻志保는 무령왕 탄생 전설이 가당도에 어떤 영향을 주고 있는지 하는 문제를 중심으로 무령왕을 매개로 한 두 지역 간 교류를 검토한 바 있다. 辻志保, 「百濟王傳說-佐賀縣加唐島の武寧王生誕傳說」, 『國文學 解釋と鑑賞』 70-10, 至文堂, 2005. 10.

48) 가라츠의 냄비축제(나베마츠리)는 2009년에 5회를 개최 하였는데 제5회 축제에는 한국의 여수, 공주, 청도를 포함하여 일본 전국에서 약 300여 팀이 참가하고, 3만 정도의 방문객이 모인 것으로 집계 되었다. 공주에서는 음식제작 이외에 전통음악(연정국악원) 팀의 국악 연주와 공주 특산품의 현지 판매를 한 바 있다.

18  가라츠 음식축제(2009)

　무령왕을 테마로 한 국제교류는 공주·부여를 중심으로 중국
과 일본의 동아시아 교류 루트를 연결하는 것이다. 중국은 남조
양梁의 수도였던 남경이 교류의 1순위가 되고 일본의 경우는 사가
현의 가라츠[唐津]와 오사카부의 하비키노[羽曳野]시를 연결하는 방
안이 추진되고 있다. 오사카의 하비키노시는 아스카와도 가까운
거리이지만, 특히 무령왕의 아버지로 일컬어지는 곤지의 신사가
있는 곳이다. 아스카베[飛鳥戸] 신사가 그것이다.[49] 2009년에는 하

---

49) 홍윤기, 「왜 왕실에 군림한 백제 곤지왕자의 사당」, 『일본 속의 한국문화유적을
　　찾아서』, 서문당, 2002, pp.66~83 참조.

19 공주시민의 남경 방문
(2006)

20 공주시민의 하비키노시 방문
(2009, 觀音塚 고분에서)

21　무령왕탄생제 공주 참가단 보도자료
(朝日新聞, 2010)

22　무령왕탄생제에서의 공주방문단 공연
(이미영무용단, 2010, 신용희 사진)

비키노시를 비롯한 오사카 지역을 자매도시 모리야마와 연결하여 네트워크를 구성하는 예비 단계로서의 시민 단체 방문이 처음 시도되었다.[50] 남경에서 공주·부여를 거쳐 큐슈(가라츠, 후쿠오카)와 오사카를 잇는 무령왕 로드ROAD야말로, 고대 동아시아의 문화 교류 루트였던 것이며, 그것을 복원하여 시민참여 교류의 통로를 복원하는 것이야말로 우리 시대에 의미 있는 작업이 되지 않을까 하는 생각이다. 무령왕을 매개로 하는 국제교류는 한국, 중국과 일본 등 동아시아 세계를 함께 묶는다는 점과 아울러 교류의 중심점이 지역적으로 공주·부여가 될 수밖에 없다는 점에서 매우 매력 있는 글로벌 국제교류의 개념이라고 필자는 생각한다.

2010년도부터 적용되는 개정 교육과정에서는 고등학교 역사 과목 가운데 '동아시아사'라는 새로운 과목이 선택으로 포함되어 있다. 이것은 앞으로 한국이 맺게 되는 국제교류의 핵심이 중국과 일본의 관계임을 인식한 교육적 판단에 의한 것이다. 한국은 세계 속의 한국이지만, 좁게는 동아시아의 한국이며 이점에서 백제는 동아시아 3국의 교량적 역할을 담당한 국가였다는 점에서 21세기 '동아시아사'의 좋은 교육적 소재가 될 수 있다.[51]

---

50) 신용희, 「가와치아스카(河內飛鳥)를 찾아서」, 『웅진문화』 22, 2009.
51) 2007년 교육인적자원부의 고시에 의하여 고등학교 역사 선택과목의 하나로 신설되는 '동아시아사'는 "동아시아 지역에서 전개된 인간 활동과 그것이 남긴 문화유산을 역사적으로 파악하여 이 지역에 대한 이해를 증진하고, 나아가 지역의 공동발전과 평화를 추구하는 안목과 자세를 기르기 위해 개설된 과목"이다(2007년 교육인적자원부 개정 교육과정 참조). 역사 교사를 대상으로 한 한 설문조사에 의하면 선택과목으로서의 동아시아사 교육의 필요성에 대해 81%가 필요하다는 반응이 나타나고 있다. 황지숙, 「한국 중·고등학교 역사교사들의 동아시아사 교육인식」, 『한중일 동아시아사 교육의 현황과 과제』(심포지움 자료집), 동북아역사재단, 2008, pp.85~86 참조.

## 6. 결론 — 백제문화를 활용한 국제교류 활성화 방안

본고는 백제문화의 현대적 활용이라는 측면에서의 백제문화를 통한 국제교류 문제를 논의 하였다. 도시간의 국제교류, 백제문화제를 통해본 국제교류, 백제문화재의 세계문화유산 등재 문제, 그리고 무령왕을 매개로 한 국제교류 등에 대하여 검토하였다. 이를 토대로 하여 향후 백제문화를 활용한 국제교류 활성화 방안에 대한 몇 가지 제안을 제기하고 한다.

첫째, 동아시아 3국 중심의 교류를 활성화해야 한다. 공주·부여의 국제교류는 일본 중심으로 편중되어 있다. 그러나 백제문화라는 개념을 살리는 의미에서 중국과의 교류를 보완하여 삼국을 연결하는 국제교류라는 특성을 개발하는 것이 필요하다고 생각한다. 백제문화와 밀접한 연관이 있는 남조의 수도가 남경이었던 만큼, 남경과의 교류를 더욱 활성화할 필요가 있다.[52]

둘째, 백제에 대한 우호적 이미지를 갖는 일본 방문객을 겨냥한 관광 전략을 적극 수립하고 추진해야 한다. 백제라는 브랜드 때문에 공주·부여는 일단 일본 관광객의 확보에 좋은 조건을 가지고 있다. 이를 적극 활용하여 도시의 내적 국제화를 도모하여

---

52) 남경은 현재 대전과 자매결연 상태에 있는데, 남경대학이 공주대와 자매관계이고, 국립공주박물관은 2007년 남경 시립박물관과 자매결연을 체결한 바 있다. 이점에서 향후 남경과의 교류 활성화를 더욱 적극적으로 추진할 필요가 있을 것이다. 무령왕국제네트워크협의회는 공주향토문화연구회와 공동으로 시민 모집에 의하여 2007년(11.9~11.12) 남경 답사를 실시하고 남경시립박물관, 남경박물원, 남경사범대 등을 방문한 바 있는데(참가자 27명), 이것은 백제 이후 공주에서 처음으로 이루어진 남경에의 단체 방문이었다.

23 가카라시마 초중학생이 교류행사에 사용한 자작(自作)의 휘장

도시의 질적 수준을 제고할 필요가 있다. 한자 또는 일본어 표지판을 더욱 적극적으로 보급하고 음식점과 숙박시설의 경우도 이를 의식하여 적극적으로 개선할 필요가 있다.

셋째, 일본 관광객의 유치를 겨냥하는 한 방안으로 백제 유적의 재정비만이 아니라 다른 시기의 유적도 이와 연계하여 개발할 필요가 있다. 일제시대 유적에 대한 적극적 개발이 그것이다. 공주 부여의 일제시기 유적만이 아니라 인근 강경, 장항 등의 일제유적을 개발하여 이를 공주 부여의 일본 관광객을 겨냥하여 연계함으로써, 백제 관광 코스의 다양성을 도모한다. 공주·부여·강경·장항 등의 일제 유적은 금강을 맥락으로 발전한 도시 양상으로서, 금강을 근간으로 발전하였던 백제시대의 도시적 양상과 맥을 같이하는 것이다.[53] 다른 한편 해외의 백제문화 유산에 대한 지속적 조사 작업이 필요하다. 특히 자매도시의 결연 기반이 된 문화적 관계 조사를 통하여 국제교류의 실제적 성과를 도모하는 데 활용할 수 있을 것이다.

넷째, 국제화를 위한 전문 인력을 지역 대학을 통하여 양성하고 이를 바탕으로 시민들의 국제화 적응력을 제고하여 관광도시, 국제화 교류도시로서의 내적 수준을 향상시킨다. 국제교류에 있어서는 여러 단계의 교류활성화가 중요하지만, 다른 한편으로 지역을 외국인의 수준에 맞추는 '내부의 국제화'가 실제적인 관건이라 할 수 있기 때문이다. 특히 일본과의 교류 및 일본관광객을 고려하여 일본 전문가의 육성을 지역사회 발전 차원에서 적극 강

---

53) 공주대 지수걸 교수는 금강권역의 각 도시에 산재한(방치되어 있는) 식민도시 건설과 관련한 각종 유물·유적을 적극적으로 발굴하여 역사문화 컨텐츠화(관광자원화)할 수 있는 장단기적인 전략을 수립 및 백제문화권의 중심도시인 부여나 공주 지역에 산재한 각종 백제 관련 유물·유적과 해당 지역의 식민 지배 관련 유물·유적의 상호 연관성(상호 연관 가치)을 높여 컨텐츠적 가치를 배가시킬 수 있는 구체적인 활용방안을 모색해야 한다는 점을 각별히 강조하고 있다. 그리고 이를 위한 학술적 토대 마련을 위하여 다음과 같은 소주제의 심포지움을 제안한 바 있다. 1)장항지역의 식민지 도시 건설(장항항과 장항선)과 일제의 충남 내륙권 진출, 2)일제의 식민지 근대화 전략과 강경지역의 식민도시 건설, 3)부여 공주지역의 식민지 개발과 '백제사 만들기', 4)금강 권역 식민지 개발 유물유적을 활용한 도시 축제(관광 문화산업) 활성화 방안 등이 그것이다. 이에 의하여 강경, 장항지역에 산재해 있는 운하시설, 도시 개발 유적, 치수 및 개간 간척 사업 관련 유적, 각종 은행, 병원, 상가 건물 등의 역사를 정리하면서 해당 유물 유적이나 해당 역사 자체를 역사문화(관광) 자원화하는 방안을 모색하고, 공주 부여의 고적보존회 및 가루베의 발굴 및 조사 활동, 부여 신궁 및 청년훈련소 설립 계획과 관련한 유물 유적, 일제시기 공주와 부여의 관광 실태(일제의 관광 자원화 전략) 등을 보여주는 유물 유적을 자원화 한다는 것이다. 동시에 이러한 자원을 활용하여 일본인 관광객들을 대상으로 한 테마(백제사 및 식민도시 건설사) 관광 코스를 개발하는 동시에 공주 부여의 백제문화제와 연계한다는 전략이다.

구할 필요가 있다.

다섯째, 백제문화재의 세계문화유산 등재가 반드시 성사될 수 있도록 노력해야 한다. 세계문화유산의 등재는 정부의 정책적 차원에서의 지원사항이거니와,[54] 백제문화유산의 세계유산 등재는 백제문화권의 국제화에 중요한 전기가 될 수 있으며 백제문화를 활용한 다양한 개발이 관광 활성화에 크게 기여할 것이다.

여섯째, 백제문화제의 국제화를 지속적으로 추진해야 한다. 역사 축제로서의 수준을 제고하기 위하여 다양한 백제콘텐츠를 개발하여 축제의 다양성과 고품질화, 지역민의 적극적 참여를 통하여 축제를 발전시키는 데 국제화의 방향은 중요한 줄거리가 될 것이기 때문이다.

일곱째, 자매결연은 지자체만이 아니라 지역의 여러 단체들과 결연되어 지역사회 전체가 연결될 수 있도록 노력할 필요가 있다. 또 대학의 교류 활성화가 지역의 교류와 연계될 수 있도록 유의하는 것이 필요하다. 이것이 가능하기 위해서는 지자체의 레벨과 인구 등 수준이 유사한 것이 바람직하다.

이상과 같은 여러 과제를 수행하는 데 있어서 특히 2010년은 매우 중요한 해이다. 백제문화제를 발전시킨 '세계대백제전' 개최가 예정되고 있기 때문이다. 2010년은 백제부흥운동이 개시된

---

[54] 문화재청의 문화재 국제협력 강화 정책 가운데 '세계유산의 등재 확대 및 관리 체제 강화'가 포함되어 있다. "유네스코 세계유산 등재 확대 등을 통하여 우리 문화유산 가치의 확산과 문화국가로서의 국제적 위상을 제고 한다"는 과제 목표가 그것이다. 문화재청, 『문화재정책 중장기비전-문화유산 2011』, 2007, pp.179~182 참고.

660년으로부터 1350주년이 되는 해이다. 이러한 점에서 2010년을 단기 목표점으로 지역의 문화적 역량을 '백제'에 전폭적으로 결집하고 이를 21세기의 문화적 자원으로 활용할 필요가 있다.[55] '백제' 브랜드가 지역 발전의 견인 역할을 할 수 있도록 다양한 노력이 요구되는 시점이라 하겠다.*

---

55) 최근 고도보존법의 제정, 백제문화제 강화, 대백제전의 기획과 사비도성 세계 문화유산 등재 추진, 그리고 사비 역사도시 특별법 제정 시도 등은 그 의미에 있어서 백제 부흥운동의 역사적 맥락 위에 있는 사업들이라 할 수 있다. 사업의 성과 여하에 따라서는 '제4의 백제부흥운동'으로 불러도 좋을지 모르겠다는 의견을 피력한 바 있다. 윤용혁, 「부흥 백제, 부여 부흥에의 꿈」, 『백제의 꿈』, 부여군 지역혁신협의회, 2008, pp.40~43.

* 본 논문은 충청남도역사문화연구원, 『충청학과 충청문화』 7, 2008에 게재된 같은 제목의 논문을 수정 보완한 것임.

# 05

# 논평,
## 가루베 지온[輕部慈恩]

01 가루베 지온의 백제유적 연구 _ 서정석

02 가루베 지온에 대한 역사적 평가에 관해 _ 최석영

03 가루베의 진실을 찾아서 _ 유진환

04 가루베 지온 단상(斷想) _ 야마모토 타카후미[山本孝文]

논평
01

# 가루베 지온[輕部慈恩]의
# 백제유적 연구

서 정 석
_ 공주대 문화재보존과학과 교수

## 1. 머리말

일제에 의해 백제유적이 처음 조사된 것이 1911년이고,[1] 뒤이어 1916년에는 한강유역의 석촌동고분과 함께 광주 일대의 산성들이 조사되었으니[2] 백제 고고학의 조사와 연구도 어느덧 100년이라는 적지 않은 시간을 갖게 되었다. 그 동안 백제 고고학이 거둔 성과는 일일이 열거하기도 힘들 정도다.

---

1) 關野 貞 外, 「朝鮮古蹟調査略報告」, 『朝鮮古蹟調査報告』, 1914, p.3.
2) 朝鮮總督府, 『大正五年度古蹟調査報告』, 1917, pp.70~87.

물론 아직까지도 자료의 부족으로 불분명한 부분이 더 많은 것이 사실이지만, 한편으로는 최근들어 새롭게 조사되는 유적의 예도 증가하고 있는 만큼 지금까지의 연구 성과나 연구 방법을 되돌아보는 것도 필요해 보인다. 그럴 경우 제일 먼저 주목하게 되는 것이 여기에서 살펴보고자 하는 가루베 지온[輕部慈恩]이 아닌가 한다.

다 아는 바와 같이 가루베는 백제 고고학에 대한 체계적인 연구를 처음으로 시작한 인물이다. 그래서 그런지 그의 연구 결과는 알게 모르게 오늘날까지도 상당한 영향을 끼치고 있는 것 또한 부인할 수 없는 사실이다. 그러나 그의 업적에 대한 종합적인 검토는 이루어진 바 없다. 가루베가 백제 고고학을 연구하게 된 동기가 무엇인지, 어떤 자료를 가지고 어떻게 해서 그런 결론을 이끌어 냈는지에 대한 구체적인 검토가 이루어지지 못하였다. 그가 단순히 백제 고고학·미술사에 대한 최초의 연구자라는 시간적인 위치 뿐만 아니라 오늘날의 연구에까지 일정 부분 영향을 끼치고 있는 사실을 감안해 볼 때 아쉬움이 남는 대목이라 하지 않을 수 없다.

그런 점에서 최근에 이루어진 가루베에 대한 연구는[3] 경청해야 할 필요가 있는 것이 아닌가 생각된다. 인구에 회자되기는 하였지만 정작 베일 속에 가려져 있던 가루베에 대한 최초의 학문적인 접근이었기 때문이다. 실제로 가루베의 생애와 연구 편력에 대한 세세한 부분까지 집중적인 조명이 이루어지면서, 그 동안 너무

---

3) 윤용혁, 「가루베지온(輕部慈恩)의 백제문화 연구」, 『백제 웅진시대의 재검토』 (백제문화연구소 개소 40주년 기념 세미나 발표요지), 2005, pp.19~55.

나 '유명' 해서 오히려 잘 모르고 있었거나, 혹은 잘못 알려진 부분에 대한 새로운 사실들이 속속 밝혀지는 계기가 되었다.

여기에서는 이러한 연구에 뒤이어, 좀 더 구체적으로 가루베의 백제 고고학·미술사에 대한 연구 성과를 검토해 보고자 한다. 앞에서도 설명하였듯이 가루베가 백제 고고학·미술사에 대한 최초의 전문 연구자이자 오늘날의 연구에까지 일정 부분 영향을 끼치고 있는 사실을 감안해 볼 때, 그의 업적에 대한 검토는 단순히 한 개인의 업적을 살펴보는 것에 그치지 않고 백제 고고학 연구의 현황과 앞으로의 과제를 점검해 보는 또 하나의 방법이 될 수 있을 것이다.


## 2. 사지(寺址)의 연구

가루베가 처음으로 조선 땅에 발을 디딘 것은 1925년이었다. 이 때에는 백제가 아닌 낙랑과 고구려에 대한 관심 때문에 평양에 정착하였다. 그러나 현실적으로 그것이 불가능하다는 것을 알고 1927년에 공주로 자리를 옮긴다. 백제의 옛 도읍지라고 하는 것이 가장 큰 이유였다고 한다.[4]

공주에 자리를 잡은 가루베가 처음으로 관심을 가졌던 것은 백제의 불교사원이었다. 서혈사지와 남혈사지가 그것이다.[5] 가루

---

4) 이상은 윤용혁, 위의 논문, 2005, p.22.
5) 輕部慈恩, 「百濟舊都熊津に於ける西穴寺及び南穴寺址」, 『考古學雜誌』 19-14, 19-15, 1929.

베가 왜 처음부터 백제의 불교사원에 관심을 갖게 되었는지는 분명하지 않다. 절에서 태어날 만큼 불교와 인연이 깊었던 것이[6] 하나의 이유일 수도 있고, 웅진시대가 백제와 왜 사이의 문물교류가 활발하던 시기였던 만큼 그 실체를 확인하고, 더 나아가 아스카[飛鳥]시대 이전의 일본문화의 원류를 찾고자 했던 것이 또 다른 이유일 수도 있을 듯하다.[7]

이러한 가루베에게 큰 힘이 되었던 것이 『공산지公山誌』와 같은 조선시대 읍지류, 내지는 지리지였다. 『삼국사기』나 『삼국유사』에는 대통사大通寺, 수원사水源寺 이외에 이렇다할 백제시대 사찰이 보이지 않는데 비해 『공산지』에는 서혈사西穴寺와 남혈사南穴寺라는 사명寺名이 기록되어 있었기 때문이다.[8] 물론, 『공산지』에는 서혈사와 남혈사의 창건연대나 폐사 연대는 물론이고 그 위치조차 전혀 설명이 없었지만, 공주에 있었던 것이 분명한 만큼 그 위치를 확인하려는 노력이 처음으로 시도되었다.

절터가 있었을 것으로 생각되는 곳을 여기저기 찾아다니던 가루베는 드디어 봉황산 너머에 '서혈리西穴里'라는 마을이 있고, 그 마을에 실제로 '서혈동西穴洞'이라 부르는 너비 14m, 높이 3m 정도 되는 동굴이 있음을 확인하고는 절터임을 직감하게 된다. 물론, 동굴과 관련된 전설이나 구전같은 것은 없었지만 지형이나 위치, 동굴의 존재로 볼 때 서혈사가 그 근처일 것으로 생각하게 되

---

6) 윤용혁, 앞의 논문, 2005, p.21.
7) 輕部慈恩, 「百濟舊都熊津に於ける西穴寺及び南穴寺址」, 『考古學雜誌』 19-14, 1929, p.36.
8) 輕部慈恩, 위의 논문, 1929, pp.37~38.

었다. 더구나 동굴 앞에 약 20m 크기의 평탄대지가 3단으로 조성되어 있고, 거기에서 석가불 2구와 비로자나불 1구를 발견하고는 확신을 갖게 되었다.

확신을 갖게 된 가루베가 좀 더 결정적인 증거를 찾고자 여러 차례 답사하던 중 1928년 8월에 발견한 것이 와당이다. 이 와당은 자방子房 안에 1+4과顆의 연자蓮子가 있는 단판單瓣 8엽의 연화문 와당으로, 1965년에 수습한 것9)과 같은 것이다. 이 연화문와당을 수습한 이후 가루베는 서혈사지를 백제시대 절터로 이해하게 되었다. 아울러 일본의 법륭사法隆寺, 액안사額安寺, 법륜사法輪寺 등지에서 출토된 것과도 밀접한 관련이 있는 것으로 보았다.

남혈사지는 서혈사지에서 동남쪽으로 약 1km 거리에 있는데, 서쪽으로 입구를 둔 동굴이 있어서 유래된 것이다.10) 이 동굴 앞 약 10m 거리에는 서혈사지와 마찬가지로 남쪽으로 계단상을 이룬 3단의 평탄대지가 조성되어 있는데, 이곳을 남혈사지로 보았다. 이곳에서도 서혈사지에서 수습한 것과 같은 문자와文字瓦를 발견하였는데, 이로써 남혈사지 역시 서혈사지를 만든 사람에 의해, 동시기에 창건된 것으로 보았다.

이밖에 암막새기와와 수막새기와도 수습되고, 동굴에서는 보살입상도 발견됨으로써 서혈사와 마찬가지로 백제시대에 창건된 사찰로 믿게 되었다. 이렇게 가루베는 공주에 거주하기 시작한 지 비교적 짧은 시간 안에 서혈사지와 남혈사지를 발견하고, 백제시

---

9) 百濟文化開發硏究院, 『百濟瓦塼圖錄』, 1983, 13쪽의 도판 2.
10) 輕部慈恩, 「百濟舊都熊津に於ける西穴寺及び南穴寺址」, 『考古學雜誌』 19-15, 1929, p.33.

대에 창건된 사찰로 이해함으로써 이른바 웅진시대에 백제가 '혈
사穴寺'를 창건한 것으로 알려지게 되었다.

　가루베가 두 '혈사'를 발견하기 직전인 1927년에야 공주에서
처음으로 발굴조사가 이루어지고, 그 이전까지의 고고학 조사라
는 것이 세키노[關野 貞]가 수습한 연화문와당 1점과 몇 점의 벽돌이
전부였던 것을 감안해 볼 때 두 개의 절터를 새롭게 확인한 사실
은, 그 자체로도 주목받아 마땅하다고 생각한다. 그러나 오늘날의
관점에서 보면 두 혈사에서 수습한 유물들은 모두가 백제시대가
아닌 통일신라시대에 해당되는 것이다. 이러한 사실은 해방 후 이
루어진 발굴조사를 통해 분명해졌다.[11]

　백제 고고학에 대한 연구가 처음으로 시도되던 시기이고, 따
라서 마땅한 비교 자료가 없었던 것을 감안해 볼 때 잘잘못을 따
지는 것 자체가 무의미 할 수도 있지만 이러한 가루베의 백제 사
찰에 대한 잘못된 인식이 수정되기까지에는 많은 시간을 필요로
했다.[12]


## 3. 성곽의 연구

　사찰에 대한 연구와 마찬가지로 가루베가 성곽에 대해 연구
하게 된 동기는 불분명하다. 공주에 거주한 이후 공주 주변에 흩
어져 있던 유적 · 유물부터 종류를 가리지 않고 조사와 연구를 시

---

11) 國立公州博物館, 『南穴寺址』, 1993.
12) 趙源昌, 「公州地域 寺址 研究」, 『百濟文化』 28, 1999.

작한 것을 보면, 특별한 이유가 없더라도 공주시내에 자리하고 있던 공산성을 주목하기는 그다지 어렵지 않았을 것이다.

그의 연구 목록에 보면 『백제 웅진성에 대하여[百濟熊津城に就いて]』라는 논문이 소개되어 있다.[13] 그러나 발표시기와 게재된 잡지의 이름은 보이지 않는다. 해방 직후에 발간된 『백제미술[百濟美術]』에도 공산성에 대한 별다른 설명은 없다.[14] 1971년에 출간된 『백제유적의 연구[百濟遺跡の研究]』에 보면, 공산성에 대한 1차 논문을 발표한 것으로 되어 있다.[15] 그리고 보면 1970년 이전에 공산성에 대한 간단한 조사보고를 한 것은 분명한 것 같다. 그러나 그 논고는 확인되지 않고 있고, 해방 이전에 가루베가 공산성에 대해 설명한 것으로는 『충남향토지[忠南鄕土誌]』에 보이는 간단한 내용 뿐이다.[16]

오늘날에는 공산성이 백제 웅진시대 성곽이라는 사실에 의문을 품고 있는 사람이 없지만, 1910년대까지만 해도 성내에서 백제유물이 전혀 발견되지 않는다는 이유로, 이것이 백제 성곽이라는 사실에 의심을 갖는 사람들이 많았다고 한다. 그 후 세키노[關野 貞]가 이곳을 답사하고 토기편과 와편을 수습하여, 이것이 부소산성에서 발견되는 것과 극히 흡사하다는 밝혀짐으로써 비로소 공산성도 백제시대 유적으로 인정받게 되었다.[17] 그러나 백제시대에

---

13) 駿豆考古學會, 「輕部慈恩博士文獻目錄抄」, 『駿豆地方の古代文化』, 1971, p.174.
14) 輕部慈恩, 『百濟美術』, 寶雲舍, 1946.
15) 輕部慈恩, 『百濟遺跡の研究』, 吉川弘文館, 1971, p.21.
16) 公州公立高等普通學校 校友會, 『忠南鄕土誌』, 1935, pp.2~8.
17) 關野 貞, 『朝鮮の建築と藝術』, 岩波書店, 1941.

축성된 것만 확인되었을 뿐 구체적인 성격은 알 수 없었다.

공주에 살던 가루베는 공산성을 자주 찾게 되었고, 그 과정에서 과거 세키노[關野]보다도 더 많은 양의 백제 유물을 수습할 수 있었다. 마침 성내에 도로공사가 이루어지면서 지표조사를 통해 확인한 것보다 더 많은 백제시대 유물을 수습하게 되었고, 공사 후에 폭우로 흙이 씻겨 나가면서 그 속에 있던 백제 유물들을 발견하기도 하였다.

이렇게 새로운 유물들을 발견하면서 가루베는 공산성이 단순히 백제시대의 성곽에 그치는 것이 아니라 백제 웅진시대의 중심성中心城이었다는 확신을 갖게 되었다. 그것은 단순히 공산성내에서 발견된 유물 때문만은 아니고, 음운학적으로 볼 때 웅진熊津이 공주公州인 이상 사료에 보이는 웅진성熊津城이 공산성公山城임은 자명하다는 생각 때문이었다.[18]

물론, 여기에서 말하는 '중심성中心城'이란 말은 좀 애매한 구석이 있다. 이런 의문을 해소해주기 위함인지 『백제유적의 연구』에서 공산성을 백제 웅진성의 중심 산성으로 파악하고 있다.[19] 그리면서도 그리한 공산성의 동쪽 끝, 이른바 '이중성二重城'의 '외성外城' 안에 당시의 왕궁터가 있었을 것으로 추정하고 있다.

외성 안에 있는 것이기는 하지만 그 외성이 공산성을 이루고 있는 것이 분명한 이상, 외성 안에 실제로 백제 웅진시대 왕궁이 있었다면 공산성은 당연히 '왕성'이라고 불러야 옳다. 그런데도

---

18) 輕部慈恩, 「公州に於ける百濟の遺蹟」, 『忠南鄕土誌』, 1935, pp.2~3.
19) 輕部慈恩, 앞의 책, 1971, p.20.

왕궁터가 있었을 것으로 강조하면서도 공산성의 성격을 '산성'이라고 규정한 것은 아직 왕성과 산성에 대한 개념 정리가 이루어지지 못했음을 말해주는 것이 아닌가 한다.

공산성과 불가분의 관계에 있는 것이 임류각臨流閣이다. 『삼국사기』에 의하면 동성왕 22년(500)에 왕궁의 동쪽에 높이 5장丈의 임류각을 세운 것으로 되어 있기 때문이다. 이를 의식했음인지 가루베도 추정 왕궁지의 동쪽(실은 북쪽)에 임류각이 있었을 것으로 추정하고 있다.[20]

이렇게 종래에는 막연히 백제시대에 축조한 산성으로만 이해해 왔던 공산성을 웅진시대 백제의 중심 산성, 다시 말해서 왕궁이 자리하고 있던 산성으로 파악하였다. 물론, 그 근거로 들고 있는 명문와편들은 오늘날의 관점에서 볼 때 백제시대에 제작된 것으로 파악하기 어려운 것이기는 하지만 공산성의 중요성을 제기한 첫 연구였던 것은 틀림없다.

공산성 연구와 더불어 가루베의 백제 성곽 연구에서 빼 놓을 수 없는 것이 웅진시대 나성의 문제다. 다시 말해서 종래에 아무도 생각하지 못했던 나성의 축조 사실을 처음으로 제기하고 나선 것이 가루베다.

공주 시내에는 맨 북쪽에 공산公山이 자리하고, 그 동쪽에는 수원산水原山, 월성산月城山, 주미산舟尾山 등이 남쪽으로 이어지고 있다. 다시 그 서쪽에는 정지산艇止山, 망월산望月山, 일락산日落山 등이 역시 남쪽으로 이어지고 있다. 크고 작은 산봉山峰이 시내를

---

20) 輕部慈恩, 위의 책, 1971, p.21.

에워싸면서 자연적인 나성을 형성하고 있는 셈이다. 가루베는 이러한 자연지형을 이용하여 산봉과 산봉 사이에 토루土壘를 축조함으로써 나성을 완성하였다고 보았다. 실제로 그 흔적이 1930년대까지 남아 있었다고 한다.[21] 즉, 동나성은 공산성의 동쪽에서 시작하여 옥룡리의 남쪽 동산 → 대추동 부근 → 성문 → 남산 → 수도배수지水道配水池 → 공주중학교 → 일락산으로 연결되었고, 서나성은 공산성의 서쪽, 금강교 인접지역에서 시작하여 정지산 →

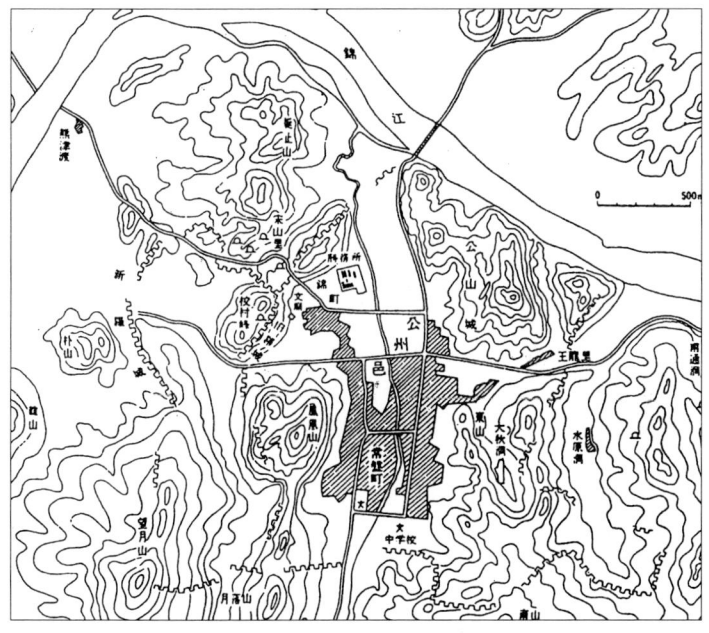

01  가루베가 제시한 웅진 나성도

21) 輕部慈恩., 앞의 책, 1935, p.4.

형무소 뒤쪽 → 교촌봉 → 성문 → 송산리 남쪽 → 화장터 → 박산리 → 망월산 → 일락산으로 이어져 동나성과 연결된다고 보았다.

이러한 주장은 얼마 전까지만 해도 별다른 의심 없이 그대로 받아들여졌지만 실제로는 그대로 받아들이기에 주저되는 것이 사실이다.[22] 우선은, 가루베 자신이 나성의 존재만 주장하였을 뿐 그것을 입증할 만한 이렇다할 구체적인 증거를 제시하지 못하고 있다. 성벽의 구체적인 잔존 현상이나 규모, 축성법 등에 대한 설명도 없다.

실제로 제시된 도면을 보면 이것이 실제 성벽이 될 수 없음을 금방 알 수 있다. 예를 들어 교촌봉校村峯 앞을 지나는 성벽의 경우, 당연히 서쪽에서 성내로 침입하는 외적을 방비하기 위해서는 성벽이 도면에서처럼 교촌봉의 동쪽 기슭을 지나는 것이 아니라 정상부를 지나고 있어야 한다. 만약, 실제로 도면과 같이 성벽이 지나도록 되어 있었다면 교촌봉에 오른 외적이 성안을 내려다보면서 공격하도록 되어 있기 때문에 애초부터 방비를 할 수 없었을 것이다. 그런 점에서 가루베가 제시한 나성도는 사실과 다름을 알 수 있다. 1930년대에까지 도면에서처럼 곳곳에 토루가 남아 있었는지는 알 수 없지만, 그렇다 하더라도 그러한 시설들은 성벽과는 무관한 것이었다고 생각된다.

---

22) 成周鐸, 『百濟城址研究』, 동국대학교 대학원 박사학위논문, 1984, p.81 ; 田中俊明, 「朝鮮三國の都城制と東アジア」, 『古代日本と東アジア』, 小學館, 1991, p.403.

## 4. 고분의 연구

고분 연구는 가루베가 가장 집중적으로 조사·연구한 분야
다. 그도 그럴 것이 일제시대 도굴은 전국적인 현상이 되었으며,
공주에서도 예외는 아니어서 "수 년, 혹은 십 수 년이 지나면 공주
에서 백제고분이 사라지는 것이 아닌가" 하고 걱정할 정도였다.[23]

이렇게 도굴되는 고분이 많아짐에 따라 상대적으로 다른 유
적에 비해 가루베가 조사하고 연구할 기회가 훨씬 많았던 듯하다.
1천 여기의 백제고분을 실제로 살펴보고, 그 중 1백 여기의 고분
을 실측하였다고 고백하고 있기 때문이다.[24] 이러한 수치는 오늘
날의 입장에서도 보아도 결코 아무나 경험할 수 없는 방대한 양이
라 하지 않을 수 없다.

가루베의 시기별 백제고분 조사표[25]

| 연도 | 1927 | 1928 | 1929 | 1930 | 1931 | 1932 | 1933 | 총계 |
|---|---|---|---|---|---|---|---|---|
| 건수 | 5 | 11 | 2 | 18 | 97 | 34 | 15 | 182 |

이렇게 많은 양의 백제고분을 접하면서 자연스럽게 백제고분
의 특징을 파악할 수 있었다. 예를 들어, 백제고분은 남사면의 구
릉 중턱 쯤에 자리한다는 사실이 그것이다. 이러한 점은 낙랑이나
고신라의 고분들이 대부분 평지에 축조되어 있는 사실과 비교해

---

23) 輕部慈恩, 「公州に於ける百濟古墳(1)」, 『考古學雜誌』 23-7, 1933, pp.39~40.
24) 輕部慈恩, 위의 논문, 1933, p.40.
25) 윤용혁, 앞의 논문, 2005, p.35.

보면 큰 차이라는 것이다.[26] 백제 횡혈식 석실묘가 남사면의 중턱 쯤에 자리하고 있다는 사실은 이제 상식에 속하게 되었는데, 그러한 사실의 최초 발견자가 바로 가루베였던 셈이다.

　백제 고분 축조의 또 하나의 원칙을 든다면 풍수사상에 입각해 고분을 만들었다는 사실이다. 즉 뒤쪽으로 주산主山이 있고, 동쪽과 서쪽에 청룡, 백호로 볼 만한 지맥이 흐르는 곳의 남사면에 백제고분이 자리한다고 보았다. 이점 역시 오늘날의 대부분의 연구자들도 인정하는 사실이다.

　가루베는 이렇게 많은 양의 백제고분을 조사한 결과를 바탕으로 백제 석실묘의 유형분류를 시도한다. 절터나 성곽과 달리 체계적인 연구가 이루어질 수 있는 토대를 마련한 셈이다. 그가 처음으로 제시한 백제고분의 유형은 모두 6가지였다.

　제1유형은, 현실을 기준으로 너비보다 길이가 약간 긴 형태의 것으로, 벽면은 문양이 있는 벽돌이나 벽돌처럼 다듬은 할석으로 쌓아 올리고 있다. 천정은 벽면을 최대한 좁힌 다음 궁륭상으로 처리하였으며, 남벽에서 동쪽으로 치우쳐 연도羨道가 달려 있다. 이러한 유형의 석실묘는 보통 현실 내부를 백회칠하여 마무리하고 있다. 가루베는 이러한 유형의 고분이 규모도 가장 크고, 출토유물도 모두가 우수하며, 대체로 이러한 유형의 고분이 송산리고분군에 한정되어 있는 사실에 주목하여 왕공귀족王公貴族 계급만이 사용하던 것으로 판단하였다.

　제2유형 역시 현실의 길이가 너비보다 긴 장방형의 형태로,

---

26) 輕部慈恩, 앞의 논문, 1933, p.41.

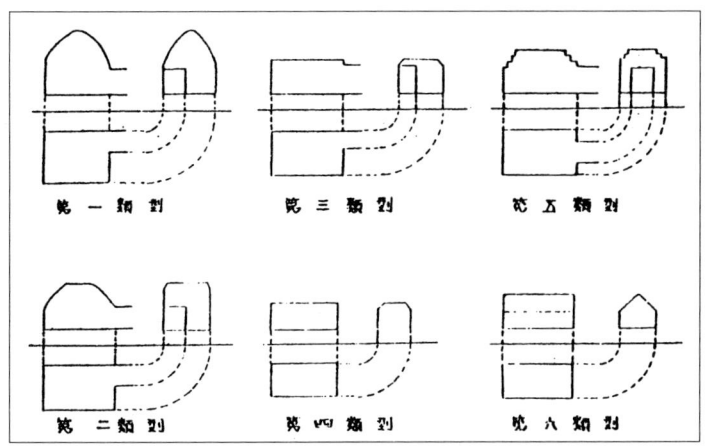

**O2** 가루베가 제시한 백제석실분의 유형

벽돌모양의 할석을 이용하여 축조하는 제 1유형과 같은 것인데, 제 1유형보다 일반적으로 규모가 작은 것이 특징이다. 좌우의 장벽은 수직으로 세우는 대신 앞뒤의 단벽은 급격히 좁혀 아치 형태를 만들고 2, 3매의 대형 판석으로 뚜껑돌을 마련하고 있다.

　　제3유형은 현실의 평면이 장방형의 형태를 띠는 것으로, 벽돌모양의 할석을 이용하여 벽면을 수직으로 쌓아 올린 다음 좌우의 장벽 위쪽에 안으로 기울어지도록 장대석을 걸친 다음, 그 위에 여러 매의 대판석을 뚜껑돌로 올려 마무리 짓는 형식이다. 연도는 보통 남벽의 동쪽에 'ㄱ'자 형태로 자리한다. 오늘날의 단면 6각형 형태의 석실분을 말한다.

　　제4유형은 제3유형과 같은 것인데, 연도가 없고, 규모도 다소 작은 것이다.

　　제5유형은 현실의 너비보다 길이가 긴 장방형의 석실분으로,

남벽 중앙에 연도가 달려 있는 형식이다. 재료는 활석이 아닌 판석을 사용하고 있으며, 벽면 위쪽에 안으로 기울어지도록 장대석을 3, 4단 걸쳐 놓고, 천정에는 대판석 1매를 덮어 완성한 것이다. 이러한 유형의 고분은 연도도 판석으로 폐쇄하고 있으며, 규모가 상당히 큰 것이 특징이다.

제6유형은 매우 희귀한 형식으로 단 2기만 조사되었다고 한다. 장방형의 현실에 연도는 없고, 벽면을 판석으로 축조한 다음, 천정을 합장형合掌形으로 마무리한 것이다.

백제고분에 대한 이렇다할 연구가 전혀 이루어지지 않았던 시기에 고분의 유형을 분류하고, 나름대로 그 성격에 대해 접근하고자 한 것은 눈에 띄는 대목이다. 이러한 연구 방법 이후 백제 횡혈식 석실묘를 연구는 가장 보편적인 방법이 되었다. 오늘날까지도 변하지 않는 연구 방법을 처음으로 제시한 셈이다.

물론, 가루베의 조사가 대부분 도굴된 고분에 대한 지표조사의 형태로 이루어졌고, 제대로 된 발굴조사가 이루어지기 어려웠던 시기에 시도한 유형분류였던 만큼 오늘날의 관점에서 보면 여러 가지 수정해야할 사항도 눈에 띤다. 무엇보다도 구조 자체에 대한 수정이 필요한 것도 있다. 예를 들어 제6유형과 같은 합장형의 석실묘는 시목동 고분이나 교촌리 고분을 두고 한 것 같은데, 모두 연도가 달린 횡혈식 석실묘이다. 이러한 유형의 고분을 연도가 없다고 파악한 것은 지표조사로 인한 한계로 볼 수 밖에 없다. 그런 점에서 일단은 수정이 불가피해 보인다.

백제고분의 유형을 나누는 기준 자체에 대해서도 새로운 검토가 이루어졌다. 가루베의 경우, 천정의 형태가 일차적인 관심이었던데 비해 오늘날에는 천정의 형태보다도 석실의 평면형태에 더 큰 관심을 갖고 있다. 실제로 석실의 평면형태가 변하면 천정의 구조도 자연스럽게 변할 수 밖에 없는 것이고 보면, 일차적인 분류기준은 석실의 평면형태가 되어야 할 것이다.[27]

## 5. 맺음말

잘 알려져 있는 바와 같이 가루베는 근대적인 연구 방법으로 백제 고고학과 미술사를 연구한 최초의 인물이다. 그가 공주에 자리잡았던 1920년대 중반까지만 해도 일제에 의한 고고학적 조사의 중심은 한강유역과 부여지역에 쏠려 있었을 뿐 공주지역에서는 별다른 움직임이 없었던 시기였다. 그러한 시기에 공주에 정착하게 된 가루베는 그 이전까지 알려진 단편적인 사실을 바탕으로 공주 주변 곳곳을 답사하면서 백제 유적에 대한 체계적인 조사와 연구를 시도하였다.

별달리 비교할 자료도 없고, 연구 방법도 개발되지 않았던 시기였지만 그의 관심은 특정 분야에 치우치지 않고 절터, 성티, 고분, 와전 등에 이르기까지 전 분야에 걸쳐 나타났다. 비록 최초의 연구자이기는 하였지만 역사고고학의 핵심적인 분야들을 정확히 파악하고 있었던 그의 안목은 평가받을 만하다.

연구분야에 대한 안목 뿐만 아니라 연구 업적 또한 주목할 만한 내용들을 많이 제시하고 있다. 가루베가 언제, 어떻게 고고학

---

27) 崔秉鉉, 『新羅古墳研究』, 一志社, 1992, pp.435~468.

과 미술사에 대한 체계적인 교육을 받았는지는 분명하지 않다. 그래서 그를 아마추어 고고학자로 평가하는 견해도 있다. 그러나 그가 제시한 연구방법과 내용은 오늘날의 연구자도 쉽게 넘길 수 없는 부분들이 많이 들어 있음을 인정하지 않을 수 없다.

최초의 연구자였던 만큼 어려운 점 못지않게 이점도 있었던 듯하다. 많은 관련 유물·유적을 어렵지 않게 찾아갈 수 있었고, 쉽게 수집할 수 있었으며, 오랫동안 가까이서 지켜보는 것도 가능했다. 여기에 관련 기록을 꼼꼼히 검토해 봄으로써 최초의 연구자가 범할 수 있는 오류를 최소화 하고자 노력하였다. 가루베의 연구가 생명력을 갖는 것도 바로 이 점 때문이다.

물론 유적의 조사가 비교할 수 없을 만큼 많이 증가하고, 다양한 연구 방법이 시도되고 있는 오늘날의 입장에서 보면 가루베 연구가 갖는 한계도 분명하다. 서혈사와 남혈사는 처음 발견 후 스스로 희열에 차 자신 있게 보고한 것이지만 실은 백제 사찰로 보기 어려운 것이다. 백제 석실묘의 유형분류나 고분과 나성과의 관계에 대한 설명 역시 그대로 받아들이기에는 주저되는 것들이다. 그러나 공산성이 백제 유적인지조차 모르고 있었던 시기에 이루어진 연구임을 감안해 보면, 그의 한계는 개인적 역량이라기보다는 시대적 한계였다고 보는 것이 더 적합할 듯하다.*

---

* 이 글은 서정석, 「경부자은의 백제유적 연구」, 『웅진문화』 19, 2006을 옮긴 것임.

# 가루베 지온에 대한
# 역사적 평가에 관해

최 석 영
_ 국립극장 공연예술 박물관장

이 글은 가루베 지온에 대한 학술적 고찰이 아니라 수필에 가깝다. 따라서 가루베에 대한 개인적인 시선을 내보이는 글이다. 해방 후 가루베에 대한 관심과 평가는 간헐적이긴 하지만 학계뿐만 아니라 매스컴에서도 계속 있어 왔다. 주지하다시피 그에 대한 역사적 평가는 엇갈리는 가운데 부정적 시선이 대세적이다. 그에 대한 부정적 시선의 요점은 일제 강점 하에서 공주와 강경, 대전에서 교사로 재직하면서 고분 발굴 등을 통해 수집한 유물들을 패전 후 트럭에 싣고 일본으로 '빼돌렸다'는 데에 있었다. 가루베 자신은 패전 후 일본대학에서 교편을 잡고 활동하면서 이를 부인해 왔다.

가루베는 1927년 1월에 공주고보에 부임하여 일본어를 가르

치면서도 그의 주된 관심은 백제의 역사문화에 있었고 1929년부터 그의 연구 성과를 주로 일본 국내 고고학회의 기관지『고고학잡지考古學雜誌』에 발표하였다. 1930년대 초반부터 중반에 이르는 시기에 고분 관련 논고들을 같은『고고학잡지考古學雜誌』에 발표하였다. 또한 이 시기 동안 충청남도 도청이 공주에서 대전으로 옮겨갔고(1932년), 공주사적현창회가 발족되었으며(1933년), 박물관 건립에 관한 논의가 시작되었다(1934년 경). 아마도 고적 발굴에 의해 수집된 유물에 대한 관리문제가 현실적인 화두가 되었을 것이다.

이와 같이 가루베의 일련의 조사 발굴 활동은 학술적인 의의에 대해서는 별도로 고찰할 필요가 있다. 윤용혁 교수에 의한 최근의 가루베 연구는 향후 가루베에 대한 종합적이고 객관적인 연구를 위한 토대 구축과 일정한 관련이 있다. 이하에서는 일제의 식민지 강점 상황 하에서 '일본인 지식인'이라는 것이 물론 조선총독부로부터 호감을 사지 못하는 상황에서도 아무튼 큰 제재를 받지 않고 조사 발굴 활동이 가능하였던 것은 사실이지만 법적인 제재는 존재하였다는 점을 지적해 두고자 한다. 이는 궁극적으로 그에 대해 역사적 평가를 할 때 적어도 이 점은 염두해야 할 것으로 생각하기 때문이다.

가루베는 와세다대학 재학 중 대학의 인류 학자 니시무라 신지[西村眞次]로부터 학문적 영향을 받았고 낙랑에 대한 연구에 관심을 보이고 있었다는 점에서 그는 분명 연구 능력을 갖추고 있었다. 그의 백제 문화에 대한 정열과 관심은 '허술한' 조선총독부의 고적 및 유물에 대한 통제와 관리 시스템 하에서 큰 제재 없이 조사와 발굴활동으로 이어질 수 있었다. 조선총독부는 1912년부터 세키노 타다시[關野 貞], 야츠이 세이이치[谷井濟一], 쿠리야마 준이치[栗山俊一]에게 조선 고적조사를 의뢰하여 전국에 걸친 고적조사를 시작하였고 그 성과들은 1913년에 동경제국대학 건축학 교실에서 전시되었고 또 그 간 이루어진 발굴성과들이 1915년 9월 11일부터 10월 30일까지 경복궁에서 열린 시정5년 기념 조선물산공진회의 미술관에 진열되었다. 그 진열은 식민지사관을 시각적으로 보여준 것이었다. 공진회가 끝난 다음 해 7월 4일에 전체 8개조로 이루어진 〈고적 및 유물보존규칙〉(조선총독부 훈령 제52호)과 함께 고적조사위원회의 설치(조선총독부 훈령 제29호)가 공포되었다. 전자의 〈고적 및 유물보존규칙〉은 1933년 8월 〈조선보물고적명승천연기념물보존령〉이 공포될 때까지 고적유물에 대한 통제와 관리에 관한 법이었다. 이 법의 제3조에 의하면 고적 또는 유적을 발견하면 그 현상을 변경시키지 말고 3일 이내에 구두口頭 또는 서면書面으로 그 지역의 경찰서장에게 신고하도록 되어 있다. 그렇다면 가루베는 이 법을 어느 정도 준수하고 있었을까. 가루베가 상당 수의 고분에 손을 댄 것은 사실이지만 당시 고분의 상당수가 이미 도굴당한 것도 사실이다. 가루베가 패전 후 밝혔듯이 이러한 측면과 함께 혹 발견한 유물들은 경찰에 신고를 하여 개인 소장을 할 수 없게 되었을 가능성도 생각해 볼 수 있다. 비슷한 예로 초대경주분관장이 된 모로가 히데오[諸鹿央雄]가 경주분관장을 사임하게 된 것은 발굴한 유적을 이미 도굴된 것이었다고 허위로 보고하고 실제 발굴유물들을 개인 소장하려다가 발각되었기 때문이다. 그는 1933년 5월 28일 오후 2시 경에 경주경찰서에서 이 사건으로 취조를 받지 않으면 안 되었다.

1930년대의 모로가 히데오 사건을 가루베가 몰랐을 리가 없다. 위와 같은 식민지 상황 하에서 운영된 유물의 통제와 관리의 현황을 고려한다면 가루베에 대해 긍정적이든 부정적이든 일방적인 평가는 유보해 놓고 연구를 진행해야 할 것이다. 추정에 의한 평가가 아니라 연구에 토대한 역사적 평가가 요구된다.

논평
03

# 가루베의
# 진실을 찾아서

유 진 환
_ KBS 대전방송국

백제에 대해 관심을 가지게 된 것, 그리고 가루베 지온이라는 인물을 알게 된 것은 월드컵 열기가 뜨거웠던 2002년의 일로 기억된다. 당시 나는 '다시 보는 백제유산' 이란 기획제작물을 맡게 되었는데 자연스럽게 가루베라는 이름과 그를 둘러싼 이러저러한 소문도 당연히 듣게 되었다.

송산리 6호분과 백제 고분 천여 기를 도굴했다는 '악당', 백제의 모든 비밀을 혼자만 알고 있을 것만 같은 파렴치한, 행방을 알 수 없는 막대한 유물들 …. 마치 일본인들이 해방이 되자 허겁지겁 쫓겨 가면서 막대한 양의 금을 묻어놓았다는 그런 종류의 이야기와 느낌이 비슷했다. 하여튼 이야기는 흥미로웠지만 워낙 '전설의 고향' 수준이었고, 그래서 취재를 하겠다는 것까지는 생각이 전혀 미치지 못했다.

## 가루베의 진실, 취재를 시작하다

2003년 여름, 국립부여박물관 관장이었던 서오선 관장과 인터뷰를 하게 되었다. 일을 마친 뒤 이런 저런 말을 나누던 중, '이거다' 하고 무릎을 쳤다. 그것은 가루베 지온의 장녀였던 치즈코 씨가 남긴 주소와 연락처였던 것이다. 치즈코는 수년 전 공주를 관광차 왔다가 공주박물관을 방문하였는데 자신이 가루베 지온의 장녀라는 사실을 밝힌 뒤 연락처를 남겼다는 것이다. 당시 이것이 계기가 되어 공주의 몇몇 분들이 유물반환을 촉구하기 위해 일본을 찾았고 치즈코씨에게도 찾아갔다고도 했다. 유물의 열쇠를 쥐고 있을 것으로 추정되는 가루베의 장남과도 만나려 했지만 해외 출장 중이라 만나지 못했으며 장남 본인과 가족들의 거부로 이름이나 연락처조차 알아내지 못한 채 돌아오고 말았다는 이야기도 듣게 되었다.

일단 단서를 확보한 것이어서 곧바로 관련 자료의 수집과 제작에 들어갔다. 가루베 지온이 교사로 재직했던 공주고등학교를 찾아가 일제강점기 때의 졸업앨범에서 이른바 '가루베 향토전시관'의 사진을 확보한 것이 첫 성과였다. 공주박물관에 전시돼 있는 기대器臺와 몇몇 유물들이 바로 이 사진에 나와 있었다. 일본의 박물관과 대학에 남아있는 유물들도 확인했다.

유물과 관련한 가루베 소문에 대한 진위를 밝혀내기 위해 그를 기억하는 수많은 한국과 일본의 사람들, 고고학자들을 만났다. 가루베 유물에 대한 실체의 일부도 확인했고 그에 대해 많은 것들을 알았지만 속 시원한 것은 아니었다. 심지어 일본으로 가서, 면담을 거부하는 치즈코씨의 집을 무작정 찾아가는 실례도 범했는데, 다행히 치즈코씨는 아버지로부터 들어 기억하고 있다는 이야기들을 해주었다. 해방 때 일본으로 돌아가면서 트럭으로 유물을 대전의 전기회사로 옮겼지만 한국 전쟁 때 폭격을 당해 모두 없어졌고 나머지는 아버지의 제자에게 유물을 맡겼는데 역시 한국전쟁 때 피난길과 혼란의 와중에 사라졌다는 내용이었다.


## 도쿄에서의 가족 면담

하지만 가루베 장남을 만나지 못했고 본인의 강한 거부로 이름조차 알 수 없는 상태로 취재를 마무리하고 방송을 내보내는 것으로 일단락을 지었다. 하지만 여전히 찾지 못한 것들이 너무 많아 아쉬움이 너무 컸다. 2년 뒤인 2005년, 다시 후속 취재를 시작했다. 이번에는 가루베의 장남을 만나는 것이 무엇보다 가장 큰 목표였고 치즈코씨가 말한 증언들을 확인하는 것을 그 다음 목표로 정했다.

취재는 처음부터 막막했다. 이름조차 알지 못했고 본인의 완강한 거부로 가루베 지온의 제자들이나 가족들도 입을 굳게 다문 상황이어서 도무지 방법을 찾을 수 없었다. '일본에 있는 사설탐정에 의뢰해야하나' 할 정도로 고민하던 중, 해답은 전혀 예상하지 못한 곳에서 나왔다. 가루베 지온 묘소 비석을 촬영한 화면에서 장남의 이름을 확인하게 되었고, 이를 근거로 회사의 주소와 연락처를 확보하게 된 것이다. 하지만 몇 달이나 계속 전화를 하고 메모를 남겼지만 통화는 이루어지지 못했다. 무작정 찾아가자는 마음을 먹고 마지막으로 편지를 보냈지만 끝까지 답장은 없었다.

회사 주소를 들고 일본으로 출국하던 날, 드디어 장남과 통화가 됐다. 편지가 마음을 움직였는지 아니면 더 이상 피할 수만은 없다고 판단했는지는 모르겠지만 하여튼 만나겠다는 의사를 밝혀왔다. 가루베 장남은 사진에서 본 노년시절 가루베 지온의 이미지 그대로였다. 상당한 사회적 지위와 함께 거부감을 느끼기 어려운 매너도 가지고 있다고 생각되었다. 하지만 그는 유물의 존재에 대해서는 부인하였다. 자신의 가족은 한국에서 돌아온 뒤 한동안 극심한 생활고를 겪었으며 아버지가 자신들에게 물려준 것은 오로지 '우수한 유전자' 뿐이었다고 농담반 진담반의 답변을 했다.

대화 중에 일본에 있는 유물 가운데 나라박물관의 기와가 임대형식으로 있고 소유권이 장남인 당신에게 있다고 말하자, 이들 유물의 반환을 약속했고 2008년에 실제로 유물 반환이 이루어졌다. 기와 몇 점을 돌려받는 것으로 가루베에게 면죄부를 준다는 일부 언론에서의 비판도 있었다. 그러나 이제까지 전혀 알려지지 않았던 공주 출토 백제와당 4점의 반환은 어려웠던 취재의 과정에서 얻을 수 있었던, 작지만 의미 있는 성과였다고 나는 생각한다. 치즈코씨가 말한 증언들에 대해서도 우여곡절 끝에 단서를 찾아냈다. 치즈코씨가 말한 이름 석 자만 가지고, 유물을 맡겼다는 제자를 탐문하여 찾아내는 데 성공하기도 하였다. 여기에는 충남교육청과 공주시청의 도움이 컸다. 그러나 당사자는 이미 세상을 떠났고, 그 장남과의 면담이 이루어졌지만 유물의 존재에 대해서는 역시 부정했다. 가루베가 맡겼던 짐은 헌 옷가지와, 유적을 조사 기록한 자료나 논문 원고였으며, 유물은 없었다는 것이다.

## 돌아온 백제 와당

대전의 창고로 유물을 보냈다는 증언도 어느 정도 접근에 성공했다. 한전韓電을 퇴직한 분들을 수소문해 해방 전후 대전 전기회사 창고를 관리했던 분을 찾았다. 그러나 당시 창고에는 그런 물건이 들어온 적이 없다는 말만 들었다. 하지만 해방 무렵 대전의 전기회사는 '오쿠라 다케노스케'의 소유거나 그와 밀접한 관련이 있었다는 말을 듣게 됐다. 오쿠라의 유물 가운데 백제 무령왕릉에서 발견된 것과 유사한 유물들이 있는데 그런 것들이 혹시 오쿠라에게 건네진 것이 아닌가 하는 생각도 들었다. 이 정도에서 가루베 유물에 대한 취재는 마무리가 됐다.

가루베의 어떤 제자는 가루베가 세상을 떴을 때 상당한 양의 유물과 유품을 정리해 장남의 집 창고에 가져다 놓았다는 말을 했고, 공주에서 만난 어떤 분은 가루베의 유물을 맡았던 제자가 백제 유물이나 조선시대 화첩을 선물로 남에게 주기도 했으며 그에게서 받은 백제기와를 대학에 기증 했다는 말도 했다. 실제로 그분이 기증한 기와는 대학박물관의 창고에 있다는 대학 측의 답변도 들었다.

취재가 진행되면서 유물의 행방에 대해서는 대략적인 짐작이 가능했지만 가루베에 대한 진실은 아직도 많은 부분이 해결되지 않은 채 남아있다. 그리고 그것은 앞으로도 좀처럼 풀리지 않을 것처럼 생각되기도 한다.

마치 드라마 속의 탐정처럼, 단서의 끈을 하나 찾고 거기에서 연결된 끈을 찾고 이름만 가지고 사람을 찾아다니고, 마치 범죄수사와 같았던 취재로써 기억에 남아있다. 가루베가 발굴한 유물

(2005, 戶田有二 사진)

들은 여기저기에서 굴러다니거나 창고에 있거나 누군가의 장식장
에 있을 것이다. 혹은 한국이나 일본의 박물관 어디에선가 '출토
지 미상' 또는 '전 백제유물' 이라는 안내판을 가지고 우리 눈앞에
서 전시되고 있을 지도 모른다.

　　가루베를 취재하면서 납치된 사람이 납치범에게 동화된다는
'스톡홀름증후군' 처럼 가루베에게 호감을 가지게 되는 것을 경계
하면서 일을 했다. 방송기자에 있어서 그는 흥미 있는 소재의 인
물이다. 한쪽은 탐욕적인 악당이고, 다른 한쪽은 온화한 미소를
지닌 품위 있는 학자로서의 일본인. 어릴 적 '마징가 제트' 라는
일본만화에서 나오는 얼굴의 한쪽은 남자, 다른 쪽은 여자인 아수
라 백작을 연상시키게 만드는 사람이었다.

## 여전히 걷히지 않은 안개

오랜 취재의 과정을 통하여 나는 가루베 지온에 대해서 많은 사실을 알 수 있게 되었다. 그러나 정작 중요한 핵심인, 그에 대한 평가에 대해서 나는 아직도 그를 어떤 인물이었다고 단정하기가 어렵다.

"백제의 기와를 보면서 백제의 영화로운 시절을 떠올린다"

특히 가루베 지온이 세상을 떴을 때, 그의 베게 밑에서 나왔다는 이 글귀를 그의 무덤 비석에서 직면하였을 때는, 그의 인간적인 측면에 찡한 느낌마저 들기도 했다. 하지만 천 여 기의 백제 고분을 도굴하고 거기에서 나온 유물의 행방조차 알 수 없는 상태에서 그는 진실을 밝히지 않은 채 세상을 떠났고, 이제는 한국에서는 용서받을 수 없는 일본인으로 남겨지고 말았다.

가루베 지온에 대한 취재에서 또 하나 느낀 것은, 그렇게 '악명' 높고, 백제에 대한 결정적 단서를 가진 백제 고고학의 선구자였다고 평가받는 그에 대하여 지금까지 제대로 알고 있거나 조사한 분들이 없었다는 점이었다. 취재를 했던 5~6년 전에도 이미 결정적인 증언을 해 줄 많은 분들이 세상을 떠났고 많은 자료가 사라지고 만 상태였다. 다른 한편 학계에서 가루베에 대한 객관적인 학문적 평가를 공개적으로 하기가 어렵다는 것을 취재를 하면서 여실히 실감했다. 이 때문에 윤용혁 교수의 가루베에 대한 학문적인 관심과 연구는 매우 용기 있는 결단이며 더없이 반가운 소식이라는 생각된다. 이러한 시도에 아낌없는 박수를 보내고 싶다.

# 가루베 지온[輕部慈恩]
## 단상斷想

야마모토 타카후미[山本孝文]
_ 日本大學 교수

## 가루베 지온[輕部慈恩]과의 만남

　가루베[輕部慈恩] 선생은 1970년에 작고했다. 필자는 1974년에 태어났기 때문에 당연히 가루베 선생을 직접 만나 이야기를 나눈 적도 사진 외에는 그 모습을 본 적도 없다. 그럼에도 불구하고, 필자와 가루베 선생 사이에 무언가 인연이 있는 것 같다고 느끼지 않을 수 없는 이유는 필자와 가루베 선생 사이에 있는 두 가지 공통점 때문인 것 같다.

　우선 해방 후 가루베 선생은 니혼대학[日本大學]에서 교수로 재직했고 거기서 발굴조사를 비롯한 고고학과 관련된 활동을 했다. 필자는 고등학교를 졸업한 다음에 니혼대학[日本大學]에서 고고학을 공부했고 지금 그 모교에서 고고학을 전공하는 교수로 봉직하고 있다. 필자의 학부시절 지도교수는 가루베 선생의 지도를 받은 바 있기 때문에 필자는 가루베 선생의 제자의 제자에 해당되는 셈이다.

또 하나의 공통점은 백제고고학을 공부했다는 점이다. 니혼대학[日本大學]을 졸업한 필자는 백제고고학에 관심을 가져 1998년에 유학 간 뒤 10년 가까운 세월을 한국에서 공부했다. 필자에게는 '같은 대학의 관계자'라는 사실보다 '백제고고학을 공부했다'라는 공통점이 가루베 선생을 더욱 가깝게 느끼게 하는 요소인 것 같다.

01  니혼대학(日本大學) 미시마(三島) 캠퍼스

이러한 인연 때문에 필자에게 주어지는 역할이 있다면, 그것은 가루베 선생이 남긴 학문적 성과를 읽고 비판할 점을 비판하고 타당한 점은 참고하면서 관련 연구를 더욱 진전시키는 일, 그리고 가루베 선생의 활동과 관련하여 아직 알려져 있지 않은 점, 많은 의문과 의심을 안은 채 잊혀져 가는 사실을, 역사를 복원하듯 조금이라도 밝히는 일일 것이다. 그것이 가루베 선생에 대한 좋은 평가로 이어지든, 나쁜 평가로 이어지든지 간에 말이다. 나머지 평가, 가루베 선생의 활동이나 인물에 대한 평가를 내리는 일이라면, 필자에게 그 권리도 자격도 없다.

## 연구사(研究史) 속의 가루베 지온

필자와 가루베 선생과의 만남은 니혼대학[日本大學] 학부시절에 졸업논문을 작성하는 과정에서였다. 「횡혈식석실橫穴式石室의 계보－한반도와 일본열도에서의 성립과 전개－」라는 주제넘게 방대한 주제로 졸업논문을 작성한 필자는 백제고분에 대한 연구사를 정리하는 과정에서 첫 번째로 가루베 선생의 연구를 언급했다. 여기에 그 부분을 번역해서 인용하면, "… 우선 백제 고분을 처음으로 종합적으로 분류한 것은 가루베 지온[輕部慈恩]이다. 가루베는 그 저서『백제미술百濟美術』에서 백제의 횡혈식 석실을 6유형으로 분류하였다. … 이 당시는 아직 확인된 고분 수량도 적고 또한 공주지역에 한정되어 있었기 때문에 백제지방 전역을 망라하지 못한 것도 무리가 아니다. 그러나 석실의 평면형태와 천장 가구법에 착목한 선구적인 연구로 이후 연구에 큰 영향을 주었다"면서 야마모토 학생도 졸업논문 속에서 많이 참고하고 있다.

발굴 사례가 증가하고 자료가 축적된 현재 시각으로는 천장 형태를 분류 기준으로 지나치게 중요시하는 방법은 많은 문제를 내포하고 있다고 하지 않을 수 없지만, 실제로 그 이후 연구들이 가루베 선생의 시각을 대부분 계승하고 있으며, 그 내용은 본서에서도 지적되고 있다. 부끄러운 이야기지만, 졸업논문을 작성하는 이 시점에 필자는 가루베라는 사람이 어떤 편력을 가지는 사람인지도, 심지어 자신이 소속하는 니혼대학[日本大學]의 관계자였다는 사실도 몰랐다. 바꾸어 말하면 그러한 관계를 제외하고서도, 그리고 일개 학부생의 졸업논문 수준이라 하더라도 백제고분을 공부하려는 사람이면 연구사를 정리하는 과정에서 반드시 그 논문을 읽고 평가할 필요가 있었다는 것이다.


## 가루베 지온의 백제고고학

가루베 선생은 백제에 대한 논문을 많이 발표했고 저서도 발간했다. 왜 한국과 전혀 연고緣故 없는 장소에서 태어나고 자란 일본인이 그 어려운 시절에 당시 실체가 잘 알려져 있지도 않았던 '백제'라는 대상에 관심을 갖게 됐고 평생을 바쳐 공부를 하기에 이르렀을까? 그 배경은 결코 단순하지는 않았겠지만, 이번에 필자는 가루베 선생과 가장 친하게 지냈던 제자의 이야기를 들으면서 그 이유를 어느 정도 이해하게 됐다.

본서에서도 언급되어 있듯이 가루베 선생은 태어날 때부터 불교와 깊이 관련되는 인생을 살기 시작했다. 가루베 선생이 평생 사용한 이름 '지온[慈恩]'은 고향의 절 이름이자 그의 법명法名이기도 하였다. 정식으로 출가하지는 않았지만, 젊을 때 사용하기 시작한 이 불교적 이름을 평생 바꾸지 않았던 것을 보면 본인이 불교에 깊이 귀의歸依했음을 알 수 있다.

가루베 선생은 공주에서 특히 백제고분을 많이 발견하고 발굴한 사람으로 유명하다. 하지만, 일본에서의 세월을 함께한 제자의 이야기로는 가루베 선생이 원래 공부하고자 한 것은 고분이 아니었다고 한다. 가루베 선생이 가장 공부하고 싶었던 것은 백제의 절터였다. 당시 알려져 있었던 백제시대의 절은 많지 않고 부여 군수리사지를 비롯한 유명한 절터들은 조선총독부에서 발굴하고 있었기 때문에 가루베 선생은 그것에 관여하지 못했다. 그것을 끝내 아쉬워했다고 한다. 일본에 돌아간 다음에 제자들한테 기와에 대한 이야기를 가장 많이 했다는 것도 불교사찰에 대한 관심 때문이었던 것으로 생각된다.

일본에서의 불교의 역사를 보면 누구나 아는 내용으로 불교가 처음으로 일본에 전해졌을 때 이야기가 있다. 일본에 처음으로 전해진 불교는 성왕聖王 때 백제에서 소개된 것이었다. 역사상 백제와 일본의 우호적인 관계, 그리고 고대 일본문화의 형성에 백제의 영향이 컸음은 그 당시부터 이미 많은 사람들이 인식하고 있었다. 그 대표적인 문화가 대부분의 현대 일본인들의 사상과 생활 속에 정착돼 있는 불교이다. 옛날부터 일본인들의 마음 속에 있는 백제라는 역사적 존재에 대한 동경심과 더불어, 백제에서 건너온 '불교'라는 사상 체계에 한 때 몸을 담근 경험이 가루베 선생을 백제 연구의 길에 빠지게 했던 것이 아닐까 생각된다.

다만, 가루베 선생은 처음부터 백제고고학에 관심을 가져 한

국으로 건너간 것은 아니었다. 처음에는 고구려에 관심이 있었고 고구려를 공부하기 위해 평양의 전문학교에서 직장을 구했는데, 거기서는 이미 많은 조사연구가 진행돼 있었기 때문에 아무도 주목하지 않았던 백제를 공부하기 위해 어렵게 공주로 내려갔다고 가루베 선생 자신이 회고하고 있다. 이것은 어쩌면 처음에는 백제에 내한 관심이 그다지 크지 않았던 것처럼 보이는 부분이다. 아마 실제로 그랬을 것이고, 이 점 가루베 선생의 백제고고학 시작의 '불순한 동기'처럼 보이기도 한다. 다만, 남들이 아직 주목하지 않는 부분을 탐색하고 그 주제를 전공분야로 삼는 것은 어떤 분야든 연구자가 지향하는 하나의 학문적 자세이기 때문에 이 때 가루베 선생의 결정과 행동 자체는 특별히 비난 받을 일은 아닌 듯하다. 문제가 되는 점이 있다면, 그렇게 해서 시작한 백제 연구가 계속 순수한 학문적 탐구심만을 유지한 것이었느냐 하는 점이다.


## 유물의 행방

가루베 선생이 현재 비판을 받고 있는 이유는 크게 유적 조사의 방법적 오류와 출토유물의 행방이 밝혀져 있지 않다는 점으로 집약될 것이다. 그 중에서도 귀중한 문화재가 행방불명이 되어 버린 현재 상황을 근거로 해방 당시 가루베 선생이 모두 일본으로 가져가 버렸다고 보는 사람들도 있고 본서에서도 지적되어 있듯이 그 내용을 저서에서 명기하는 사람도 있다.

실제로는 소위 '가루베 유물'에 대해서는 그것이 일본에 있다, 없다 하는 논의로 끝나는 단순한 문제는 아니다. 실제로 가루베 선생이 한 때 수집한 토기나 기와의 일부는 확실히 일본에 있고 그 소재지나 유물의 종류 등은 어느정도 확인되어 있다. 예를 들어 동경대학東京大學이나 동경국립박물관, 큐슈대학[九州大學] 등에 보관 돼 있는 것들이다. 나라[奈良]국립박물관에 소장되어 있었던 몇 점의 기와가 국립공주박물관에 반환된 소식은 한국에서도 보도되었다. 이처럼 일본 국내에 흩어져 있는 '가루베 유물'은 아직 알려져 있지 않은 것을 찾아보면 더 늘어날지도 모른다. 확실한 것은 이들이 일본에 반입된 시기는 모두 해방 전이고 그것이 한 기관에 집중적으로 보관돼 있지 않고 일본의 여러 기관에 조금씩 남아 있는 사실로 보아 가루베 선생 자신이 가져간 것이 아닐 가능성이 높다. 그것이 '가루베 유물'이라고 판단할 수 있는 근거는 실제로 토기 등에 가루베의 이름이 인쇄된 라벨이 붙어 있기 때문이다.

여러 상황을 종합해 보면 다음과 같은 가능성이 부각된다. 즉, 일본의 여러 지방의 연구자나 관계자가 공주를 찾아가면 가루베 선생의 안내를 받고 백제유적이나 유물에 대한 설명을 들었다고 하는데, 그 때 가루베 선생이 수집한 백제토기나 기와를 연구, 교육이라는 명목으로 어느 정도 일본으로 가져갔을 가능성이 있다. 이 자료들이 발굴품인지 수집품인지는 알 수 없으나, 가루베 선생 자신이 소장품을 연구자들에게 나누어 주는 행위가 있었다면 그것은 어떤 이유에서든지 용납될 수 없다.

이와는 별개로 소위 '가루베 유물'과 관련된 가장 큰 문제는 해방 때 자신이 수집한 유물을 가루베 선생이 모두 일본에 가지고 들어갔는가 하는 점이다. 가루베 유물 중에는 분명히 상당히 희귀한 자료가 포함돼 있을 것으로 생각되는 공주 송산리 6호분의 출토품 등도 포함돼 있을 것으로 추측된 바도 있다.

이에 대해 가루베 선생 자신과 그 가족들은 부정한다. 이 문제에 대해서는 가루베 선생이 살아 있을 때 몇몇 제자가 직접적으로 묻기도 했다고 한다. 그 때 가루베 선생의 대답은 "학자가 그런 짓을 하겠느냐" 하는 것이었다. 또한 가루베 선생 가족과 친하게 지냈던 한 제자(현재 시즈오카현 모 고등학교 이사장)가 가루베 선생이 별세한 뒤에 부인에게 "혹시 그런 유물들이 있다면 한국으로 반환하는 것이 어떻겠느냐" 하는 제안을 한 적이 있다. 그 때 가루베 선생 부인의 반응은 그런 말을 던진 제자에 대한 서운함과 분노였고, 그 이후 부인과 그 제자는 말 한 마디 못하는 사이가 돼 버렸다고 한다. 가루베 선생이 다량의 유물을 소장했을 가능성은 가루베 선생의 아들 또한 부정하면서 "그런 유물이 있다면 한국에 반환하고 싶다"라고 했다. 이 말은 곧 없으므로 어떻게도 할 수 없다는 뜻일 것이다.

그렇다면 가루베 선생은 정말로 해방 당시 아무것도 안 들고 일본에 돌아갔던 것일까? 소위 '가루베 유물'의 정체는 무엇이었을까?


## '가루베 유물'의 정체

일본 시즈오카현[靜岡縣] 이즈[伊豆] 반도의 슈젠지[修禪寺]에는 가루베 선생의 묘소가 있다. 현대 일본에서는 사람이 죽으면 대부분 화장을 하고 남은 뼈를 무덤에 묻는다. 무덤은 가족묘인 경우가

많고, 한 가족 당 하나씩 만들어
지는 경우가 일반적이다. 슈젠지
[修禪寺] 뒷산의 공동묘지 가운데
가루베 집안의 무덤도 있으며 묘
석에는 '가루베가[輕部家]'라고 새
겨져 있다. 지금 이 무덤에는 가
루베 선생과 부인이 묻혀 있다.
일본 무덤의 묘석에는 보통 그
무덤을 소유하는 가족의 성, 그
무덤에 매장된 사람의 이름이나
계명戒名, 사망한 날짜와 나이,
무덤을 세운 사람(주로 매장된 사람
의 자식)의 이름, 날짜 등이 새겨
진다. 그런데, 가루베 선생의 무

O2 가루베 지온 묘비의 측면

덤에는 보통 묘석에는 새기지 않는 문장이 있다. 그 내용은 가루
베 선생의 생전의 사적事蹟과 관련된 내용과 별세別世의 시詩 같은
것이다.

'百濟遺跡の研究と子弟の教育に捧げその生涯を終る'
(백제유적의 연구와 제자들의 교육에 바친 생애를 마치다)

'百濟盛時を古瓦と語る'
(백제가 융성했던 때의 이야기를 옛 기와와 나누다)

위쪽의 문장은 아마도 가루베 선생이 별세한 다음에 자식들
이나 제자들이 발안한 문장을 새긴 것으로 보이며, 아래 문장은

가루베 선생 자신의 문장이다. 이러한 문장이 무덤 비석에 새겨져 있다는 것 자체가 일본에서는 놀라운 일인데, 이 두 가지 문장에서 짐작할 수 있는 몇 가지 사항이 있다. 우선 가루베 선생은 한국을 떠난 다음에 일본에서 무려 25년을 살았다가 별세했는데, 죽기 전까지 백제에 대한 동경과 열정을 가지고 있었고, 주변 사람들 역시 그것을 잘 인식하고 있었다는 점이다.

가루베 선생이 백제에 관심을 가지게 된 진정한 이유는 알 수 없다. 어쩌면 앞서 말한 것처럼 당시 아무도 주목하지 않았던 분야를 개척해 보자는 야심 때문일 수도 있다. 다만, 이 무덤의 비문을 보면 '백제'가 가루베 선생에게는 단순한 연구 대상 이상의 존재였음을 느끼지 않을 수 없다. 만년을 맞이한 학자에게 종종 볼 수 있는 낭만주의나 감상주의라고 해 버리면 그만이지만 말이다.

필자가 하나 더 주목한 말은 '고와古瓦'라는 말이다. 백제가 융성했을 때를 그리워하면서 백제시대의 옛 기와와 함께 이야기를 나눈다는 일종의 시詩와 같은 문장인데, 백제 유물의 대표로 기와를 선택한 이유는 분명하다. 그것은 앞에서도 언급한 것처럼 가루베 선생이 가장 희망했던 연구 분야가 절터였기 때문이다. 가루베 선생이 다양한 백제 유물 중에서 기와에 가장 집착했음은 여러 상황으로 보아 틀림없는데, 이 사실이 소위 '가루베 유물'의 실체와 관련하여 관건이 될 수가 있다.

어떤 사람은 가루베 선생이 해방 당시에 자신이 수집한 막대한 양의 유물을 트럭에 실어 일본으로 가져갔다고 한다. 하지만, 해방 당시의 상황이나 여러 사람들의 증언을 고려할 때 이는 도저히 불가능한 일이라 하겠다. 그러면 가루베 선생의 말대로 자신이 수집한 유물은 모두 한국에 두고 온 것일까? 사실은 그것도 아니다. 가루베 선생과 친했던 한 제자의 말에 따르면 가루베 선생은 해방 당시 일본에 귀국할 때 작은 배낭에 들어갈 만큼의 기와를 가져왔다는 것이다. 이것이 진실이라면, 가루베 선생이 말했던 '모든 유물'을 한국에 두고 왔다는 말은 사실과는 다르다고 하지 않을 수 없다.

물론 자신이 수집한 유물의 대부분을 한국에 두고 왔을 수도 있다. 그리고 당시 감각으로는 그 정도 양의 기와들을 해외로 반출하는 것은 그다지 큰일이 아니었을 수도 있다고 본다. 하지만, 시대가 바뀐 현재의 시각으로 볼 때 그 작은 행위와 기와 사랑이 가루베 선생의 학자로서의 자질에 변명의 여지조차 없는 큰 대가를 치르게 할 줄은 선생 자신 꿈에도 몰랐을 것이다.

다시 찾아갈 수 없을지도 모르는 상황에서, 자신이 사랑하는 백제의 기와를 조금이라도 곁에 두고 싶다는 심정을 전혀 이해 못하는 것은 아니다. 하지만 이 행위가 사실이라면, 정도의 차이는 있어도 '유물을 가져간 가루베'라는 오명에 당당하게 맞설 자격을 끝내 잃게 된다는 점이 안타깝기만 하다.


## 교육자 가루베 지온[輕部慈恩]


가루베 선생의 인물에 대해 한국에서도 일본에서도 거의 같은 인상을 가지고 있는 사람들이 있다. 한국과 일본에서 가루베 선생의 가르침을 받은 제자들이다. 필자는 이 글을 쓰면서 생전의 가루베 선생을 아는 사람들을 직접 만나 이야기를 듣는 기회를 얻었다.

필자가 가장 놀란 것은 수십년 전의 가루베 선생 제자들이 지금도 1년에 한 번씩 모여서 가루베 선생 묘소에 성묘 간다는 이야기를 들었을 때였다. 이제 제자들의 연령층도 상당히 높기 때문에 별세한 사람도 많아 해마다 인원수가 줄어들고 있기는 하지만, 그래도 살아 있는 제자들은 다 모여서 성묘를 간다고 한다. 자신이 죽을 때까지는 매년 묘소를 찾아가겠다는 말에 적어도 교육자로서의 가루베 선생에게 많은 제자들이 따랐음을 알 수 있다.

　　가루베 선생에 대한 제자들의 존경은 일본에 한정된 것이 아니다. 가루베 선생은 1967년 9월에 해방 이후 처음으로 한국을 방문했는데, 그 때 미리 연락을 하지 않았는데도 불구하고 공주시대에 가루베 선생이 가르쳤던 많은 제자들이 공항까지 마중하러 나와 있었다고 한다. 이 때 받은 대환영이 가루베 선생 자신과, 가루베 선생과 동행한 두 명의 제자들을 크게 놀라게 했다.

　　가루베 선생을 잘 아는 한국과 일본의 제자들은 가루베 선생의 인물을 높이 평가하며 성실하고 정직한 사람이었다고 한다. 특히 가루베 선생에 대한 좋지 않은 평가에 대해서는 가루베 선생을 잘 모르는 사람들이 과장한 이야기라며 안타까워한다. 이런 상반된 평가가 뒤에서 말하듯이 가루베 선생이 마치 두 개의 얼굴을 가지고 있는 것처럼 비치는 이유이다.

　　가루베 선생은 해방 후 일본에 돌아와 니혼대학[日本大學]에 재직하면서 제자들의 교육에 임했고, 또한 니혼대학 고고학회[日本大學考古學會]를 설립하여 각지의 유적에 대한 발굴조사를 실시했다. 그 추진력은 아무도 부정할 수 없으며, 적어도 제자들이 바라보던 교육자로서의 가루베 선생은 흠잡을 곳 없는 위대한 스승이었음에 틀림없는 것 같다.

## 과거를 평가한다는 것

현재의 시각에서 볼 때 가루베 선생에 대한 평가에는 해결할 수 없는 모순과 갈등이 내포되어 있다. 그것은 가루베 선생의 학자로서의 업적과, 지나쳤다는 비판을 받고 있는 조사활동 및 유물 관리 사이의 반비례이다. 가루베 선생의 학자로서의 업적을 높이 평가하면 할수록 졸속한 발굴조사와 유물관리에 더욱 비난의 화살이 돌아갈 수밖에 없다. 업적을 남긴 학자라는 사람이 왜 그런 조사와 유물 관리를 했냐는 식으로 말이다. 반대로 가루베 선생의 전문성을 낮게 평가하고 정식 연구자가 아니었기 때문에 조사활동에도 문제가 있을 수밖에 없었다고 판단해 버리면 저절로 연구 업적에 대한 평가도 낮아질 수밖에 없다. 그런 조사를 한 사람의 연구 따위라면 뭐 볼 게 있겠느냐는 식으로 말이다.

이제 더 이상 당시 시대 상황을 핑계 삼아 용서를 빌 수는 없기 때문에 가루베 선생은 이 평가를 달게 받아 들여야 할 것이다. 다만, 그러한 가운데 본서처럼 더욱 객관적인 눈으로 평가하려고 하는 움직임이 한국에서 나타나기 시작한 것은 매우 바람직하며, 그와 인연을 가지는 사람으로서는 솔직히 감사하는 마음이다.

몇년 전 한국 KBS에서 가루베 선생에 대한 특집을 방영하면서 '두 얼굴의 가루베' 라는 부제를 달았다. 사실은 가루베 선생 자신이 두 개의 얼굴을 가지고 있었다기보다는 그를 평가하는 우리가 가루베 선생의 내면에 두 개의 얼굴을 보았을 뿐이다. 역사를 공부할 때 종종 목격하는 장면이지만, 역사상의 인물이나 죽고 없는 사람이 어떤 사람이었는가 하는 것은 그를 평가하는 후대 사람들에 의해 결정되는 경우가 많다. 실제로 본인이 어떠했는지를 떠나, 후대 사람들이 훌륭한 사람이었다고 하면 위인이 되는 것이고, 악인이었다고 하면 그렇게 되는 것이다. 입장이 서로 다른 후대 사람들이 과거의 한 인물을 바라볼 때, 그 사람이 마치 두 개의 얼굴을 갖고 있는 것처럼 보이기도 한다. 우리 역시 과거 인물을 단죄하는 행위에 책임을 느끼지 않을 수 없다.

　　모든 것이 밝혀지지 않은 이상 가루베 선생에 대한 인상이나 사회적 평가가 현재의 상태에서 크게 바뀌지는 않을지도 모른다. 적어도 후대의 우리가 불확실한 정보에 바탕하여 감정적으로 말 없는 과거 사람을 평가하는 일이 없도록 정확한 '사실'을 추구하는 자세를 유지해야 할 것이고 그것을 위해 필자 역시 앞으로 이 과제에 임하고자 한다.

참고
자료

# 공주의 백제 유적

「公州に於ける百濟の遺蹟」, 『朝鮮』 234, 1934

가루베 지온[輕部慈恩] 저

/ 윤용혁 옮김

　　백제는 처음 한산성에 도읍했는데, 개로왕 때 고구려의 압박을 받아 문주왕 원년(475)에 웅진(지금 충청남도 공주)로 도읍을 옮기고, 성왕 16년(538) 다시 사비 즉 지금의 부여로 천도했다. 그 후 120여 년을 지나 의자왕 20년(660) 백제는 드디어 당과 신라와의 연합군 때문에 멸망되기에 이른다. 즉 지금 공주의 땅은 웅진, 또는 웅천이라 하고 『일본서기』에는 '구마나리久麻那利'라 쓰여 있는데 문주왕 원년부터 삼근왕·동성왕·무령왕을 지나 성왕 16년까지 5대 64년 간의 백제 도성이었던 곳이다.

　　그러나 종래 백제의 유물·유적의 연구조사는 주로 부여를 중심으로 한 일대 즉 사비성지, 더 일찍은 서울의 한강 대안對岸인 광주군 풍납리 토성지 즉 한산성지에 치우쳐 웅진(공주)에 있어서 백제유적의 조사가 경시된 경향이 있다. 더욱 연한에서 보면 64년 간 백제의 도읍으로서는 가장 짧은 기간이어서, 이점에서 생각하면 얼마나 중요시되지 않았는지도 알 수 없다. 아울러 웅진(공주)은 사비로 천도된 후에도 백제의 중요한 성으로서 존재하여 별도別都와 같은 감이 있다. 그 후 120년을 지나 백제 멸망 이후에는 웅진 도독부가 설치되는 등 줄곧 주요 도시로서의 기능을 계속한 것이다. 따라서 그 유적 · 유물도 상당히 풍부하게 존재하고 있는 터에, 신라 통일 이후에도 곧 그 문화가 모두 신라식으로 변하지 않았기 때문에 상당히 후세까지 재래 백제식의 문화 계통이 남아 있었다고 말할 수 있다. 이 때문에 이 곳에 남겨진 유물이나 유적에 백제식의 특색을 가진 것이 많지만, 백제 멸망 후에도 상당히 남겨졌다고 생각할 수 있는 것이다.

　　나는 이 지역의 유적 · 유물 조사를 시작하기 8년, 그 사이 많은 백제 관련 고분 · 사지 · 성지 · 궁원지 등의 유적을 발견하였고 또 각종 백제 및 그 계통에 속하는 유물을 채집할 수 있어서 점차 웅진성 시대 백제문화의 윤곽을 밝힐 수 있게 되었다. 다음에 공주의 많은 백제 유적중 산성지와 송산리 6호분을 뽑아 간단히 설명하고자 한다.


## 공산성지(公山城址)


　　백제 당시의 유적은 산성지, 고분, 사원지, 주거지 등 많은 유적 가운데 가장 중요한 것은 산성지와 고분일 것이다. 현재의 공산성지는 백제 당시의 중심 산성으로 생각되는 곳으로, 『동국여지승람』공주목조에는 "本 百濟熊川 文周王自北漢山城 徙都之 至聖 王 移南夫餘"라하여 공주는 일찍부터 웅진성지로서 전해온 곳이 다. 백제의 웅진(웅천)이 현재의 공주라는 것을 어원적 연구에 의하 여 고증하는 것도 필요한데 그것을 여기서 간단히 말하면, 백제도 성이었던 웅진(웅천)은 『일본서기』에 구마나리久麻那利라 하고, 중 국의 『북사北史』에는 '고마성固馬城' 혹은 '고발성固拔城'이라 쓰여 있고 웅진은 당시 '고말나루' 혹은 '고만나루'에 가까운 발음으 로 읽힌 것 같다. 즉 지금도 공주읍 서쪽 1.5km 지점의 도선장을 熊津웅진이라 쓰고 '고만나루'로 발음하고 있다. 熊웅자는 한국어 의 훈訓으로 '곰'이고 津진은 도선장 또는 내(川) 또는 강江 등의 의 미인 '나루'이기 때문에 '고만나루'라는 음을 한자로 표기하기 위하여 熊津웅진이라는 글자를 취했다고 생각된다. 그러면 '고말 나루'의 의미는 무엇을 나타내는 것이냐 하면 '고'는 한국어의 '크khu' 또는 '커kho' 등과 같은 '대大'의 뜻을 나타내는 것이고, '말'은 한국어의 '마을' '부락' 등의 뜻을 갖는 '말mar'이라고 생 각된다. 그리고 '나루'는 전술한 바와 같이 도선장 또는 내(川) 또 는 강江의 뜻인 '나루naru'로 볼 수 있을 것이다.

여기에서 '고만나루'는 '고말나루'에서 온 것으로, '큰 부락 의 나루[渡場]' 또는 '큰 부락 가까이 있는 강'의 의미로 백제의 도 읍인 대도시를 가리키는 것 같다. 그것을 『일본서기』에는 '구마나 리久麻那利'라는 글자로 썼고, 중국의 역사책에는 고마성 또는 고 발성이라는 글자로 쓰여 있는 것이다. 그리고 현재의 금강을 웅강 熊江(고말나루), 그 하류 부여 부근에서는 백마강, 다시 그 하류는 백 촌강이라 적고 마찬가지로 '고말나루'로 읽은 것이라고 나는 생 각하고 있다. 즉 '백白'은 한국에서는 흔히 어미語尾 'k'를 취하여

'구ku'를 나타내는 것이고 '마馬' '촌村' 모두 한국어의 훈은 '말'이기 때문에 백마강·백촌강 모두 그 훈은 '고말나루' 즉 '고만나루'를 나타내는 동음이자同音異字로 생각할 수 있다. 그러나 현재의 금강을 옛날에는 상류, 중류, 하류에 의하여 '고만나루'라는 같은 음을 표기하면서 다른 글자를 사용했다고 할 수 있다.

　백제 멸망시 일본군이 당과 신라의 연합군을 싸운 것으로 유명한 백촌강(백강)의 위치에 대해서 학자간에 그 설이 아직 일치되고 있지 않지만 나는 전술한 것처럼 백촌강이 현재 금강하류 지역에만 특히 사용된 문자라고 생각한다. 『삼국사기』가운데 "夫餘隆帥水軍及糧船 自熊津江往白江"이라 한 구절이 있는데, 백촌강(백강)을 금강 이외의 곳으로 보는 학자도 있지만 그것은 웅진강, 즉

01  공산성 지도

공주부근 현재의 금강으로부터 출발하여 하류인 백마강에 이른다고 해석하면 거기에 어떠한 의문도 야기되지 않는다. 또 백촌강에는 '백강구'라고 하여 '구'자를 붙이는데 '웅진강구'라고 하는 것은 옛 책에 보이지 않는다는 것에서 생각하더라도 웅진강은 직접 바다에 접하지 않고 백촌강에 이르러 비로소 바다에 들어가는 것을 보여주는 증거가 되는 것이다.

다시 『동국여지승람』(옥천 적등진)에 금강이 상류·하류에 따라 호칭이 다르다는 것이 쓰여져 있다는 점에서 보더라도 분명하지만 여기에서는 유물 유적에 대하여 소개하는 것이 중심이므로 공주의 땅이 옛 웅진의 지역이라는 점을 입증하는 것으로 충분하고 상세한 고증은 다른 기회로 미루도록 하겠다.

하여튼 웅강은 후세 그 글자의 훈에 의하여 곰강komgan으로 불리게 되었기 때문에 다시 한자의 유음미자類音美字를 찾아 금강(금강, kumgan)이라 하여 오늘날 강이름으로 된 것이다. 한편 웅진은 신라 경덕왕 때 웅주로 바뀌고, 앞의 예와 마찬가지 이유로 곰쥬komju라 불리게 되어 고려 태조 23년에 이르러 한자의 유음미자를 찾아 공주kongju라 고쳐 지금에 이른 것이다. 또 웅산熊山은 지금의 공산성으로 바뀐 것이 당연하고 옛 웅진성지가 공산성이라는 점에는 어원적 고증에서 보더라도 틀림없는 것이다.

공산성지의 유적 유물상의 조사는 근년에까지 거의 손이 닿지 않아 조선 고적조사의 대선배 공학박사 세키노[關野 貞]씨의 경우도 여러차례 이곳을 실지 답사하였지만 백제 당시의 유물은 토기의 파편과 소량의 평기와 파편을 제외하면 거의 없는 상태이다. 그러나 최근 필자의 조사에 의하여 속속 각종의 백제 유물이 발견되고 이들 유물에서 생각하더라도 현재 공산성지가 백제 웅진성의 중심성이었음이 입증되고 있다.

　공산성은 공주 북쪽에 독립한 소구릉지대로, 북으로 금강이 흐르고, 동에서 남으로 수원산, 월성산, 주미산, 다시 서에서 남으로 정지산, 망월산, 월락산과 주미산까지 이어져 현재의 공주읍을 포용하여 자연의 나성을 형성하고 현재 각 처에 토루를 쌓은 흔적이 잔존하고 있다. 그 중심성인 공산성지는 동서로 길게 약 800m, 남북으로 좁게 약 400m이고, 높이는 최고 해발 110m, 4방에 현재 석축이 남아 있는데 이것은 백제 당초의 것이 아니고 대부분 조선 중기에 개수된 것으로 신라 통일이후에서 멀지 않은 시기에 축조되었다고 생각되는 것도 얼마간 잔존해 있다. 원래 백제 당시에는 모두 토축이었던 것 같으나 이들 토축은 후대 수차의 수축에 의하여 대부분 파괴되고, 겨우 산성의 동쪽 웅심각(광복루; 역자) 부근에 약 100m, 그리고 그 남쪽으로 약 200m 정도의 오래된 토축으로 둘러싸인 한 구획이 남겨져 있을 뿐이다.

　이 산성을 지형상으로 구별하면 대체로 3구획으로 나뉜다. 그 하나는 현재 웅심각(광복루)을 중심으로한 구릉과 또 쌍수정을 중심으로 한 구릉으로 나뉘고, 그 두 구릉의 기슭이 북쪽 금강변으로 이어져 공북루의 분지를 에워싸서 다시 한 구획을 만들고 있다. 조선조에 구축한 공북루는 이 산성의 북문이고 진남루는 남문이었다. 서문지는 현재 자동차 도로의 기점상에, 동문지는 웅심각(광복루) 남쪽 아래에 남아 있다. 백제 당시도 현재와 같은 상황이었는지 어떤지는 잘 알 수 없다. 당시 산성내의 건축물 및 그 밖의 배치를 알 수 있는 것은 아무래도 초석이나 유물의 출토 상황에 의하여 추정할 수 밖에 없다. 필자는 수년간 지표면 유물 채집에 의하여 여러 가지 확실한 백제 유물을 수습하였고, 다시 1932년 여름에서 가을에 걸쳐 유람도로 공사시 빗물에 씻겨 내린 많은 귀중한 자료를 채집하였다. 이것을 그 출토지에 의하여 배열하고 출토 상황을 조사하고 또 유물을 종류별로 분류하여 종합 고찰한 결과, 백제 당시 성내의 흔적 및 그 후 변천의 모습을 대체적으로 추정할 수 있게 되었다. 여기에서 이를 상술할 여유는 없지만 이하 그 유적 및 유물의 특히 현저한 것만을 들어 공주산성에 있어서 유물의 특질을 개략적이나마 소개하고자 한다.

유물의 종류는 다종다양하지만 그 가운데 가장 특별한 것은 금동제 공예품, 와·전·도기·석제 기구 등이다. 성내에 있어서 이들 유물의 분포는 구획에 의하여 특질이 있지만 너무 번잡하므로 여기에서는 생략한다. 출토량이 가장 많은 곳은 웅심각(광복루)을 중심으로 한 구획으로서, 삼장비각 앞에서 서쪽에 걸치는 일대 및 쌍수교 동쪽 위[東上]의 지대이다. 또 쌍수정을 중심으로 한 구획에서는 그 앞 광장, 쌍수교 서쪽 공간[西畔]에서 서쪽 금강에 면한 경사면의 일대가 많고 특히 이 지대의 유물은 직경 1m, 깊이 1m 내외의 수혈 가운데 각종 유물이 혼합되어 놀랄만큼 많이 출토하였다. 그 일례를 들면 쌍수교에서 서쪽으로 50m 정도의 사이에 수혈이 십 수개소가 있는데 그 가운데 하나는 지름 90cm의 구덩이 안에서 어로용(漁用) 토기 42개, 8엽연화문 와당 1개, 백제 도기 2개, 토기 1개, 완형(碗形) 석기 1개, 석봉(石棒) 1개 등이 출토하였다. 이것은 아마 주거 내에 만들어진, 창고 역할을 하는 구덩이였다고 생각된다.

다음, 공북루를 중심으로 한 분지는 곳곳마다 다수 출토하는 초석의 배열을 조직적으로 볼 수 있는 가장 적합한 지대이다. 출토한 유물중 특히 중요하다고 생각되는 것을 소개하고자 한다.

## 금동제 봉황형 장식구

그림(제2도)에서 보는 바와 같이 봉황의 목 부분 이상만 떨어져

삼장비의 서측 약 50m 지점에서 출토한 것이다. 뒤쪽 부분에 구멍 하나가 뚫려 있는 것을 보면 기물器物에 부착된 손잡이 또는 장식용으로 사용된 것이라 생각된다. 높이는 약 5cm, 머리 부분의 수법 및 형식이 일본 법륭사 천개天蓋의 봉황과 공통하는 점이 많고 꽤 한아開雅한 점이 백제의 확실한 유물중 가장 귀중한 자료의 하나이다.

O2  공산성출토 금동제 봉황형 장식구

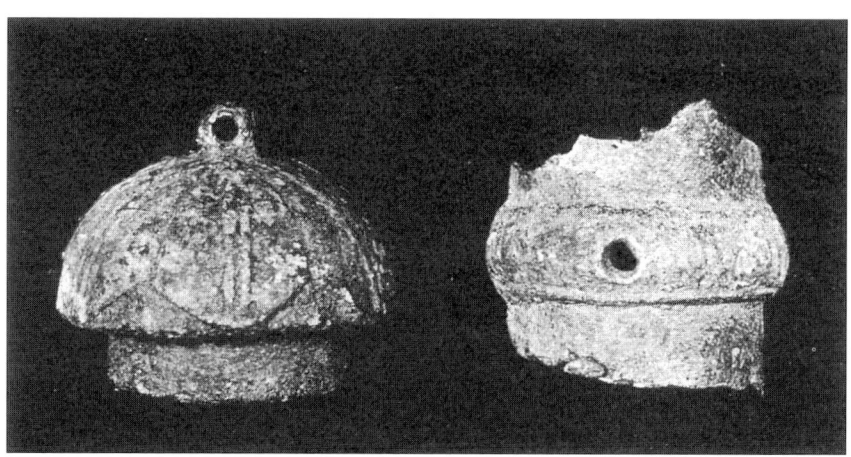

O3  공산성 출토의 백제 유물

## 금동제 환상금구(環狀金具) 및 동제 개형기구(蓋形器具)

이상 2점은 쌍수교 부근에서 동쪽 약 40m의 북쪽에 면한 경사면에서 동시에 출토한 것으로 그림(제3도)에서 보는 바와 같이 오른쪽은 금동제로 지름 3.6cm의 환상環狀을 이루고 그 중앙을 배부르게 하고 선상線上으로 전체를 음각한 당초 모양의 문양이 나타나 있다. 왼쪽은 동제로 전체에 8엽 연판을 놓은 것 같은 문양을 새기고 정점에 유좌紐座를 만들어 1개의 구멍을 뚫었다. 그리고 하부에 뚜껑으로 사용할 수 있도록 한 삽입부가 만들어져 있는데 용도는 확실하지 않다.

### 백제식 도기 및 토기

백제식 도기 파편은 성내의 유물 포함층에는 반드시 다수 포함되어 있는데 완전한 것도 종종 출토한다. 특히 여기에서 출토한 특징 있는 것은 3족足의 뚜껑 있는 잔[蓋附杯形]인데 필자가 채집한 것만 50여 개에 이른다. 소성燒成은 소위 신라토기라 칭하는 것과 유사하지만 백제의 것은 나름의 특색을 지니고 있어 일견하여 이를 구별할 수 있다. 바탕은 회청색을 띠고 유약은 사용하지 않았다. 그림(제4도)의 2점은 모두 공산성 출토의 것으로 우측은 기대器臺, 좌측은 장유醬油 같은 것을 넣는 기구이다. 그 밖에 다리가 달린 둥근 벼루[脚附圓形陶硯]가 많이 출토하는 것도 특별히 주목된다. 흔히 석기시대에만 사용한 것이라고 생각하는 승문繩文을 찍은 담갈색의 토기가 백제 유물과 혼합하여 출토하는데, 전술한 쌍수교 서쪽 수혈竪穴로부터 출토한 것이 그 대표적인 예이다. 1932년 가을

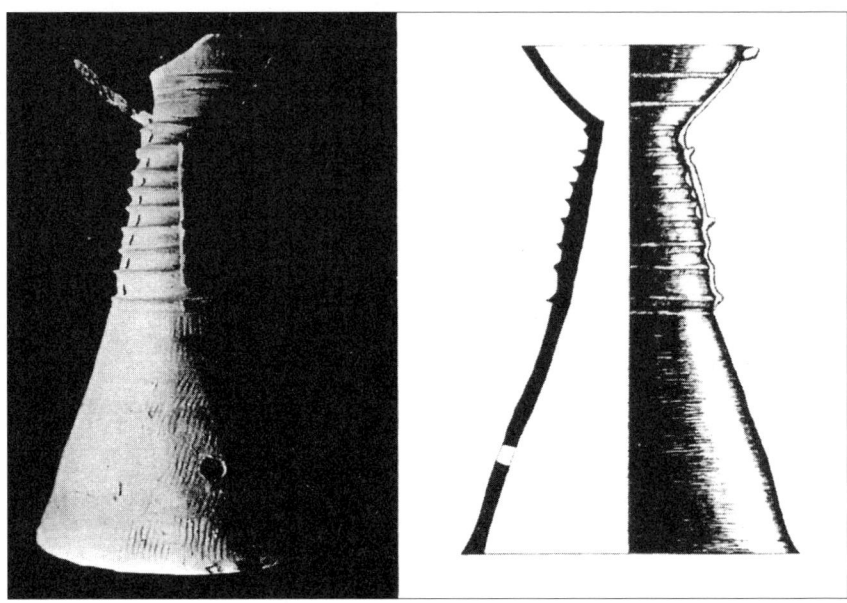

04 공산성 출토의 백제 도기

송산리 8호분으로부터 부장품으로 백제식 도기와 동시에 위와
같은 종류의 토기가 출토함으로써 확실히 백제 웅진성 당시 이들
도기와 토기를 함께 사용하였음을 말해주는 아주 흥미 있는 자료
이다.

기와(瓦)

공산성 내에서 출토하는 고와古瓦는 백제 당시로부터 이후 각
시대에 걸친 것이 출토하는데 그 중 백제계의 것으로 생각되는 것
에 수종의 수막새기와(일명 巴瓦), 암막새기와(당초문와)를 비롯하여

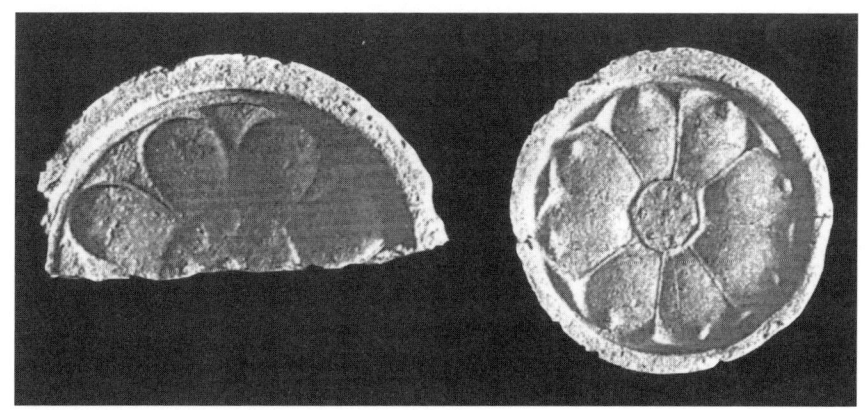

공산성 출토의 백제 와당

문자가 있는 평기와, 치미 등이 한없이 출토하고 조선총독부에서 출판된 고적도보 가운데 공산성 출토의 백제기와로서 수종의 문양 있는 평기와만 실은 시대로부터 보면 격세隔世의 감이 있다. 그림(제5도)은 모두 공산성 출토의 8엽연화문 와당의 예이고 또 문자와 중에는 '官관'명銘이 있는 것이 가장 많고 '熊津웅진', '公山공산', '弓狀궁상', '玄壤현양' 등의 문자도 많이 출토하고 있다.

### 전(塼)

공주에서 출토하는 전은 문양이 있는 것은 고분 축조에 한정되어 있고, 산성에서 출토하는 것은 전부 회색의 견치堅緻한 무문전이다. 문양전 파편 1개를 필자는 쌍수정 아래에서 채집한 것이 있는데 이것은 당시 고분용의 전이 어떻게 하여 산성에 들어온 것으로 생각된다.

## 석제기(石製器)

산성내에서 출토하는 석제품에는 완형碗形의 기구, 다리미용 판석, 석봉石棒, 석환石環 등과 같이 지금까지 석기시대의 유물로 생각되는 것이 있지만, 모두 백제 당시에 사용되었던 것일 것이다. 이렇게 많은 석제 기구가 삼국시대의 유적에서 출토한 것은 이곳 이외에는 예가 없었던 것으로 당시 문화의 특질을 연구하는 데 특히 주의해야 할 점이다.

이상은 공산성에서 출토하는 유물의 중요한 것이지만 이것을 종합하여 보면 웅진성 당시의 백제문화는 대륙, 특히 남조의 영향을 받아 신문명이 만들어진 것은 물론이지만 한편 이곳에 토착해 있던 사람들에 의하여 석기시대로부터 전승된 토기 혹은 석기와 같은 것도 혼용하여 전혀 이들 원시적 생활양식에서 벗어나지 못했던 시대라고 말 할 수 있을 것이다.


## 송산리 6호분 전백제왕릉(傳百濟王陵)

백제의 고분은 십 수년 전 부여에서 6기 정도가 세키노[關野] · 구로이타[黑板] 박사에 의하여 발굴조사되어 그중 1기는 수마水磨의 대석재에 4신상, 비운飛雲, 연화문 등의 벽화가 그려져 있다는 것은 널리 알려져 있는 바와 같다. 공주에서는 최근까지 전혀 그 존재가 밝혀지지 않았고 따라서 이 조사에 착수한 학자는 한 사람도 없었다. 여기에서 필자는 공주를 중심으로 한 일대 산악, 산릉 등을 한없이 수사한 결과 1927년 3월에는 공주읍의 서북에 접속한 송산리의 구릉지대에서 제1호분에서 4호분까지 4기를 발견하고, 이어 공주읍을 중심으로 이를 둘러싸고 있는 산구山丘에서 한없이 많은 백제 분묘를 발견하였다. 그 수는 수 백을 헤아리는데 대소 각종의 구조 형식이 있어서 이미 도굴되어 곽의 일부 혹은 거의 대부분 파괴된 것이 많아 이들에 대해서는 여러차례 필자가 『고고학잡지』 등에 그 조사 결과를 보고한 적이 있었다. 이어 1932년 10월에는 송산리고분에 자동차도로를 개착할 때 제5호분 및 제7호분, 제8호분이 우연히 발굴되고 다시 1933년 8월 1일 필자에 의하여 제6호분이 발굴되어 그 구조의 전곽磚槨이 특수한 점과 곽내에 벽화, 불감이 있고 전방前方에 배수구가 있는 등에 의하여, 일시에 세인의 주목을 받기에 이르렀다.

공주 부근의 이들 고분에 대해서는 지금 이것을 상세히 설명할 수는 없지만, 이들을 전부 종합하여 형식상으로 분류하면 6개 유형으로 분류할 수 있다. 필자는 이것을 제1유형으로부터 제6유형까지 명칭을 붙여 조사를 진행했는데 특히 고분을 축조한 지형상에서 이것을 종합하여 볼 때 백제 당시 묘제임을 알 수 있게 되었다. 즉 풍수설에 의하여 묘지를 선정하는 것이 이 백제 웅진 당시에 엄격히 행해진 것이다. 풍수설이 시작된 것은 멀리 전한시대로부터의 일이고 이것을 묘지에 이용한 것은 언제부터인지 분명하지 않지만 고구려 고분의 현실내 벽면에는 청룡·백호·현무·주작의 벽화가 그려져 있고 백제고분에도 마침 이것을 볼 수 있는 것은 당시 이미 풍수설과 분묘가 결합되어 있었음을 입증하는 것이다. 이것이 궁전이나 주거 등의 선정에서 풍수설에 의한 소위 사신상형四神相形의 땅을 고르는 방법이 묘지 축조에도 특별히 엄격하게 백제 웅진성 당시 이것을 적용하였던 것이다. 또 피장자의 계급에 의하여 그 규모, 형식이 상이하고 따라서 분묘의 장소에도 계급적 구별이 있었다는 점도 밝혀지게 되었다.

다음으로 많은 백제 고분 가운데 가장 현저한 송산리 6호분에 한하여, 먼저 발견과 조사의 경과를 언급하고 간단히 그 구조를 설명하고자 한다.

공주에서 백제고분 가운데 전곽이 있으리라는 것은 필자가 수년 전부터 『고고학잡지』 등에 의견을 말한 적이 있는데 오늘까지 하나도 그 실례를 볼 수 없었다. 그런데 1932년 10월 26일, 공주군 주외면 송산리에서 백제 전축의 배수구 일부를 발견하고 이것이 전곽과 통하는 배수구라는 예상 하에 송산리 6호분으로서 필자는 학계 각 방면에 보고해 두었던 것이다.

원래 백제 전은 부여 천도 이후에도 얼마간 존재하였지만 고분축조에 쓰였다고 생각되는 것은 아직 하나도 발견하지 못했다. 공주에서는 근년 여러 곳에서 고분 축조에 사용된 것으로 보이는 문양전을 발견할 수 있다. 즉 1923년 봄 공주읍 토키와정[常盤町]의 소학교(현 봉황초등학교; 역자) 부지내에서 지형공사 때 우연히 수종의 문양전을 다수 발견하고 당시 누구도 이것을 돌아보지 않았는데 공주의 고물상의 손에 들어가 그것이 경성의 고물상에게 전해지고 마침내 총독부 박물관원이 알게 되어 공주 출토의 백제 전이 세상에 알려지게 되었다. 그 후 1927년 필자의 공주에서의 생활이 시작되어 3월에 니시키정[錦町], 현재의 향교의 뒷산에서 다수의 백제 전을 발견하고, 이어 송산리 5호분 부근에서 다시 다종다양의 문양전을 채집하게 되었다.

특히 그 후 교촌리, 외약리 등지에서도 같은 종류의 전을 발견하고 1932년 10월 20일에는 도로공사 중에 우연히 발견된 송산리 5호분의 조사와 함께 석곽 내부에 2개의 전축 관대 및 연도 입구를 막기 위해 사용된 전벽磚壁의 실례를 얻게 되었다. 이어 같은 해 10월 26일에는 전술한 바와 같이 송산리 5호분 서측에서 전축의 배수구를 발견하여 이로부터 드디어 6호분 발굴의 동기를 만들게 되었다. 그 이전에 이미 필자는 여러 차례 조사를 위하여 이 부근을 배회하고 부근에 많은 백제 문양전이 산재함을 발견하였다. 특히 1931년 경에는 부근에 사는 농부 등 몇 사람이 모여 이번 발견의 연도 부근을 발굴하고 있음을 발견하고 곧바로 공주경찰서에 보고하여 이를 중지시키고 그 때의 전은 뒤에 총독부 박물관에 송부한 바 있다. 특히 같은 해 가을에 조선총독부박물관 촉탁 고 이즈미[小泉顯夫] 씨가 와서 필자와 함께 앞서 농부들에 의하여 도굴된 곳을 다시 발굴을 계속했지만 도중 호우를 만나 중지되어 일이 중단되고 말았다.

이러한 일이 있었고, 한편 지세가 백제의 묘상墓相으로서 가장 상응하는 장소여서 더욱 확신을 가지고 1933년 7월 29일 필자는 공주군보승회의 의뢰를 받아 송산리 6호분의 시굴을 개시하게 된 것이다. 1932년 10월 도로공사 중에 노출된 최남단의 배수구로부터 시작하여 북쪽 지산地山을 남기고 성토盛土만을 제거하며 진행하였다. 그리하여 8월 1일 오후에 이르러 약 21m를 거의 북으로 파들어가 차츰 연도 전벽前壁 상부上部의 일단인 석회층에 도달하였다. 여기에서 용기를 내어, 연도 전벽의 내면內面, 즉 연도 최남단의 천정에 해당하는 부분을 밑으로 파내려가자 지름 30cm 내외의 할석과 섞여 많은 문양전이 출토했다. 다시 1m 정도를 파내려가자 전과 섞여 조선말기 백색 유약의 발형鉢形 도기의 파편이 나왔다. 가까운 시점에 도굴되었음이 확실해지자 실망하며 다시

1.3m 정도 파내려갔을 무렵 연도 천정의 일부가 파괴되어 있음이 명료해지고 조선 말기에 속하는 기와가 나왔다. 다시 연도 안으로 침입한 토사를 제거하고 진행하니 연도의 바닥에 닿고 계룡산 기슭 반포면 사기소 도요지에서 출토하는 종류의 소위 귀얄문 계통의 도기 파편이 1점 출토하였다. 이러한 사실 즉 연도 전면前面의 천정, 남북 66cm, 동서 약 55cm의 넓이로 전塼이 탈락되어 지름 30cm 내외의 활석재와 섞여 전축용 전이 어지럽게 연도 안의 일부에 채워져 있는 점, 그 가운데 이상의 근대 기와, 도기 파편 등이 섞여 있는 것은 아주 멀지 않은 과거에 도굴되었다는 점을 말해주는 것이 틀림없다.

8월 1일 오후 4시 경에 이르러 곽 안으로 들어갈 수 있었다. 예상 이상으로 내부는 완전히 보존되어 벽화, 불감, 관대가 있고 유물도 도굴을 당하였음에도 비교적 많이 잔존하여, 그 기쁨 속에 경성의 조선총독부박물관에 타전하고, 후지다藤田亮策, 고이즈미小泉顯夫 씨의 출장을 요구하여 여기에서 공동조사가 개시된 것이다.

지금 여기에서 상세한 조사의 결과를 기술하는 것은 곤란하기 때문에 이것은 다른 기회로 미루고, 다음에 극히 개략적으로 그 구조를 언급하고자 한다.

이 고분의 위치는 충청남도 공주군 주외면 용동리龍洞里의 일부에 해당하는 송산리 후방 구릉상에 있는 것이다. 남쪽으로 경사가 있고 후방에 인공적으로 만든 현무를 배경으로하여 동서 좌우로 뻗은 지맥이 있고, 그 현무의 주산으로부터 남쪽 약 10m 중앙에 이 전축의 곽이 있다. 6호분의 동쪽으로는 제5호분, 서쪽으로는 제41호분이 있는데 이들은 모두 제1유형의 석축의 곽이다.

06 송산리 6호분 서벽 벽화 백호

　현실은 지표에서 평균 약 3.50m 정도에서 장방형으로 파내려
가 그 바닥에 2중의 평적平積으로 전塼을 사용하여 그물 모양으로
만들고 그 위에 문양전으로 가로쌓기와 세로쌓기를 적당히 배합
하여 4벽을 구축하였다. 전후의 양 벽은 대체로 수직이며 좌우의
양벽은 안쪽으로 좁혀들어 아치형의 천정을 만들고 있다. 높이는
3.13m. 연도는 정면 중앙에 시설되었는데 현실과 같은 모양의 전
을 사용하였는데 바닥 위 좌우에서 좁혀 아치형을 만들었고, 연도
는 전후 2중으로 구획하였다. 연도의 전체 길이는 2.30m, 폭은 앞
쪽 0.8m, 뒤쪽은 1.10m, 높이는 1.32m와 1.49m였다.
　연도 폐쇄부는 안쪽은 전, 밖은 석회로 너비 약 2m, 두께

40cm 정도의 벽을 만들고 거기에서 전방 약 20m를 연속하여 전을 겹쳐 배수구를 만들고 있다. 현실 바닥 중앙으로부터 동쪽에 전축의 관대를 놓고, 그 위에 관을 안치하도록 하였다. 현실 벽면 전부에 먹과 석회로 기하학적 문양을 놓고, 동서남북의 벽면에는 각각 청룡·백호·주작·현무의 사신 및 일월日月을 호분胡粉으로 그리고, 점토를 발라 화면을 조성하였다. 그리고 동서 벽면에 각3개, 북벽에 1개 주형舟形의 작은 불감佛龕을 만들고 붉은 색과 녹청색으로 윤곽 및 화염을 그리고 그 위쪽에 창문 모양을 만들어 녹청으로 채색하였다.

제6호분의 축조 연대는 백제 웅진도성 당시의 것임이 확실하므로 475년부터 538년까지의 사이에 축조 되었다고 할 수 있다. 여기에서의 언급은 생략하지만 다른 이유로 웅진성 시대 중에서도 말기, 즉 502년 이후, 무령왕이나 성왕 무렵에 축조되었을 것이다. 이 고분의 피장자가 누구인지는 판단하기 어렵지만『동국여지승람』등에 백제 왕릉이라 전하는 것의 하나인 점, 그리고 그 구조가 대규모인 점으로 보아 왕릉급이라 보아 틀림없을 것이다.

유물은 중요한 것은 대부분 도둑맞았지만 아직 호박의 구옥句玉 1점, 진주의 환자옥丸子玉 80여 개, 순금제 귀걸이, 대금구帶金具, 대도大刀, 도자刀子의 파편, 금동제 영락 등 다수가 출토하여 지금까지 극히 빈약하였던 웅진성시대의 확실한 유물 중에 단연 빛을 발하고 있다.

이상은 송산리 6호분의 대략이지만 그밖에 공주에 있어서 백제 당시의 유적으로서는 대통사지·서혈사지·남혈사지·주미사지·수원사지 등의 사원지, 아울러 수다한 고분 등이 지금도 남아 있다.

요컨대 공주에 있어서 백제의 유적 및 유물은 근년 속속 발견되고 있어 이들 연구 조사는 우리 아스카문화의 연원을 탐구하는 데 있어서, 또 대륙문화의 수입 경로를 밝히는 데 있어서 가장 중요한 위치에 있다고 할 수 있다. 이러한 의미에서 앞으로 이 방면의 연구조사가 더욱 진척되기를 간절히 희망하는 바이다.

## 〈역자 해제〉

가루베 지온은 공주의 백제 유적에 대하여 두 권의 저서를 비롯하여 다수의 논문을 집필하고 발표하였다. 그 가운데 본 서에 우리말로 번역한 이 글은 『公州に於ける百濟の遺蹟』(『朝鮮』234, 朝鮮總督府, 1934.11)을 옮긴 것이다.

이 글은 그가 공주 유적에 대하여 왕성한 조사와 논문을 발표하던 시기, 공주에서의 그의 유적 조사와 백제 연구를 가장 압축적으로 요약하고 있다. 특히 백제 벽화가 있는 송산리 6호분의 조사 직후에 집필된 것이라는 점에서 송산리 6호분의 조사 경과에 대한 자료적 성격을 함께 가지고 있다. 1927년부터의 공주생활로부터 8년 째에 쓰여진 이 글은 그가 공주의 백제 유적과 역사에 대하여 얼마나 열심히 매진하였는지를 잘 보여주고 있다.

이 글의 내용은 공주가 백제의 웅진도성이었다는 점을 지명고증과 문헌적으로 논의한 다음 도성으로서의 대표유적으로서 공산성과 송산리 6호분을 중심으로 설명하고 있다. 그는 금강 혹은 공주의 지명이 곰에서 기원한다는 선구적 학설을 제시하였다. 공산성을 백제 웅진성으로 주목하고 이에 대한 집중적 관심을 보인 것도 그가 유일한 인물이었다. 이후 공산성에 대한 학술적 검토가 1970년대 말에 이르러서야 비로소 시작되었던 것을 생각하면 그의 학문적 관점이 매우 선구적이었다는 생각을 갖게 된다. 공산성에 대한 자료는 주로 성안의 도로 개설 과정에서 확인한 것으로 이 때 출토한 자료의 상황에 대한 내용은 공산성 연구에 지금도 크게 참고되는 바가 있다.

1934년 송산리 6호분에 대한 조사는 무령왕 이전 최대의 백제 자료 발굴의 성과였다고 할 수 있지만, 이를 계기로 그는 전문 고고학자들로부터 경원시되는 결정적 처지가 되었다. 당시 총독부 박물관의 후지다[藤田亮策]로부터 현지에서 꾸지람을 직접 들었으며 고이즈미[小泉顯夫], 사이토[齋藤忠] 등도 가루베지온에 대한 불편한 소견을 감추지 않았다. 근년에 발행된 아리미츠[有光敎一]의 송산리 28호분 조사보고서에서도 그 중요한 논지의 하나가 가루베 지온이 저지른 학문적 과오에 대한 수정과 보정이었다. 당연 아리미츠는 가루베지온에 대한 준열한 비판을 서슴치 않았다.

다른 한편, 가루베 지온이 특히 공주의 지역민들로부터 따돌림과 비판을 받게 된 것은 그가 수집했던 유물 때문이었다. 가루베 지온은 많은 점에서 세인의 비판을 면하기 어려운 것이 사실이다. 특히 해방이후 철수과정에서 유물의 반출을 시도했던 것도 그렇다. 그럼에도 불구하고 백제사, 백제고고학 연구는 가루베 지온에게 적지 않은 학문적 빚을 졌으며, 그것은 누구도 부정할 수 없는 엄연한 사실이다. 송산리 6호분의 경우에 있어서도 그는 6호분이 이미 도굴된 것임을 주장하고 있는데 필자는 적어도 이 점은 사실이라고 믿고 있다. 여러 정황이 이를 뒷받침한다고 생각되기 때문이다. 송산리 6호분에 대한 조사보고서가 간행되어 있지 않은 현실에서 송산리 6호분에 처음 들어갔을 때의 경과에 대한 그의 설명은 사실의 정확성 여부를 떠나 일단 매우 중요한 자료적 가치를 갖는다. 본고는 이점에 있어서도 상당히 정리된 내용이 실려 있다는 점에서 중요하다.

『조선』에 게재된 원고는 송산리 6호분의 조사과정에 대한 언급 중에서 돌연 문장이 소멸되는 곳이 두 군데 있다. 아마도 인쇄작업 중의 실수일 것이다. 처음에는 원고지가 각 1매 씩 누락된 것인가 생각하였으나, 정밀히 검토한 결과 원고지의 페이지 순서가 바뀌면서 야기된 문제라고 판단되었다. 따라서 이 번역에서는 원래의 원고 순서를 추정하여 이를 연결하였다. 또 6호분에 대한 삽도 자료 몇 장도 여기에서는 생략하였다. 이점 『조선』에 실린 원고와는 차이가 있다는 점을 밝혀 둔다.

# 가루베 지온[輕部慈恩] 연보

| 1897 | 일본 야마가타현[山形縣] 니시무라산군[西村山郡] 다이고촌[醍醐村] 지온지[慈恩寺]에서 10남매의 4남으로 출생 |
|---|---|
| 1901.2 경 | 폐렴을 심하게 앓음<br>시즈오카[靜岡]현 타가타[田方]군 소재 슈젠지[修禪寺]에서 수업 |
| 1910.8 | 일제의 한국 강점 |
| 1914 | 동경에 있는 중학교의 3학년으로 편입학 |
| 1915 경 | 와세다 대학 문학부(국어 · 한학과) 입학 |
| 1925.3 | 평양 숭실전문학교 부임 |
| 1927.1 | 공주고등보통학교 교사 부임 |
| 1927.2 | 공주의 백제 고분(송산리), 사지(서혈사지) 등에 대한 현지 조사 시작 |
| 1928 | 공주의 백제고분 11기 조사 |
| 1929 | 『고고학잡지』에 공주의 유적(서혈사, 남혈사)에 대한 첫 논문 발표<br>공주의 백제고분 2기 조사 |
| 1930 | 공주의 백제고분 18기 조사<br>『고고학잡지』에 공주의 백제고분에 대한 첫 논문 발표 |
| 1930.3 | 공주고보에 향토관 설치하여 백제 자료 전시 |

| | |
|---|---|
| 1931 | 공주의 백제고분 97기 조사 |
| 1932 | 공주의 백제고분 34기 조사 |
| | 충남도청이 공주에서 대전으로 옮김 |
| | 공산성내 유람도로 개설, 노출 유적 조사 |
| 1932.10 | 송산리고분군 유람도로 개설 과정에서 5호분과 6호분의 배수구 확인 |
| 1933 | 송산리 6호분 조사 |
| | 공주의 백제고분 15기 조사 |
| | 공주사적현창회 발족, 백제박물관 건설 기성회 조직 |
| 1935 | 『충남향토지』(공주고보 교우회) 간행 |
| 1938.6 | 충청감영 건물 선화당을 앵산공원으로 이건 |
| 1939.5 | 공산성에서 공주박물관(선화당 이건) 낙성식 개최 |
| 1940 경 | 대동여고(대전여고) 교감 부임 |
| 1940.10 | 공주박물관 개관 |
| 1943 | 강경여중 교장 부임 |
| 1945.8 | 광복 |
| 1945.10 | 일본으로 귀국, 시즈오카[靜岡]현 미시마[三島]시에 정착 |
| 1946.10 | 『백제미술(百濟美術)』(寶雲社, 동경) 출간 |
| 1947.4 | 니혼대학[日本大學] 미시마분교 전임강사 취임 |
| 1947.5 | 니혼대학[日本大學] 고고학연구회 창립 |
| 1947.7 | 토로[登呂] 유적 발굴 참가 |
| 1950.7 | 6·25전쟁으로 공주, 대전 함락 |
| 1951.1 | 공주고 주둔 미공병대의 실화로 교사 전소, 향토관 자료 소실됨 |
| 1951 | 니혼대학[日本大學] 교양학부 조교수 |
| 1953 | 미시마시 시지 편찬위원장 |
| 1956 | 니혼대학[日本大學] 교수 |
| 1960년대 | 『백제의 역사지리 연구』로 니혼대학[日本大學]에서 문학박사 학위 취득 |

| 1968.9 | 처음으로 한국 방문(명지대학, 숭문고교 등에서 특강) |
|---|---|
| 1970.10.16 | 작고 |
| 1970.11 | 가루베지온 추도특집 『슌즈지방의 고대문화[駿豆地方の古代文化]』(駿豆考古學會) 간행됨 |
| 1971.7 | 공주 송산리고분군에서 무령왕릉이 발굴됨 |
| 1971.10 | 『백제유적의 연구[百濟遺蹟の研究]』(길천홍문관, 동경) 출간 |

* 일본대학 교수시절 유적 조사, 연구 발표 등의 활동은 생략하며, 이에 대해서는 『戰後に於ける輕部慈恩博士 業績一覽』(『駿豆地方の古代文化』, 1970) 참고

# 가루베 지온[輕部慈恩]
# 저작 목록

『百濟美術』, 寶雲舍, 1946.

『百濟遺跡の研究』, 吉川弘文館, 1971.

「百濟舊都熊津に於ける西穴寺及よび南穴寺」,『考古學雜誌』19-14, 19-15, 日本考古學會, 1929.

「百濟舊都熊津發見の百濟式石佛光背に就いて」,『考古學雜誌』20-3, 1930.

「公州出土の百濟系古瓦に就いて」,『考古學雜誌』22-6, 1932.

「樂浪の影響を受けた百濟の古墳と塼」,『考古學雜誌』20-5, 1930.

「公州に於ける百濟古墳(1)」,『考古學雜誌』23-7, 1933.

「公州に於ける百濟古墳(2)」,『考古學雜誌』23-9, 1933.

「公州に於ける百濟古墳(3)」,『考古學雜誌』24-3, 1934.

「公州に於ける百濟古墳(4)」,『考古學雜誌』24-5, 1934.

「公州に於ける百濟古墳(5)」,『考古學雜誌』24-6, 1934.

「公州に於ける百濟古墳(6)」,『考古學雜誌』24-9, 1934.

「公州に於ける百濟古墳(7)」,『考古學雜誌』26-3, 1936.

「公州に於ける百濟古墳(8)」,『考古學雜誌』26-4, 1936.

「公州に於ける百濟遺蹟」,『朝鮮』234, 조선총독부, 1936.

「百濟古墳築造の地理的條件とその構築順序」,『研究年報』1, 日本大學 三島敎養部, 1953.

「百濟論考(1)-百濟國號考 百濟王姓考」,『研究年報』5, 日本大學 三島敎養部, 1957.

「百濟論考(2)-百濟熊津・白江・百濟地名考」,『研究年報』7, 日本大學 三島敎養部, 1959.

「百濟 周留城考」,『日本大學70年記念論文集』, 1960.

「百濟論考(3)-炭峴考, 周留城考, 就利山考」,『研究年報』9, 日本大學 三島敎養部, 1961.

「百濟の合掌形天井古墳に關する再檢討」, 日本 考古學協會 研究發表要旨, 1961.

「百濟瓦塼文樣の二系統について」,『日本歷史考古學論叢』, 1966.

「在銘の百濟古塼瓦について」,『兼田博士還曆記念歷史學論叢』, 1969.

「百濟文化とその遺蹟の再檢討」,『韓國時事』31, 1967.

「伊豆柏谷百穴古墳群の發掘に就いて」,『日本考古學論誌』2, 1948.

「駿河澤田遺蹟の發掘調査」「靜岡縣三島市市ケ原廢寺址」(『日本考古學年報』6, 1953).

「田方郡伊豆長岡町花坂瓦窯址」,『日本考古學年報』7, 1954.

「田方郡大仁町宗光寺廢寺址」,『日本考古學年報』8, 1955.

「三島市夏梅木古墳群」,『三島市誌』上, 1958.

「三島市樂壽園西口古墳」,『三島市誌』上, 1958.

「三島市伊豆國分寺址」「三島市推定伊豆國廳址」(『日本考古學年報』16, 1963).

「彌生期の農耕遺跡より出土する 梯子形木製器具の使用法について」,『日本大學(三島)研究年報』10, 1962.

「伊豆大仁町富士見夫婦塚古墳の發掘調査」,『日本大學(三島)研究年報』13, 1965.

「駿河國日吉廢寺址發掘調査の綜合結果」,『古代』49・50合倂号, 1966.

# 참고문헌

## 1. 단행본

공주고등학교, 『공주고 60년사』, 1982.

공주대학교 백제문화연구소, 『백제 무령왕릉』, 1991.

공주시, 『공주의 옛모습』, 1996.

국립부여박물관, 『국립부여박물관』(전시도록), 1997.

국립공주박물관, 『국립공주박물관』(전시도록), 2004.

국립공주박물관, 『고구려 고분벽화 모사도』, 2004.

국립공주박물관, 『백제문화 해외조사 보고서(중국 강소성 · 안휘성 · 절강 성)』, 2005.

국립공주박물관, 『무령왕릉 – 출토유물 분석 보고서(1)』, 2005.

국립공주박물관, 『백제문화 해외조사보고서 VI – 중국 남경지역』, 2008.

국립공주박물관, 『공주와 박물관』, 2009.

권오영, 『고대 동아시아의 문명교류사의 빛, 무령왕릉』, 돌베개, 2005.

김원룡 · 안휘준, 『신판 한국미술사』, 서울대출판부, 1993.

문화재청, 『문화재정책 중장기비전 – 문화유산 2011』, 2007.

백제문화제추진위원회, 『700년 대백제의 화려한 부활, 그 빛나는 발자취 – 제

53회 백제문화제 결과보고서』, 2007.

변평섭, 『실록 충남 반세기』, 창학사, 1983.

부여군, 『백제의 꿈』, 부여군 지역혁신협의회, 2008.

숭실대 기독교박물관, 『숭실대학교 기독교박물관』, 2004.

안승주 · 이남석, 『공산성 건물지』, 공주대박물관, 1992.

오윤환, 『백제고도 공주의 명승고적』, 1955.

유홍준, 『나의 문화유산답사기』 3, 창작과비평사, 1997.

윤용혁, 『공주, 역사문화론집』, 서경문화사, 2005.

윤용혁, 『충청 역사문화 연구』, 서경문화사, 2009.

이구열, 『한국문화재 수난사』, 돌베게, 1996.

이남석 외, 『대통사지』, 공주대박물관, 2000.

이남석, 『백제 묘제의 연구』, 서경문화사, 2002.

이남석, 『웅진시대의 백제고고학』, 서경문화사, 2002.

이남석, 『송산리고분군』, 공주대박물관, 2010.

이순자, 『일제강점기 고적조사사업 연구』, 경인문화사, 2009.

전호태, 『고구려 고분벽화의 연구』, 사계절, 2000.

전호태, 『고구려 고분벽화의 세계』, 서울대출판부, 2004.

전호태, 『중국 화상석과 고분벽화 연구』, 솔, 2007.

정규홍, 『우리문화재 수난사』, 학연문화사, 2005.

지수걸, 『한국의 근대와 공주사람들』, 공주문화원, 1999.

진홍섭 외, 『한국미술사』, 문예출판사, 2006.

최순우, 『한국미 산책』(최순우전집 5), 학고재, 1992.

서만철 외, 『백제문화유산의 가치 재발견』(공주 · 부여 역사유적지구 세계문화
유산 등재를 위한 국제학술회의 발표자료집), 2007.

충청남도역사문화연구원, 『백제사총론』, 2007.

충청남도역사문화연구원, 『웅진도읍기의 백제』, 백제문화사대계 4, 2007.

충청남도역사문화연구원, 『백제의 미술』, 백제문화사대계 14, 2007.

충청남도역사문화연구원, 『아메미야 히로스케 기증유물 특별전』, 2008.

최석영, 『한국 박물관의 '근대적' 유산』(증보판), 서경문화사, 2004.

최석영, 『한국박물관 100년 역사』, 민속원.

홍윤기, 『일본 속의 한국문화유적을 찾아서』, 서문당, 2002.

公州高普 校友會, 『忠南鄕土誌』, 1935.

輕部慈恩, 『百濟美術』, 寶雲舍, 1946.

輕部慈恩, 『百濟遺蹟の硏究』, 吉川弘文館, 1971.

羅宗眞, 『六朝考古』, 南京大學出版社, 1996.

藤田亮策, 『朝鮮學論考』, 笠井出版, 1963.

武寧王交流唐津市實行委員會, 『百濟武寧王, 日韓交流8年のあゆみ』, 2007.

文物出版社, 『2003 中國重要考古發現』, 北京, 2003.

小泉顯夫, 『朝鮮古代遺跡の遍歷』, 六興出版, 1986.

蘇哲, 『魏晋南北朝壁畵墓の世界』, 白帝社, 2007.

有光敎一, 『朝鮮古蹟研究會遺稿』Ⅱ, 유네스코 동아시아연구센터, 2002.

朝鮮總督府, 『昭和2年度古蹟調査報告』第二冊, 公州 宋山里古墳 調査報告,
        1935.

鄭岩, 『魏晋南北朝 壁畵墓 硏究』, 北京, 文物出版社, 2002.

駿豆考古學會, 『駿豆地方の古代文化』, 1970.

## 2. 논문 등

강인구, 「백제왕릉 피장자 추정」, 『삼국시대 연구』 2, 학연문화사, 2002.

김호정 외, 「전통 호분 제조 방법에 관한 연구—문헌사적 연구를 중심으로—」,
        『문화재과학기술』 6-1, 공주대 문화재보존과학연구소, 2007.

김병인, 「지역축제의 현황과 분석」, 『역사의 지역축제적 재해석』, 민속원, 2004.

김영배·박용진, 「공주 서혈사지에 관한 조사연구(Ⅰ)—서혈사지 제1차 발굴
        조사 보고」, 『백제문화』 4, 1970.

문경현, 「백제 무령왕의 출자에 대하여」, 『사학연구』 60, 2000.

박방룡, 「공주와 박물관 이야기」, 『공주와 박물관』, 국립공주박물관, 2009.

박보현, 「무령왕릉으로 본 백제사회의 계층구조 시론」, 『무령왕릉과 동아세아 문화』, 부여문화재연구소/공주박물관, 2001.

박용진, 「공주출토의 백제 와전에 관한 연구」, 『백제문화』 6, 공주사대 백제문화연구소, 1973.

서정석, 「백제 웅진도성의 구조에 대한 일고찰」, 『백제문화』 29, 2000.

서정석, 「경부자은의 백제유적 연구」, 『웅진문화』 19, 2006.

서흥석, 「아메미야 히로스케 기증 유물 소개」, 『충청학과 충청문화』 7, 충청남도역사문화연구원, 2008.

신용희, 「가와치아스카(河內飛鳥)를 찾아서」, 『웅진문화』 22, 2009.

안병찬·이상수, 「고구려벽화 제작기법 시고」, 『고구려연구』 5, 1998.

안병찬, 「고구려 고분벽화의 제작기법 연구-바탕벽 제작기법을 중심으로-」, 『고구려연구』 16, 2003.

안승주, 「공주 서혈사지에 관한 조사연구(II)-서혈사지 제1차 발굴조사 보고」, 1971.

안승주, 「백제 고분의 연구」, 『백제문화』 7·8합집, 1975.

안승주, 「백제 분묘의 구조」, 『백제문화』 6, 1973.

윤무병, 「무령왕릉 및 송산리6호분의 건축구조에 대한 고찰」, 『백제연구』 5, 충남대 백제연구소, 1974.

윤용혁, 「무령왕 탄생 전승지를 찾아서」, 『웅진문화』 14, 공주향토문화연구회, 2001.

윤용혁, 「무령왕 '출생전승'에 대한 논의」, 『백제문화』 32, 2003.

윤용혁, 「경부자은의 공주 백제문화 연구」, 『백제문화』 34, 공주대 백제문화연구소, 2005.

윤용혁, 「무령왕의 길-무령왕기념비의 건립」, 『웅진문화』 19, 공주향토문화연구회, 2006.

윤용혁, 「경부자은의 백제고분 조사와 유물」, 『한국사학보』 25, 고려사학회, 2006.

윤용혁, 「'백제 임성태자'가 건설한 나라」, 『백제 성왕과 그의 시대』, 부여군, 2007.

윤용혁, 「백제문화를 통한 21세기의 국제 교류」, 『충청학과 충청문화』 7, 충청남도역사문화연구원, 2008.

이남석, 「웅진지역 백제고분의 전개」, 『공주의 역사와 문화』, 공주대박물관, 1995.

이남석, 「공주 송산리고분군과 백제왕릉」, 『백제연구』 27, 충남대 백제연구소, 1997.

이성복, 「국제 자매결연 사업의 새로운 발전방향」, 『지방화국제화 포럼』, 2003.

이은재, 「자매결연을 통한 지방의 국제교류 촉진」, 『지방의 국제화 논문집』, 한국지방행정국제화재단, 1997

이태호, 「삼국시대 후기 고구려와 백제의 사신도벽화」, 『고구려연구』 16, 2003.

임동권, 「백제왕족과 師走祭」, 『일본안의 백제문화』, 한국국제교류재단, 1994.

정재훈, 「공주 송산리 제6호분에 대하여」, 『문화재』 20, 1987.

조병진, 「공주를 추억하는 일본사람 만나기」, 『웅진문화』 22, 2009.

진영선, 「고구려 벽화의 재료확장과 현대적 적용」, 『고구려연구』 16, 2003.

최석원, 「'7백년 대백제의 꿈' ―제53회 백제문화제」, 『웅진문화』 20, 2007.

최석원, 「무령왕, 무령왕릉, 그리고 '무령왕의 해'」, 『웅진문화』 13, 2000.

허  권, 「세계문화유산 정책의 동향과 한국의 과제」, 『백제문화를 통해본 고대 동아시아세계』(발표자료집), 공주대 백제문화연구소 외, 2002.

황지숙, 「한국 중·고등학교 역사교사들의 동아시아사 교육인식」, 『한중일 동아시아사 교육의 현황과 과제』(심포지움 자료집), 동북아역사재단, 2008.

輕部慈恩, 「百濟舊都熊津に於ける西穴寺及び南穴寺」, 『考古學雜誌』 19-14, 19-15, 日本考古學會, 1929.

輕部慈恩,「百濟舊都熊津發見の百濟式石佛光背に 就いて」,『考古學雜誌』20-3, 1930.

輕部慈恩,「樂浪の影響を受けた百濟の古墳と塼」,『考古學雜誌』20-5, 1930.

輕部慈恩,「公州出土の百濟系古瓦に就いて」,『考古學雜誌』22-6, 1932.

輕部慈恩,「公州に於ける百濟古墳」1,『考古學雜誌』23-7, 1933.

輕部慈恩,「公州に於ける百濟古墳」2,『考古學雜誌』23-9, 1933.

輕部慈恩,「公州に於ける百濟古墳」3,『考古學雜誌』, 1934.

輕部慈恩,「公州に於ける百濟古墳」4,『考古學雜誌』24-5, 1934.

輕部慈恩,「公州に於ける百濟古墳」8,『考古學雜誌』26-4, 1936.

輕部慈恩,「公州に於ける百濟遺蹟」,『朝鮮』234, 朝鮮總督府, 1936.

輕部慈恩,「百濟宋山里古墳發掘調査當時の思い出」,『大和文化研究』6-3, 大和文化研究會, 1961.

吉澤文壽,「失われた朝鮮文化遺産－植民地下での文化財の掠奪・流出, そして返還・公開へ」,『歷史學研究』866, 歷史學研究會, 2010.

綱干善教,『壁畵古墳の研究』, 學生社, 2006.

小野山 節,「百濟宋山里6號墳の四神壁畵と被葬者の恐れ－比較考古學による墓室粧飾の新しい解析」,『有光教一先生白壽記念論叢』, 京都, 高麗美術館, 2006.

辻志保,「百濟王傳說の現在－宮崎縣南鄕村の師走祭りと百濟の里つくりにおける到來人傳說」,『昔話－研究と資料』32, 2004.

辻志保,「百濟王傳說－佐賀縣加唐島の武寧王生誕傳說」,『國文學 解釋と鑑賞』70-10, 至文堂, 2005.

齊藤 忠,「百濟武寧王陵を中心とする古墳群の編年的序列とその被葬者に關する一試考」,『朝鮮學報』81, 1976.

戶田有二,「百濟の鐙瓦製作技法について－輕部慈恩氏寄贈瓦に見る西穴寺技法の再考と新元寺技法」,『百濟文化』, 2007.

戶田有二,「백제와전의 계보」,『동아시아 불교문화와 백제』(국제학술대회 발표자료집), 한얼문화유산연구원, 2009.

# 찾아보기

## ㄱ

가라츠[唐津]시 _ 174, 176, 177, 182
가로쌓기 _ 123, 124
가루베 기증 백제와당 _ 97
가루베 소장품 _ 97
가루베 와당 _ 97
가루베 유물 _ 225, 226, 227, 229
가루베 지온[輕部慈恩]의 묘비 _ 55, 56, 228
가루베 케시로[輕部啓四郞] _ 12
가루베가[輕部家] _ 228
가카라시마[加唐島] _ 174, 176, 177, 178
강경 _ 95
강경여중 _ 22
개로왕 _ 235
고고학잡지[考古學雜誌] _ 71, 210
고구려의 사신도 벽화고분 _ 136

고마성 _ 237
고이즈미[小泉顯夫] _ 67, 69, 71, 74, 76, 77, 78, 79, 82, 87, 114, 249, 250
고적 및 유물보존규칙 _ 211
곰강 _ 239
공북루 _ 240
공산성 _ 46, 47, 48, 198, 199, 200, 239, 240, 246, 253
공산성지[公山城址] _ 236, 239
공산성 출토 _ 243
공주 송산리 벽화전축분 _ 143
공주 재팬위크 _ 158
공주고등학교 향토관 _ 93
공주고보 _ 15, 19, 32, 37, 209
공주고보 향토관 _ 34
공주군 보승회 _ 61, 70, 249
공주군보존회 _ 37
공주대 박물관 _ 49

공주박물관 _ 38

공주부여 백제 도성유적 _ 171

공주사적현창회 _ 37, 38, 40, 93, 210

공주향토문화연구회 _ 165, 174, 175,
    180

공주회 _ 179

구마나리久麻那利 _ 235, 237

국립공주박물관 _ 167

국제교류 _ 147

금강 _ 239

금강錦江의 어원 _ 41

기쿠수이정 _ 154

나고미[和水]정 _ 154

나베마츠리 _ 181

나성 _ 200, 201, 202

남경 _ 182, 186

남혈사南穴寺 _ 19, 43, 44, 195, 208

남혈사지 _ 196

낭고[南鄕]촌 _ 152

능산리 고분군 동하총 _ 133

니시무라 신지[西村眞次] _ 14, 210

니혼대학[日本大學] _ 19, 24, 25, 26,
    93, 220, 221, 222, 223, 231

대동여고 _ 22

대통사 _ 46, 50

대통사 가람 배치 _ 45

대통사지 _ 44

도굴 _ 87

도굴꾼 _ 10

동경박물관 _ 98, 99

동경제실박물관 소장 _ 98

동나성 _ 201, 202

등감 _ 128

류제경 _ 31

모로가 히데오[諸鹿央雄] _ 211

모리야마[守山]시 _ 156, 185

무령왕 _ 177, 185

무령왕 기념비 _ 175, 176

무령왕 로드 _ 185

무령왕 축제 _ 165, 180

무령왕 탄생제 _ 174, 175

무령왕국제네트워크협의회 _ 165,

174, 175, 176
무령왕릉 _ 139
무령왕실행위원회 _ 174
문화재도둑 _ 10
미시마[三島] _ 25
미시마시[三島市] _ 24
미시마시지[三島市誌] _ 26

백제 문양전 _ 249
백제 횡혈식 석실묘 _ 204
백제고분 _ 52, 203
백제고분의 유형 _ 53, 206
백제문화제 _ 161, 162, 165, 166, 167
백제문화제추진위원회 _ 180
백제미술百濟美術 _ 23
백제박물관 _ 38
백제석실분의 유형 _ 205
백제유적의 연구 _ 27, 30
백제의 역사지리연구 _ 26
백호도 _ 118, 119, 126, 133
부여 능산리 동하총 _ 106

사신도 _ 129, 135
사신도四神圖 벽화 _ 106

사신도의 기원 _ 130
사와[澤 俊一] _ 69, 76
4평1수四平一垂 _ 124
서나성 _ 201
서혈동西穴洞 _ 195
서혈사西穴寺 _ 19, 43, 50, 195, 208
서혈사지 _ 196
서혈사지 발굴 _ 44
선화당 _ 38, 40
성왕 _ 156
세계대백제전 _ 163, 166, 189
세계문화유산 _ 168, 169, 171, 189
세로쌓기 _ 123, 124
세키노[關野 貞] _ 76, 197, 198, 199,
211, 239, 246
송산리 벽화전축고분 _ 74
송산리 5호분 _ 249
송산리 6호분 _ 39, 55, 59, 60, 65, 69,
71, 105, 109, 118, 248, 249,
252, 253, 254
송산리 6호분 벽화 _ 116, 137
송산리 6호분의 등감 _ 127
송산리 6호분의 조사 경위 _ 70
송산리고분군 _ 204
송산리고분 분포도 _ 107
순즈[駿豆] 지방의 고대문화 _ 28
숭실전문학교 _ 16
슈젠지[修禪寺] _ 12, 55, 227
쌍수정 _ 240, 241

## ㅇ

아리미츠[有光敎一] _ 81, 113, 115, 254

아메미야 히로스케[雨宮宏輔] _ 179, 180

아스카베[飛鳥戶] 신사 _ 182

안승주 _ 111

야마구치시 _ 155, 156

양관와위사의 명문와 _ 51

에다후나야마[江田船山] 고분 _ 154, 155

오사카[大坂金太郞] _ 50, 76

오수전 _ 135

오우치[大內] _ 155

우메하라[梅原末治] _ 84, 87, 114

웅강 _ 239

웅심각 _ 240, 241

웅주 _ 239

웅진 _ 236, 237, 239

웅진 나성도 _ 201

웅진성熊津城 _ 199, 239, 253

유물의 행방 _ 92

6호분 벽화의 기원 _ 131, 132

6호분의 배수구 _ 69, 71

6호분의 피장자 _ 130

일월 _ 118

임류각臨流閣 _ 200

임성태자琳聖太子 _ 155, 156

## ㅈ

자매도시 _ 148, 149

자치단체별 국제교류 현황 _ 149, 150

전백제왕릉傳百濟王陵 _ 246

전축회면화법塼築灰面畵法 _ 109

조선朝鮮 _ 22, 48

조선보물고적명승천연기념물보존령 _ 211

조선보물고적보존령 _ 81

주작 _ 118, 129

지온지[慈恩寺] _ 12, 13, 14

## ㅊ

청룡 _ 116, 118

청룡도 _ 111, 118, 126

충남향토지忠南鄕土誌 _ 33, 47, 198

친제이[鎭西]정 _ 174, 176

## ㅋ

쿠다라의 어원 _ 41

쿠사오카[草丘] _ 26

테이카왕[禎嘉王] _ 152

풍수사상 _ 204

ㅎ

하비키노[羽曳野]시 _ 182
향토관 _ 35
향토사 교육활동 _ 37
현무 _ 118, 129
현무도 _ 119
호분胡粉 _ 120, 125, 140, 141, 252
화상전묘 _ 132
후지다[藤田亮策] _ 69, 71, 74, 76, 77,
        80, 81, 82, 83, 110, 250